高职高专国际贸易系列教材

# 国际贸易

INTERNATIONAL TRADE

主　编　刘建明
李二敏
副主编　张　卿

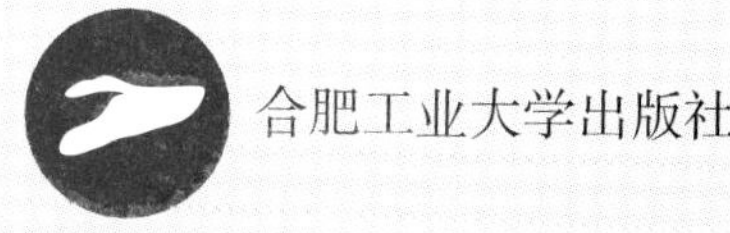

**图书在版编目(CIP)数据**

国际贸易/刘建明,李二敏主编. —合肥:合肥工业大学出版社,2006.7
ISBN 978-7-81093-437-4

Ⅰ.国…　Ⅱ.①刘…②李…　Ⅲ.国际贸易—高等学校—教材　Ⅳ.F74

中国版本图书馆 CIP 数据核字(2006)第 080524 号

**国际贸易**

刘建明　李二敏　主编　　责任编辑　疏利民　　特约编辑　陆　敏

| | | | |
|---|---|---|---|
| 出　版 | 合肥工业大学出版社 | 版　次 | 2006 年 8 月第 1 版 |
| 地　址 | 合肥市屯溪路 193 号 | 印　次 | 2010 年 9 月第 6 次印刷 |
| 邮　编 | 230009 | 开　本 | 710 毫米×1000 毫米　1/16 |
| 电　话 | 总编室:0551—2903038 | 印　张 | 18.75 |
| | 发行部:0551—2903198 | 字　数 | 326 千字 |
| 网　址 | www.hfutpress.com.cn | 印　刷 | 合肥工业大学印刷厂 |
| E-mail | press@hfutpress.com.cn | 发　行 | 全国新华书店 |

ISBN 978-7-81093-437-4　　定价:28.00 元

如果有影响阅读的印装质量问题,请与出版社发行部联系调换

# 出版说明

为了进一步贯彻落实《国务院关于大力推进职业教育改革与发展的决定》和全国职业教育工作会议的精神，适应高等职业教育发展的要求，满足国际贸易专业教学的实际需要，我们组织编写了“十一五”高职高专规划教材国际贸易系列丛书。该系列丛书涵盖了高职高专国际贸易专业教学中的主干专业课程（包括国际贸易、国际贸易实务、国际金融、国际贸易地理、外贸英语函电、西方经济学、国际商法、出口单证实务、国际市场营销、国际货物运输与保险），从2006年秋季开学起，这些教材将陆续提供给各高职院校国际贸易专业使用。

该系列教材是根据高职高专国际贸易专业的教学培养目标而编写的。该教材从社会对国际贸易人才的需求出发，在内容上结合本专业岗位对职业能力的需求来确定教材的出发点、技能点和素质要求点，注重对学生的创新能力和实践能力的培养。该系列教材在理论体系、组织结构和阐述方法的方面均作了一些新的尝试，以适应高职高专教学改革的需要。

该系列教材由安徽国际商务职业学院牵头编写，参加组织编写的院校包括合肥工业大学、安徽财贸职业学院、万博科技职业学院、淮南职业技术学院、芜湖信息技术职业学院、安徽工业经济职业技术学院、安徽冶金科技职业学院、安徽国防科技职业学院、合肥经济技术职业学院、淮南联合大学、安徽农业大学涉外经济学院、滁州职业技术学院、安徽经济技术学校等。同时在该教材的编写和出版过程中得到了安徽省教育厅的大力支持。

国际贸易系列丛书编委会

2006年7月18日

# “十一五”高职高专规划教材
# 国际贸易系列丛书编委会

# 前 言

中国加入 WTO 后，国际经济贸易形势发生了根本变化，我国的对外贸易得到了飞速发展，2005 年我国已经成为世界第三大贸易国，从而我国对国际贸易人才的需求也急剧增加。为此，我国许多高职院校纷纷开设国际贸易专业，以期培养实用性、应用性国际贸易人才。在培养人才的过程中，纷纷感觉到很难找到适合高职院校的国际贸易基础理论的教材，为此，由高职院校从事该课程教学多年的教师合作编写了本教材。

本书作为国际贸易专业的教材，体现了当前教育教学改革要求和时代特征（以就业为导向），着眼于素质教育，突出了职教特色，重视实践教学（案例教学）和能力培养。本书从国际贸易的基本概念入手，系统介绍了国际贸易基础原理、国际贸易政策、国际贸易措施等等内容。综观全书，主要有以下几个特点：

第一，在教材体系上，体系完整，简明扼要。本书共分 11 章，涵盖了国际贸易理论的基本内容。

第二，在教材内容上，结构合理，内容新颖。全书的结构既考虑到了国际贸易的知识体系，又考虑到了国际商务职业资格考试内容的要求，做到了重点突出、逻辑严谨，力求内容有所创新。

第三，在体例安排上，突出了技能培养。全书除了必要的基础理论之外，还安排了关键名词、复习思考题和技能训练或案例分析等内容，以强化对理论的掌握和运用。

为了更好地学习，建议读者在阅读、学习本书时注意以下两个方面：①以各章中的“学习目标”为线索，认真阅读各章内容，然后以“复习思考题”和“关键名词”为问题线索，搜寻答案。②为了深化对本书内容的理解，学生除认真听课外，还应及时向任课老师请教有关疑难问题，也可以按老师的指导参阅有关文献。

本教材可作为高职院校国际贸易专业教材，也可作为在职国际贸易培训人员用书，还可以作为参加国际商务各种职业资格考试参考书。

本书由安徽国际商务职业学院刘建明、李二敏任主编，张卿任副主编。参加编写的人员还有安徽工贸职业技术学院王健、芜湖信息技术职业学院杨婉玲、淮南职业技术学院董春南、滁州职业技术学院朱永勇、万博科技职业学院徐庆。

编　者

2006 年 6 月 28 日

# 目录

# 第一章　国际贸易概述

**学习目标**

通过本章学习，掌握国际贸易的基本概念及其常见分类方法、当前国际贸易的特点以及与国内贸易相比国际贸易的特点，了解国际贸易产生的前提和条件、不同社会制度下的国际贸易，加深对国际贸易的认识和理解。

**重点难点**

1. 国际贸易的基本概念及其常见分类方法
2. 与国内贸易相比国际贸易的特点
3. 国际贸易的作用

## 第一节　国际贸易的产生和发展

国际贸易（International Trade）亦称“世界贸易”，是指世界各国和地区之间进行的货物、服务和知识产权的交换活动，它是国际分工的表现形式，反映了世界各国在经济上的相互依靠。国际贸易是国际经济关系的基本形式，是世界经济发展的重要因素。它由各国（地区）的对外贸易构成，是世界各国对外贸易的总和。随着生产的发展、科学技术的进步和交换方式的改进，国际贸易中的无形贸易也随着有形贸易的发展而发展，使生产领域的要素与流通领域的要素、经济要素与科学技术要素交织在一起，进一步丰富和扩大了国际贸易活动的内容和范围。

### 一、国际贸易产生的前提和条件

国际贸易属于一定的历史范畴，它是在一定的历史条件下产生和发展起来的。它的产生必须同时具备两个基本条件：一是社会生产力的发展，产生了可供交换的剩余产品；二是社会分工的扩大，国家的形成。从根本上说，社会生产力的发展和社会分工的扩大是国际贸易产生和发展的基础。

在人类原始社会初期，由于社会生产力极为低下，人类劳动所得的产品仅能维持当时的氏族公社成员最基本的生存需要，没有什么剩余产品可以用作交换。到了原始社会末期，由于社会生产力的发展，出现了以游牧部落从其他部落分离出来为标志的人类社会的第一次大分工。游牧部落专门从事牲畜的驯养和繁殖，产品不仅能供养本部落，还有了部分剩余，于是产生了部落与部落之间的交换，也就是两个或两个以上政治经济实体进行的相互交换，人们把这叫做初级对外贸易。人类社会的第二次大分工是手工业从农业中分离出来，于是也就出现了以交换为目的的生产活动。伴随着这种交换的发展和客观需要，产生了货币。这样产品交换就逐渐地变成了以货币为媒介的商品生产和商品流通。再随着商品流通的日益扩大，又产生了专门从事商品交换活动的商人和商业，这就是人类社会的第三次大分工，发生在人类奴隶社会的末期。当这种商品流通的规模扩大到奴隶社会初期已形成的国家的界限以外时，就产生了国际贸易。

由此可见，社会生产力和社会分工发展引起的商品生产和商品交换的扩大以及商人和商业资本的出现，国家的形成，是国际贸易产生的不可缺少的必要条件。

### 二、资本主义生产方式前国际贸易

奴隶社会和封建社会是分别以奴隶主和封建主占有生产资料为基础的社会，自给自足的自然经济占主导地位，商品生产在整个社会中的比例甚微。由于生产技术落后，交通不便，国际贸易的范围和规模均有限，尚未形成统一的世界市场。

在奴隶社会时期，进行贸易的商品主要是供奴隶主和王室享乐的奢侈品，如宝石、象牙、香料、各种织物、装饰品以及作为劳动工具的奴隶，当时希腊的雅典曾是贩卖奴隶的中心之一，主要的贸易国家有欧洲的希腊、罗马等。我国在夏商时代已进入奴隶社会，但进行对外贸易的商品十分有限，区域也较狭小，主要集中在黄河流域。

在封建社会时期，国际贸易有了较大的发展。在欧洲封建社会的早期阶段，封建地租采取劳役和实物形式，进入流通领域的商品不多，除了盐、酒之类的必需品及一些奢侈品外，就是奴隶买卖。到了封建社会的中期，商品生产取得了一定发展。公元1世纪以后，随着意大利北部和波罗的海沿岸城市的兴起，国际贸易的范围从地中海东部扩大到地中海、北海、波罗的海和黑海沿岸。封建社会后期，随着城市的兴起和城市手工业的发展，城市之间、国家之间的贸易有了进一步的发展，交易品已从香料和奢侈品扩展到呢绒、葡萄酒、羊毛和金属制品等。

在公元前 2 世纪的西汉时代，我国就开辟了从新疆经中亚通往中东和欧洲的“丝绸之路”，我国的丝、茶、瓷器通过“丝绸之路”输往欧洲。宋、元时代海上贸易得到较大的发展，特别是明代郑和率领船队七次下西洋，进一步扩大了与沿海 30 余国的海上贸易，通过对外贸易把我国的四大发明和手工业技术传播到欧、亚各国，并把这些国家的各种物产、良种输入我国。

总体上看，在资本主义以前的各种社会形态下，由于生产力水平低下，生产方式和交通条件的限制，国际贸易的商品种类和贸易范围有着很大的局限性，使国际贸易在当时社会经济中并不占主要地位。

### 三、资本主义生产方式下国际贸易

国际贸易的发展与资本主义生产方式的建立和发展紧密相连。国际贸易的发展促进了资本主义生产方式的产生，而资本主义生产方式的确立，又拉开了近代、现代国际贸易迅速发展的序幕。正如马克思所说：“对外贸易的扩大，虽然在资本主义生产方式的幼年时期是这种方式的基础，但在资本主义生产方式的发展中，由于这种生产方式的内在必然性，由于这种生产方式要求不断扩大市场，它成为这种生产方式本身的产物。”近代资本主义国际贸易的发展大致可分为资本原始积累、自由竞争和垄断三个时期。

#### （一）资本原始积累时期（16 世纪至 1 8 世纪中叶）

地理大发现和殖民掠夺成为这一时期国际贸易快速发展的推动力。随着 15 世纪末的地理大发现，西欧国家的海外贸易活动的范围大大扩展。伴随着海外探险活动，欧洲殖民主义者开始了对亚洲、非洲、美洲的殖民历史。先是西班牙殖民主义者在中美洲大量掠夺金银，随后是葡萄牙殖民主义者在美洲、亚洲和非洲的殖民主义掠夺，其后荷兰、英、法等国也先后走上了殖民主义的道路。在近 3 个世纪的殖民掠夺中，欧洲殖民主义者通过掠夺金银和奴隶贸易，加速了资本原始积累的进程。

#### （二）资本主义自由竞争时期（1 8 世纪后半期到 19 世纪末 20 世纪初）

这一时期主要资本主义国家先后完成的工业革命，为国际贸易的发展提供了强大的物质技术基础；同时国际贸易的大发展又推动工业革命，加速了主要资本主义国家的工业化进程。在这一时期，英国在工业革命中的成就最大，19 世纪初的英国有“世界工厂”之称。1820 年英国的工业产量占世界工业总产量的一半以上；1850 年以后英国一半以上的工业制成品被销往国外市场，而工业原料大部分从国外进口。因此，英国是当时国际贸易的中心。

（三）国家垄断资本主义时期（19世纪末以后）

19世纪末发生了以电力和内燃机为代表的第二次科技革命。新技术的运用推动了一些新兴行业的发展，如汽车、飞机、轮船等制造业相继出现，电报和电话通讯也发展起来。第二次科技革命不仅推动了工业的发展，而且使世界的交通运输业发生了革命性的变化，交通通讯工具的发展、运输费用的下降，使越来越多的国家（地区）卷入国际贸易。这一阶段国际贸易快速发展，国际贸易额增长了3倍。同时，主要资本主义国家的垄断组织逐步形成并占据经济的支配地位，通过商品输出尤其是资本输出，西方主要资本主义国家瓜分了世界绝大部分市场。

20世纪30年代的大萧条推动了国家垄断资本主义的发展，随着第二次世界大战后社会主义阵营的形成，国际政治经济格局发生了巨大变化，资本主义国家和社会主义国家长期对峙。在国际贸易中出现长期的禁运和反禁运的较量。20世纪50年代许多殖民地国家纷纷宣告独立；资本主义国家中尤其是欧洲国家出现了几次国有化浪潮，国家垄断资本主义得到迅速发展；社会主义国家以计划经济方式对主要的工业和国际贸易实行国际垄断，世界政治经济出现了大动荡、大改组的局面。第二次世界大战后，以电子、航空和原子能为标志的第三次科技革命推动了世界经济和国际贸易的迅速发展。世界市场进一步扩大并呈现出一些新的特点：经济一体化或贸易集团化日益突出；跨国公司在世界生产和贸易中发挥着越来越大的作用；发达国家间的产业内贸易、服务贸易发展迅速；世界市场上的垄断力量更加强大，竞争日趋激烈。20世纪60年代以来，世界市场逐渐形成了美国、欧洲、日本三足鼎立的局面；社会主义国家纷纷进行市场取向的经济改革；大多数发展中国家的民族经济得到了不同程度的发展。进入20世纪90年代后，随着苏联解体、欧盟建立、北美自由贸易区和亚太经合组织成立、东盟成为自由贸易区，世界进入一个多极化的发展时代。

## 四、当代国际贸易

（一）当代国际贸易的发展阶段

始于20世纪中期的第三次科技革命给战后经济带来了生机，使国际贸易的发展进入一个新时期。此间的国际贸易发展大致分为三个阶段：1948—1973年的迅速增长阶段、1973—1986年的相对停滞阶段和1986年至今的加速发展阶段。

1. 1948—1973 年的迅速发展阶段

受经济重建、经贸自由化、国际货币体系稳定等诸多因素的积极影响，全球经济贸易以前所未有的速度发展。西方经济学家把这个繁荣时期称为“世界经济的黄金时代”。据统计，在 1948—1973 年间，世界工业生产年平均增长达 6.1%，世界出口量的年平均增长率达到 7.8%。1960—1973 年，出口量年平均增长速度高达 8%。世界出口值按 1970 年出口价格计算，已达到 3 134亿美元，比 1950 年翻了两番。该阶段国际贸易发展的重要特点是贸易发展速度远远超过世界生产的增长速度，贸易已成为经济增长的发动机。

2. 1973—1986 年的相对停滞阶段

受国际货币体系动荡、各国实施新贸易保护主义及石油危机、经济衰退等影响，国际货物贸易速度减慢。1973—1979 年间出口年均增长率跌至 4.5%，1980—1986 年进一步降至年均仅增长 2.5%。其中 1974—1975 年世界货物出口量减少了 4.0%，世界工业生产下降了 7.3%，1981—1982 年世界货物出口值下降了 10.4%，出口减少了 3.6%。1982 年按 1970 年出口价格计算的世界出口值为 5316.96 亿美元，低于 1980 年的 5 473.70 亿美元，人均出口值也从 1980 年的 122.9 美元下降至 1982 年的 113.5 美元。

3. 1986 年至今加速发展阶段

从 20 世纪 80 年代中期开始，全球经济进入新一轮高速增长时期，受经济一体化、国际化及贸易、投资自由化等因素的影响，加上冷战的结束，东西方关系得到进一步的缓和，国际货物贸易增长速度大大加快。1986—1990 年国际货物贸易年均增长 13.0%，1990—1997 年平均增长达 7.0%，其规模从 1986 年的 21 370 亿美元增加到 1990 年的 34 380 亿美元，1996 年达到 51 510亿美元，1998 年扩大到 52 250 亿美元，2005 年首次突破 10 万亿美元，达到 10.12 万亿美元。

（二）二战后国际贸易发展的新特点

1. 国际贸易商品结构发生了根本性变化

（1）二战后初级产品贸易结构发生了根本性改变。首先，二战后初级产品在国际货物贸易中的比重持续下降，1950 年为 59%，1953 年降为 49.7%，此后工业制成品在货物贸易中的比重逐年上升，远远超过初级产品所占份额。其次，初级产品中农业原材料及食品的比重下降，燃料贸易比重上升且增长速度惊人，从 1955 年到 1981 年增长了 46.5 倍，但 20 世纪 80 年代中期以来又有所下降，食品跃居初级产品贸易增长的首位。

（2）二战后工业制成品贸易结构发生了变化。首先，二战后工业制成品贸易值及贸易量增长迅速，在全球货物贸易中的比重持续增长。二战后工业制成品贸易平均增长速度超过战前任何一个时期，也超过同期农产品及矿产品的出口增长速度。其次，工业制成品贸易内部不同大类商品的地位亦发生了较大的变化，这突出表现在：纺织品和服装的份额相对稳定；机械产品在工业制成品中的比重持续上升；化学品在工业制成品贸易中的比重持续上升；钢铁在工业制成品中的比重下降，其年平均出口增速减缓；办公用机械及电讯设备在工业制成品出口中所占比重持续上升，其发展速度普遍高于其他工业制成品；汽车及其零配件出口贸易发展较快，在工业制成品中的比重稳定在10%到13%之间。

2. 国际贸易地理分布出现了新格局

（1）发达国家始终居于国际货物贸易主导地位。发达国家的这种绝对优势从19世纪至今从未改变。据统计，发达国家在实际出口总额中所占的比重，20世纪50年代以来持续上升，70年代初达到高峰，1970—1972年出口均为71.8%，进口均超过72%。1973年以后，发达国家在世界出口与进口中所占比重一度滑落，但1983年以后又开始回升，1996年其进出口在世界进出口总额中所占比重仍分别达到68%。

（2）国际贸易发展中两极分化现象严重，贸易主要集中在少数几个经贸大国。国际贸易发展的重要特征表现为，越来越多的国家和地区都主动或被动地参加国际贸易。目前，有230多个国家和地区参加了国际贸易，同时贸易的集中程度提高，少数国家在全球贸易所占比重日益提高。据统计，1950年美国、英国、德国、法国、日本、意大利和加拿大7国的出口占世界总出口的比重为43.1%，而1970年则增加到51.8%，1983年减至46.6%，1990年为52.4%，1996年降为48.6%。可见，少数几个经贸大国在国际贸易中一直占据主导地位。

（3）国际贸易发展的不平衡规律，既表现在发达国家内部，也表现在发展中国家之间。

首先，在发达国家内部，西欧、日本贸易发展较快，在世界出口总额、进口总额中所占比重均不断提高。20世纪70年代以前，欧洲经济共同体（6国）在世界出口中所占比重1955年为20%，1970年为28.4%，1975年达到36.1%。随着欧共体不断扩大，其出口占世界出口总额的比重持续上升，据统计，15个欧盟成员国的出口比重从1980年的37.2%上升为1990年的44.6%，1997年仍达42%。同时，日本对外贸易在50年代后高速发展，使其在国际贸易中的地位不断上升，从1950年的1.4%增加到1983年的8.1%，仅次于美国、德国，进入 90 年代后则稳定在 8%～8.5%之间，稳居世界第三大出口国地位。然而英国、美国在世界进出口总额中的份额却大幅下降。1950—1980 年间，英国在世界出口中所占比重减少了近一半，美国则减少了近 1/3，以英、日两国为例，1953—1986 年英国在世界出口中的比重下降了 5 个百分点，同期日本所占的比重却上升了 7 个百分点，这表明发达国家内部贸易发展的不平衡。

其次，发展中国家之间贸易发展也极不平衡，突出表现为亚洲的新兴工业化国家和地区如中国香港、中国台湾、韩国、新加坡的出口占世界总出口的比重持续上升，从 1965 年的 1.5%上升到 1990 年的 6.7%，分别占同期发展中国家出口份额的 6.0%和 33.9%。印度尼西亚、马来西亚、泰国 3 国的出口占世界总出口的份额从 1965 年的 1.5%上升到 1990 年的 2.4%。上述 7 个国家和地区占世界出口的比重 1996 年达到 14.4%，进口则为 14.2%。1998 年亚洲金融危机之后有所下降，近年又有所上升。

(4) 发达国家之间贸易关系进一步加强，发达国家与发展中国家之间贸易关系受多种因素的影响而相对削弱。从 19 世纪到 20 世纪 50 年代以前，发达国家与发展中国家之间的贸易占全球贸易的比重维持在 50%以上，但是从 20 世纪 50 年代中期以后，这种贸易关系所体现的国际分工开始发生变化，发达国家间的产业内贸易比重不断上升，而与发展中国家间的贸易比重则受到削弱。发达国家间的出口占世界总出口的比重，从 1963 年的 45.1%上升到 1967 年的 5 1.1%，80 年代后稳定在 45%左右。发达国家对发展中国家的出口占世界出口的比重从 1963 年的 14.2%下降为 1984 年的 13.4%。进入 21 世纪，受经济一体化的影响，除了少数发展中国家以外，发达国家对发展中国家的贸易占其总贸易的比重仍然在下降。

总之，第二次世界大战后，以航天、电子和原子能等为代表的第三次科技革命，极大地推动了国际经济与贸易的迅速发展，使世界上绝大多数国家和地区都被卷入国际贸易和投资中，并使国际贸易的规模、结构、流向、地区分布、贸易利益的分配均发生了巨大的变化，经济全球化时代已经来临，国际贸易将在世界经济中扮演着越来越重要的角色。

## 第二节 国际贸易的基本概念

### 一、对外贸易值与对外贸易量

（一）对外贸易值（Value of Foreign Trade）

对外贸易值也称为对外贸易额，是用货币金额表示的一国一定时期内的进出口规模，是衡量一国对外贸易状况的重要指标。它是由一国一定时期内从国外进口的商品总额加该国同时期向国外出口的商品总额构成的。目前，有的国家是用本国货币表示，有的是用外国货币表示。在计算时，一般出口额以 FOB 价格计算，进口额则以 CIF 价格计算。

国际贸易额是把世界上所有国家和地区的出口额相加，即按同一种货币单位换算后，把各国和地区的出口额相加，就得出国际贸易额。计算国际贸易额不能简单地把世界各国和地区的出口额和进口额相加，因为所有国家和地区的出口，就是所有国家和地区的进口，如相加就会形成重复考虑。至于计算世界各国和地区进口总额会高于出口总额，是因为大多数国家和地区统计出口额时以 FOB 计算，统计进口额时以 CIF 价格计算，CIF 价格比 FOB 价格多运费和保险费。所以，世界进口额会大于世界出口额。

（二）对外贸易量（Quantum of Foreign Trade）

对外贸易量是剔除价格变动的影响，并能准确反映一国对外贸易的实际数量变化而确立的一个指标，它能确切地反映一国对外贸易的实际规模。具体计算是以固定年份为基期而确定的价格指数去除相当期的出口或进口总额，得到的是相当于按不变价格计算的出口额或进口额，叫做相当期的对外贸易量。由于计算贸易量可以得出较为准确地反映实际规模变动的情况，所以西方各国和联合国都是采用这种方法计算贸易量的。

具体计算是：以固定年份为基期而确定的价格指数去除相当期的出口或进口总额，得到的是相当于按不变价格计算的出口额或进口额。其等式为：

$$\text{相当期贸易量}=\frac{\text{相当期进出口额}}{\text{进出口价格指数}}$$

$$\text{价格指数}=\frac{\text{相当期价格}}{\text{基期价格}}$$

例如：假定 1991 年世界出口值为 14 000 亿美元，2001 年世界出口值为 30 000 亿美元，设 1991 年出口价格指数为 100，2001 年为 160，试比较 2001 年世界出口值和世界出口贸易量与 1991 年世界出口值的增长变化情况。

$$贸易额（值）：\frac{2001\text{ 年出口额}}{1991\text{ 年出口额}}=\frac{30\ 000}{14\ 000}=2.14\text{ 倍}$$

增加了 114%　（30 000－14 000＝16 000/14 000＝1.14×100%＝114%）

$$贸易量：\frac{2001\text{ 年出口贸易量}}{1991\text{ 年出口值}}=\frac{30\ 000/160/100}{14\ 000}=\frac{18\ 750}{14\ 000}=1.34$$

增加了 34%　（18 750－14 000）/14 000×100%＝34%

由此可见，按贸易额（值）计算，2001 年世界出口额是 1991 年世界出口额的 2.14 倍，增加了 114%；按贸易量计算，剔除价格上涨的因素，2001 年世界出口量是 1991 年世界出口贸易量的 1.34 倍，增加了 34%。由于计算贸易量可以得出较为准确反映贸易实际规模变动的情况，所以许多国家和国际组织都采用这种方法计算贸易差。

## 二、总贸易与专门贸易

### （一）总贸易（General Trade）

总贸易是指以国境为标准划分进出口的一种统计方法，也称为总贸易体系。总贸易可分为总进口和总出口。凡是进入一国国境的商品一律列入总进口，包括进口后供国内消费的部分和进口后成为转口或过境的部分；凡是离开一国国境的商品一律列入总出口，包括本国产品的出口、外国商品的复出口及转口或过境的部分。总进口额和总出口额构成总贸易额。目前，采用总贸易统计方法的国家有美国、英国、日本、加拿大、中国等 90 多个国家和地区。

### （二）专门贸易（Special Trade）

专门贸易是“总贸易”的对称，是指以关境为标准划分进出口的一种统计方法。只有从外国进入本国关境的商品以及从保税仓库提出进入本国关境的商品才列为专门进口。当外国商品进入国境后，暂时存放在保税仓库，未进入关境，不列为专门进口。从国内运出关境的本国产品以及进口后经加工又运出关境的商品，则列为专门出口。专门进口额加专门出口额称为专门贸易额。德国、意大利等国采用这种划分标准。

## 三、贸易差额（Balance Of Trade）

贸易差额是一个国家在一定时期内出口总额与进口总额相比的差额。当出口额大于进口额时，称为贸易顺差，也叫贸易出超；当进口额大于出口额时，称为贸易逆差，也叫贸易入超；如二者相等时，称为贸易平衡。由于贸易收支是一国国际收支中的重要组成部分，因而贸易差额的状况对一国的国际收支有极为重大的影响。贸易差额是衡量一国对外贸易状况的重要标志之一。在一般情况下，贸易顺差表明一国商品在世界市场的竞争中处于优势，贸易逆差表明一国商品在世界市场的竞争中处于劣势。

## 四、对外贸易与国际贸易的商品结构

对外贸易商品结构（Composition of Foreign Trade）是指一定时期内一国进出口贸易中各种商品的构成，即某大类或某种商品进出口贸易与一国进出口贸易额之比，以份额表示。它反映了该国的产业结构状况、经济发展水平及在国际分工中所处的地位。国际贸易商品结构（Composition of International Trade）是指一定时期内世界各大类商品或某种商品在整个国际贸易中的构成，即各大类商品或某种商品贸易额与整个世界出口贸易额之比，以比重表示。为便于分析比较，世界各国和联合国均以联合国《国际贸易商品标准分类》（SITC）公布的国际贸易和对外贸易商品结构进行分析比较。国际贸易商品结构可以反映出整个世界的经济发展水平、产业结构状况和科技发展水平。

## 五、对外贸易与国际贸易的地理方向

### （一）对外贸易地理方向（Direction Of Foreign Trade）

对外贸易地理方向又称对外贸易地区分布或国别结构，是指一定时期内该国对外贸易总值、出口值、进口值的国别地区分布情况，即该国的出口商品流向哪些国家或地区，进口商品是从哪些国家或地区流入的，通常以各个国家（或地区）在该国进出口总额中的比重表示。对外贸易地理方向指明一国出口商品的去向和进口商品的来源，从而反映一国与其他国家或区域集团之间经济贸易联系的程度。一国的对外贸易地理方向通常受经济互补性、国际分工的形式与贸易政策的影响。

### （二）国际贸易地理方向（Direction Of International Trade）

国际贸易地理方向亦称“国际贸易地区分布”（International Trade by

Region)，用以表明世界各洲、各国或各个区域集团在国际贸易中所占的地位。计算各国在国际贸易中的比重，既可以计算各国的进、出口额在世界进、出口总额中的比重，也可以计算各国的进出口总额在国际贸易总额（世界出口总额）中的比重。以洲来计算国际贸易值，目前欧洲第一、美洲第二、亚洲第三、拉美第四、非洲第五、大洋洲第六；以国别而论，美国第一、德国第二、中国第三。

由于对外贸易是一国与别国之间发生的商品交换，因此，把对外贸易按商品分类和按国家分类结合起来分析研究，即把商品结构和地理方向的研究结合起来，可以查明一国出口中不同类别商品的去向和进口中不同类别商品的来源，具有重要意义。

### 六、对外贸易依存度（Ratio of Dependence on foreign Trade）

对外贸易依存度是指一国进出口总额与其国内生产总值或国民生产总值之比，又叫对外贸易系数。一国对国际贸易的依赖程度，一般可用对外贸易依存度来表示。比重的变化意味着对外贸易在国民经济中所处地位的变化。为了更准确地分析贸易对经济增长的促进作用，又将对外贸易依存度分为出口贸易依存度和进口贸易依存度，分别是出口贸易总值和进口贸易总值与当年GDP的比值。

## 第三节　国际贸易的分类

由于国际贸易的内容广泛，性质复杂，为了加深对国际贸易的认识和理解，就需要对国际贸易从不同的角度进行考虑，予以分类。

### 一、按商品的形式，可以分为有形贸易和无形贸易

#### （一）有形贸易（Visible Trade）

有形贸易是“无形贸易”的对称，指商品的进出口贸易。由于商品是可以看得见的有形实物，故商品的进出口被称为有形进出口，即有形贸易。国际贸易中的有形商品种类繁多，为便于统计，联合国秘书处于1950年起草了“联合国国际贸易标准分类”，分别在1960年和1974年进行了修订。在1974年的修订本里，把国际贸易商品共分为10大类、63章、233组、786个分组和1924个基本项目。这10类商品分别为：食品及主要供食用的活动物（0）；

饮料及烟类（1）；燃料以外的非食用粗原料（2）；矿物燃料、润滑油及有关原料（3）；动植物油脂及油脂（4）；未列名化学品及有关产品（5）；主要按原料分类的制成品（6）；机械及运输设备（7）；杂项制品（8）；没有分类的其他商品（9）。在国际贸易中，一般把0到4类商品称为初级产品，把5到8类商品称为制成品。

（二）无形贸易（Invisible Trade）

无形贸易是“有形贸易”的对称，指劳务或其他非实物商品的进出口而发生的收入与支出。主要包括：

（1）和商品进出口有关的一切从属费用的收支，如运输费、保险费、商品加工费、装卸费等；

（2）和商品进出口无关的其他收支，如国际旅游费用、外交人员费用、侨民汇款、使用专利特许权的费用、国外投资汇回的股息和红利、公司或个人在国外服务的收支等。以上各项中的收入，称为“无形出口”；以上各项中的支出，称为“无形进口”。

有形贸易因要结关，故其金额显示在一国的海关统计上；无形贸易不经过海关办理手续，其金额不反映在海关统计上，但显示在一国国际收支表上。

## 二、按货物移动的方向，可分为出口贸易、进口贸易和过境贸易

出口贸易（Export）是指将本国生产或加工的商品运往他国市场销售的贸易活动；进口贸易（Import）是指将外国的商品输入本国市场销售的贸易活动。就一笔交易而言，对卖方是出口贸易，对买方则是进口贸易。

由于一国对某种商品的各品种的生产和需求不一定一致，因而，在同类商品上往往既有出口也有进口。若在一定时期内，一国或一地区在某种商品大类的对外贸易中，出口量大于进口量，其超出部分便称为净出口；反之，如果进口量大于出口量，其超出部分便称为净进口。

在进出口贸易中，买卖双方的商品有时要经过第三国国境，第三国对此批货物收取一定的费用，这对第三国来讲，就构成了该国的过境贸易。外国商品纯系转运关系经过本国，不在本国海关仓库存放就直接运往另一国的，称直接过境贸易；外国商品运到国境后，存放在海关仓库，但未经加工，又运往另一国的，称间接过境贸易。过境贸易数额不列入本国进出口统计内。

## 三、按贸易参加国的数量，可分为双边贸易和多边贸易

双边贸易（Bilateral Trade）是指两国之间通过协议在双边结算的基础上

进行的贸易。这种贸易，双方各以一方的出口支付另一方的进口。这种方式多实行于外汇管制国家。另外，双边贸易也泛指两国间的贸易往来。

多边贸易（Multilateral Trade）也称多角贸易，是指三个或三个以上的国家通过协议在多边结算的基础上进行互有买卖的贸易。通过吸收第三国或更多的国家参加协议，建立多边贸易关系，可以使参加国之间的收支互相冲销，彼此都能达到进出口平衡。

### 四、按是否有第三国参加，可分为直接贸易、间接贸易和转口贸易

#### （一）直接贸易（Direct Trade）

直接贸易是“间接贸易”的对称，是指商品生产国与商品消费国直接买卖商品的行为。

#### （二）间接贸易（Indirect Trade）

间接贸易是“直接贸易”的对称，是指商品生产国与商品消费国通过第三国进行买卖商品的行为。其中，生产国是间接出口，消费国是间接进口，第三国是转口。

#### （三）转口贸易（Entrepot Trade）

转口贸易是区别于商品生产国与商品消费国直接买卖商品的直接贸易行为而提出来的。它是指商品生产国与商品消费国因某种原因不能直接进行商品买卖，而需通过第三国进行商品买卖的活动。第三国不仅是中介人的身份，而且也是货主，也要通过此类交易获取利润。对于第三国，这种形式就是转口贸易。第三国参与此类活动，必须经过商品的价值转移活动——买和卖，但不一定要经过商品的实物转移，可以不经过本国而对商品进行生产国与消费国的直接运输。

### 五、按贸易方式可以分为协定贸易、易货贸易、补偿贸易、租赁贸易、寄售贸易和技术贸易

#### （一）协定贸易

协定贸易是指以贸易协定和支付协定为依据而进行的贸易。

#### （二）易货贸易

易货贸易是指两国间不使用货币的商品交换，是由一国（地区）以一种或多种货物，按一定的计价方法与另一国（地区）交换货物。其特点是：进出口相结合，换货的品种相当，总金额相等，不用外汇支付，一般是根据易货协定、易货协议和易货合同进行的。其好处是：有利于扩人进出口贸易，

促进贸易平衡；在一定条件下，可以带动滞销商品的出口；有助于克服由于外汇短缺而造成的贸易障碍；是反歧视、反限制、反禁运的一种有效手段。其缺点是：交易过程复杂、费时、费事，交易的货物不易对路。

（三）补偿贸易

补偿贸易是指买方在信贷的基础上，从国外厂商进口机器、设备、技术以及某些原料，约定在一定期限内，用产品或劳务等偿还的一种贸易方式。对缺乏外汇和技术的国家，利用这种贸易方式可以用外资买进先进技术和设备，以加速国家的经济发展，增强出口能力。

（四）租赁贸易

租赁贸易是指由出租方以租赁形式将商品交付给承租方使用，按期收取租金的一种贸易方式。租赁贸易具有服务面广、适合不同需要、手续简便、机动灵活、在短时期内可以尽快发挥机器设备经济效益的优点。

（五）寄售贸易

寄售贸易是指对外贸易中采用委托销售的贸易方式。通常由出口商（委托人）将商品运交到在进口国的代理人或当地专营寄售业务的经纪人（受托人），按照双方签订的寄售合同规定的条件，由受托人在当地市场销售；商品售出后，将所得货款扣除佣金和其他费用后汇交委托人。其优点是：受托人不承担销售和价格上的风险，而且买主可以见到现货，容易成交。缺点是：销售周期长，收汇缺乏切实保证。

（六）技术贸易

技术贸易是指国际间商业性的技术转让。当事人双方按照商定的条件，通过买卖方式把某种内容的技术从卖方转让给买方的行为。

### 六、按对外贸易政策的不同，可分为自由贸易和保护贸易

（一）自由贸易（Free Trade）

自由贸易是指国家对进出口贸易活动不加干预和限制，商品可自由输出和输入，并在国内外市场上自由竞争。

（二）保护贸易（Protective Trade）

保护贸易是指国家运用权力，通过高额关税及进口许可证、外汇管制等各种限制进口措施，来保护本国市场、防止外国商品竞争，同时对本国的出口商品给予津贴和优惠待遇，鼓励出口。

### 七、按贸易过程中是否使用单证等商业文件，可分为有纸贸易和无纸贸易

（一）有纸贸易（Documentary Trade）

有纸贸易是指在国际货物买卖中，通过单证等商业文件的交接进行结算支付并履行合同的一种贸易方式。在国际贸易中常见的结算单据有：汇票、发票、提单、装箱单、保险单、产地证明书、商检证明书等；另外信用证和合同都是书面文件，由于国际贸易的交易双方相距遥远，大多不容易做到“现钱现货”买卖，在信用证支付方式下，往往是单据的买卖，即一手交单，一手付款，单据在交易过程中就成了履行双方权利和义务的重要依据。

（二）无纸贸易（Electronic Data Interchange，EDI）

即电子数据交换，无纸贸易是指将贸易、运输、保险、海关等行业信息通过电子信息系统实现各有关部门间的数据交换，对商务信息按国际统一标准进行格式化处理，并把这些数据通过计算机网络相互交换和自动处理，在不使用纸张单证的情况下完成询价、订货、托运、投保、报关、结算等业务手续的一种现代化通讯管理方式的新贸易。国际贸易中已广泛使用EDI技术，实现无纸贸易。在欧美、日本等发达国家和地区，EDI技术的使用尤其普遍。我国也在积极推广和采用EDI技术，可以说EDI将成为未来贸易的通行证。

## 第四节 国际贸易的特点

国际贸易和国内贸易，两者在性质和业务上，既有共同之处，又各具特点，既有区别又存在着密切的联系，国际贸易与国内贸易的共同点体现在以下几点：

第一，无论是国际贸易还是国内贸易，都属于经济活动中的流通领域，都是商品和劳务的交换活动。交换作为流通过程，是把生产、分配和消费联系起来的中间环节，其经营的目的都是为了获得利润。所以，国际贸易与国内贸易所起作用和经营目的都是相同的。

第二，在生产和交换的关系上，生产决定交换，交换对生产起反作用，无论是国际贸易还是国内贸易都是如此。国内贸易商品种类、质量、规模既受到一国生产条件的限制，又对一国的生产和经济发展起到促进作用；同样，国际贸易的商品种类、质量、贸易规模，也是受贸易参加国生产条件的限制，

对参加国的生产、经济发展，对世界经济的繁荣乃至科学技术进步也会起到积极的促进作用。

第三，在国际贸易与国内贸易中价值规律都起着调节作用，同时，二者都受商品流通领域中固有的其他规律如供求规律竞争规律和利润规律的制约。

国际贸易与国内贸易之间存在着区别，它们之间的区别体现在以下几个方面：

## 一、贸易范围的区别

国际贸易是联系国内生产与国外消费以及国外生产与国内消费的桥梁和纽带。它是参与世界商品交换的大循环。国内贸易是直接联系国内生产和消费的桥梁和纽带，主要是国内商品流通的自我循环。

国际贸易涉及性质完全不同的两种分工（国际分工和社会分工）、两个市场（国内市场和世界市场）、两种货币（本国货币和国外货币）、两种价格（国内市场价格和国外市场价格）。而国内贸易只涉及到一国分工、一国市场、一国货币和一国价格。

## 二、贸易环境和制度的区别

### （一）语言文字、风俗习惯和气候条件不同

国内贸易即使在多民族的大国中，尽管也存在着语言、风俗习惯、气候条件的障碍，但要比国与国之间贸易的差别小得多。国际贸易，首先碰到的就是语言问题。买卖双方在贸易谈判、电讯联系、合同签订和单证的处理上如不采用同一种语言，国际间的交往就无法顺利进行。有些国家对进口商品的商标及说明书规定必须用两种或三种文字进行对照说明。

由于世界各国所处地理位置不同，形成的自然环境和天然禀赋差异甚大，这使国际贸易中的商品结构、销售季节、运输方式和商品包装的选择等都比国内贸易复杂。

各国有不同的民族风情、习俗和宗教信仰以及各自不同的禁忌和爱好。如，日本人很忌讳“四”、“九”两字，忌讳打听工资收入，见面不握手，大都鞠躬问候，发信时邮票不能倒贴（意味绝交）。还有，西方人厌恶“十三"；南亚国家视黄牛为神牛；埃及人忌讳针；巴基斯坦人禁酒、猪肉；北非人忌讳狗做商标……总之，这些不同的习俗、信仰，不同的忌讳与爱好，对国际贸易的影响也较大，外贸工作者只有了解这些，才不至于伤害民族感情，有利于业务的开展。

（二）各国间货币制度不同

由于参加贸易的各个国家采用不同的计价货币，实行不同的结算方式，而贸易货款的清偿又多以外汇支付，选择哪种货币作为双方均可接受的计价单位和支付工具，本国货币与外国货币的比价、国际汇兑方法的选定各国不一。在进行贸易支付时按一定汇率进行，若汇率稳定，又可自由兑换，贸易会顺利进行；若汇率不稳定，又不能自由兑换时，贸易支付就会复杂化，影响贸易的顺利进行和发展。

（三）各国的经济政策、对外贸易政策措施不同

各国不同的经济政策，也影响到国际金融市场的稳定和国际贸易的正常发展。如，一国为了抑制通货膨胀率提高利率，往往会引起其他国家资金的流入，抵消紧缩性经济政策的实施效果，乃至影响到汇率的稳定和国际贸易商品的流向。

对外贸易政策，是各国对外经济政策的重要组成部分，不同类型国家采取的对外贸易政策措施也往往不同，产生的影响、效果也不一样。如欧共体内部实行商品自由流通，但对非共同体国家实行统一的关税政策，限制进口，结果使欧共体内部贸易增加迅速，而同外部国家贸易的增长速度较缓慢。

关税、配额和其他人为的贸易壁垒是差别的另一方面。大多数国家规定商品和劳务在国内可以自由流动（从一个部门或地区转移到另一个部门或地区）。但每一个国家不仅限制国外的商品和劳务的进口，而且限制劳动力和资本的输出入。这些与国内贸易都有着明显的不同。

（四）各国法律不同

由于各国涉外经济立法不同，使国际贸易在缔结协议与合同、解决贸易纠纷、仲裁时，要比国内贸易所出现的情况复杂得多，尤其在现代国际经济技术合作方面，多国的合资经营企业涉及到企业所在地的各方面法律问题也越来越多。

## 三、贸易风险的区别

国际贸易比国内贸易所承担的风险要大。在国际贸易中，由于买卖双方相距较远，语言、习俗、法律、政策的差异，使一笔交易从谈判到签订合同、履行合同、运输过程等都要承担比国内贸易大得多的风险。

由于进口商拒收货物或拒不付款，出口商未按期、按质交货、货证不符等现象，这些商业风险往往会给贸易一方造成较大损失，使合同不能顺利履行。而且在合同订立后，由于国际市场价格的波动，双方还需承担价格风险。

在国际贸易活动中，一般双方在交易前都要对对方的资信情况进行调查，但这种调查难度较大，费用也高，若对对方的资信情况不能深入了解，也会造成履行合同中的困难，带来不必要的麻烦。

由于国际贸易中交易双方一般都以外币计价，在目前浮动汇率制条件下，汇率变动情况难以预测，掌握不好，还要承担货物以外的外汇风险。

此外，国际贸易中的货物运输距离较为遥远，自然风险、人为风险时有发生，大多数国家对外经济政策常常修改，政局的变动及各国实行的对外贸易管制政策，常常使贸易的双方不仅要承担运输风险，还要承担社会政治风险。可见国际贸易较国内贸易风险和困难要大得多。

## 第五节　国际贸易的作用

### 一、对外贸易在一国国民经济中的作用

由于国际贸易连结着国际经济活动和各国国内经济活动，必然对双方都产生影响。它一方面构成世界经济活动的一部分，另一方面又作为各国对外贸易活动的总和，对各国国内经济产生重要影响。具体说来，对外贸易在一国国民经济中的作用主要有：

#### （一）互通有无，调剂余缺

由于生产要素分布状况的不同，科学技术和生产力发展水平差异等因素的影响，各个国家的生产能力存在着较大的差异，某些资源、产品总会出现空缺或供应能力不足。如，一些小国或资源贫乏的国家缺乏发展经济的原材料，技术落后的国家不能生产高、精、尖产品。但通过对外贸易进口本国缺乏的各种资源，可以弥补国内某些资源的短缺，使国民经济的实物构成全面化和完善化，扩大生产广度，开拓更多生产领域。例如，日本是一资源贫乏的国家，靠进口大量的原材料来进行生产、发展经济，并取得了显著的经济效果。世界各国内部市场产品短缺或空缺的现象也普遍存在，不少产品无法满足国内消费者的需求，通过参加国际贸易，增加这些产品的进口，增加国内市场产品供应量，满足消费者的需求，达到国内市场供求关系平衡。另外，世界各国内部都有自己发展生产的优势，各国国内市场上大多都有某些产品过剩状况。产品供过于求的现象在一定程度上制约了国内经济的正常发展。通过对外贸易，使生产出来超过本国市场容量的产品得以销售，一方面缓解

了国内市场供大于求的矛盾，另一方面又保护了国内生产者利益，保证了经济向前发展。总之，通过对外贸易来促进国民经济发展已越来越被各国所重视。就是说，互通有无，调剂国内市场供求关系是国际贸易的基本功能。

（二）节约社会劳动，增加生产总量

由于种种原因，各国不同部门之间的生产力存在着差距。一国出口本国具有相对优势的产品，进口本国处于相对劣势的生产部门的产品，通过交换，可以节约社会劳动，增加产品总量，对双方都有利。

（三）可以阻止利润率的下降趋势

由于技术的进步和市场的竞争，企业必须不断地进行资本积累，以更新机器设备。这就必然会使资本有机构成不断提高，即在全部资本中不变资本所占的比重越来越大，可变资本所占的比重越来越小，从而使利润率呈现下降趋势。对外贸易是阻止利润率下降的重要因素。对外贸易之所以能阻止利润率下降，是因为：①通过对外贸易可以从国外获得廉价的原料和食品，从而降低工资，降低生产成本；②通过对外贸易可以扩大工业制成品的销路，从而得以扩大生产规模，充分发挥现有生产设备的能力，取得规模经济效益；③国际市场上的竞争往往比国内市场上的竞争更为剧烈，这就迫使企业不得不努力改进技术，提高产品的质量，提高劳动生产率，降低生产成本，具有优势的企业就可以长期获得超额利润。

（四）对外贸易还可以促进社会再生产的协调发展，形成一个合理的产业结构

在封闭经济条件下，产业结构受到国内客观条件限制，各国在价值形态或实物构成上，不能实现内部平衡。尤其是一部分发展中国家，实现其价值平衡是国民经济能否取得最适宜发展速度和最佳经济效果的重要条件。在开放经济条件下，适当进口国内急需产品、物资，对实现国民经济平衡、协调发展十分必要。可见，对外贸易对一国经济发展的促进作用是十分明显的。

## 二、对外贸易在国际经济关系中的作用

（一）对外贸易是世界各国对外经济关系的核心

当今，国际间的经济关系已经从单纯的买进与卖出发展成为多面化的经济关系，从商品关系演变到服务贸易，从提供满足人类物质享受的产品到开展满足人类精神上享受的旅游。尽管如此，对外贸易在国际经济关系中仍居重要地位。对外经济关系以对外贸易为核心，劳动和科学的交流，资本的使用，都以对外贸易为活动中枢。一国利用外资的能力取决于该国的偿还能力，

出口收汇在偿还能力中占绝大比重。

（二）对外贸易是国际经济中“传递”的重要渠道

“传递”是指一个国家经济的盛衰如何对另一国发生影响。世界各国在经济上相互依靠，各国经济的增长或衰退都会影响其余国家，国际贸易是各国经济活动相互传递的重要渠道。

各国经济发展通过对外贸易“传递”的过程是：世界市场价格变动→国内开放部门（经营对外贸易部门）价格变动→国内非开放部门价格变动→国内价格变动→产量与就业变动→整个经济的变动（上升或下降）。

（三）对外贸易是各国进行政治斗争、维护经济权益的重要手段

对外贸易已成为各国对外政治活动的重要内容。对外贸易政策成为各国对外政策的重要组成部分。

(1) 通过对外贸易，维护本国的社会制度。俄国十月社会主义革命以后，帝国主义国家在武装干预苏维埃政权的同时，中断贸易关系，进行封锁禁运；新中国建立后，帝国主义国家也对其施行封锁禁运。

(2) 通过建立经济贸易集团，提高国际竞争能力，争夺势力范围。

(3) 坚持正义，维护世界和平。通过对外贸易制裁那些违背联合国宪章的行为；制裁违反人权、实行种族歧视的国家。

(4) 通过对外贸易，扩大相互交往，促进相互的经济合作，改善国际环境，为经济发展创造良好的外部条件。

当然，在当今世界市场上，世界各国间既有相互密切的经济贸易合作，也存在着矛盾和斗争。发达资本主义国家为了维护自身在世界政治、经济中的统治地位，维护和扩大资本主义生产方式，把国际贸易作为他们实施对外贸易政策的重要手段。但广大的发展中国家也相继提出改革开放的新政策，走内外结合的经济发展道路，充分利用国际经济环境来加快自身的民族经济建设与发展。

## 关键名词

| | | | |
|---|---|---|---|
| 国际贸易地理方向 | 总贸易与专门贸易 | 寄售贸易 | 贸易差额 |
| 对外贸易地理方向 | 对外贸易依存度 | 出口贸易 | 过境贸易 |
| 有形贸易和无形贸易 | 对外贸易值 | 进口贸易 | 协定贸易 |
| 双边贸易和多边贸易 | 直接贸易 | 间接贸易 | 转口贸易 |
| 自由贸易和保护贸易 | 易货贸易 | 补偿贸易 | 租赁贸易 |
| 对外贸易量 | 技术贸易 | | |

## 复习思考题

1. 简述国际贸易与国内贸易的异同点。
2. 国际贸易有哪些主要风险？应如何应对这些风险？
3. 国际贸易的分类有哪些？
4. 根据我国对外贸易现状，分析开展国际贸易对我国经济发展的作用。

# 第二章 国际分工与世界市场

**学习目标**

通过本章学习，掌握国际分工的基本概念及其常见分类方法，了解国际分工的特点、影响国际分工的因素、国际分工对国际贸易的影响、有关国际分工重要学说以及当代世界市场的格局与特征，加深对当今世界市场的运行机制的认识和理解。

**重点难点**

1. 影响国际分工形成和发展的主要因素
2. 国际分工性质、类型
3. 国际分工对国际贸易的影响
4. 有关国际分工的重要学说
5. 当代世界市场的格局与特征及运行机制

## 第一节 国际分工概述

### 一、国际分工的含义

分工，也叫劳动分工。最早、最简单的分工形式是按性别、年龄的自然分工。随着生产力的发展，人类历史上出现过三次意义重大的社会分工：畜牧业和农业的分工，手工业从农业中分离出来，以及由于商品的生产和市场的扩大出现商人而形成的分工。社会分工包括产业各部门之间、各个产业部门内部、城乡之间、脑体之间的分工。国际分工指世界上各国（地区）之间的劳动分工，是国际贸易和各国（地区）经济联系的基础。它是社会生产力发展到一定阶段的产物，是社会分工超越国界的结果，是生产社会化向国际化发展的趋势。

国际分工是国际贸易和世界市场的基础。国际贸易是国与国之间的商品交换，世界市场则是世界范围内商品交换的领域。国际贸易和世界市场是随着国际分工的发展而发展的。当然，国际贸易的发展，世界市场的形成和扩大，对国际分工的发展也起着有利的推动作用。

国际分工在近代和现代发展的过程中，经历了若干阶段。这些阶段的划分同社会生产力发展阶段的划分以及国际贸易和世界市场发展阶段的划分，基本上是一致的。国际分工的发展大体上可以分为三个阶段：

（1）18世纪开始的第一次科技革命，由于机器的发明及其在生产上的应用，生产力空前提高，分工空前加深。这次科技革命首先在英、法等国进行，它们发展为工业国，而其他广大国家则处于农业国、原料国的地位，这是资本主义国际分工的形成阶段。

（2）19世纪末至20世纪初开始的第二次科技革命，特别是发电机、电动机、内燃机的发明及其广泛应用，生产力进一步提高，分工更加精细。这次科技革命是在英、美、德等国进行的，其他国家在引进技术与机器设备的推动下，某些基础设施与某些轻工业和采矿业有一定发展，但仍不同程度处于初级产品供应国的地位。这是资本主义国际分工的发展阶段。

（3）20世纪40年代和50年代开始的第三次技术革命，它导致了一系列新兴工业部门的诞生，如高分子合成工业、原子能工业、电子工业、宇航工业等，这对国际加工的深化产生了广泛的影响，使国际加工的形式和趋向发生了很大的变化，使国际加工的形式从过去的部门间专业分工向部门内专业化分工方向迅速发展。主要表现在：不同型号规格的产品专业化；零配件和部件的专业化；工艺过程的专业化。任何一个专业发达、技术进步的国家也不可能生产出自已所需的全部工业产品。当今世界，少数经济发达国家成为资本（技术）密集型产业国，广大发展中国家成为劳动（土地）密集型产业国，它们各自内部以及相互之间又形成更细致的分工。这是资本主义国际分工的进一步发展阶段。今后，随着第四次科技革命的进展，国际分工更要向前发展。国际分工是不依赖于人们意志为转移的客观过程。它具有双重性：进步性和落后性。一方面它打破了民族闭关自守状态，把各个国家和民族在经济上联系起来，促进了生产的国际化、专业化和世界生产力的发展；另一方面，国际垄断资本强制地使殖民地或半殖民地国家的经济依附于帝国主义国家，使这些国家沦为帝国主义国家的经济附庸。在这种国际分工的基础上形成的帝国主义宗主国与殖民地国家经济贸易关系，从来不是按平等互利的原则进行的，帝国主义国家总是通过各种形式剥削和掠夺经济落后的国家，从而对落后国家的生产力发展起了阻碍作用。近年来，发展中国家为建立国际经济新秩序的斗争及本国经济的发展，已在积极争取和改变旧的国际分工体系，建立新的平等互利的国际分工体系。

## 二、国际分工的类型（形式）

### （一）按参加国际分工的国家的自然资源和原材料供应、生产技术水平和工业发展情况的差异来分类，可划分为三种不同类型的国际分工形式

1. 垂直型国际分工

垂直型国际分工是指经济技术发展水平相差悬殊的国家（如发达国家与发展中国家）之间的国际分工。垂直分工是水平分工的对称。它分为两种：一种是指部分国家供给初级原料，而另一部分国家供给制成品的分工形态，如发展中国家生产初级产品，发达国家生产工业制成品，这是不同国家在不同产业间的垂直分工。一种产品从原料到制成品，需经多次加工。经济越发达，分工越细密，产品越复杂，工业化程度越高，产品加工的工序就越多。加工又分为初步加工（粗加工）和深加工（精加工）。只经过初步加工的为初级产品，经过多次加工最后成为制成品。初级产品与制成品这两类产业的生产过程构成垂直联系，彼此互为市场。另一种是指同一产业内技术密集程度较高的产品与技术密集程度较低的产品之间的国际分工，或同一产品的生产过程中技术密集程度较高的工序与技术密集程度较低的工序之间的国际分工，这是相同产业内部因技术差距所引致的国际分工。从历史上看，19 世纪形成的国际分工是一种垂直型的国际分工。当时英国等少数国家是工业国，绝大多数不发达的殖民地、半殖民地是农业国，工业先进国家按自己的需要强迫落后的农业国进行分工，形成工业国支配农业国，农业国依附工业国的国际分工格局。迄今为止，工业发达国家从发展中国家进口原料而向其出口工业制成品的情况依然存在，垂直型的国际分工仍然是工业发达国家与发展中国家之间的一种重要的分工形式。

2. 水平型国际分工

水平型国际分工是指经济发展水平相同或接近的国家（如发达国家以及一部分新兴工业化国家）之间在工业制成品生产上的国际分工。当代发达国家的相互贸易主要是建立在水平型国际分工的基础之上。水平分工可分为产业内与产业间水平分工。前者又称为“差异产品分工”，是指同一产业内不同厂商生产的产品虽有相同或相近的技术程度，但其外观设计、内在质量、规格、品种、商标、牌号或价格有所差异，从而产生的国际分工和相互交换，它反映了企业的竞争和消费者偏好的多样化。随着科学技术和经济的发展，

工业部门内部专业化生产程度越来越高。部门内部的分工、产品零部件的分工、各种加工工艺间的分工越来越细。这种部门内水平分工不仅存在于国内，而且广泛地存在于国与国之间。后者则是指不同产业所生产的制成品之间的国际分工。由于发达资本主义国家的工业发展有先有后，侧重的工业部门有所不同，各国技术水平和发展状况存在差别，因此，各类工业部门生产方面的国际分工日趋重要。各国以其重点工业部门的产品去换取非重点工业部门的产品，工业制成品的生产分工不断向纵深发展，由此形成水平型国际分工。

3. 混合型国际分工

混合型国际分工是把"垂直型"和"水平型"结合起来的国际分工方式。德国是"混合型"的典型代表。它对第三世界是"垂直型"的，向发展中国家进口原料，出口工业品；而对发达国家则是"水平型"的，在进口中，主要是机器设备和零配件，其对外投资主要集中在西欧发达的资本主义国家。

（二）按分工是在产业之间或产业内部，可分为产业间国际分工和产业内部国际分工

1. 产业间国际分工

产业间国际分工是指不同产业部门之间生产的国际专业化。第二次世界大战以前，国际分工基本上是产业间国际分工，表现在亚、非、拉国家专门生产矿物原料、农业原料及某些食品，欧美国家专门进行工业制成品的生产。

2. 产业内部国际分工

产业内部国际分工是指相同生产部门内部各分部门之间的生产专业化。二次大战后发生的第三次科学技术革命对当代国际分工产生了深刻的影响，使国际分工的形式和趋向发生了很大的变化，突出地表现在使国际分工的形式从过去的部门间专业化向部门内专业化方向迅速发展。这主要是由于科技进步使各产业部门之间的级差化不断加强，不仅产品品种规格更加多样化，而且产品的生产过程也进一步复杂化。这就需要采用各种专门的设备和工艺，以达到商品的特定技术要求和质量要求，而一般来说所需要专用设备的数量不多，但要求精度较高。同时，为了达到产品的技术和质量要求还必须进行大规模的科学实验和研究，这就需要大量的科研费用。在这种情况下，只有进行大量生产，在经济上才有利可图。但这些往往又与同一国的有限市场和资金设备以及技术力量发生了矛盾，这就促进各国部门内部生产专业化迅速发展。

产业内部国际分工主要有 3 种形式：

第一，同类产品不同型号规格专业化分工。在某些部门内某种规格产品

的国际生产专业化，是部门内国际分工的一种表现形式。

第二，零部件专业化分工。许多国家为其他国家生产最终产品而生产的配件、部件或零件的专业化。目前，这种国际生产专业化在多种产品生产中广泛发展。

第三，工艺过程专业化分工。这种专业化过程不是生产成品而是专门完成某种产品的工艺，即在完成某些工序方面的专业化分工。以化学产品为例，某些工厂专门生产半制成品，然后将其运输到一些国家的化学工厂去制造各种化学制成品。

## 三、第二次世界大战以后国际分工的特点

第二次世界大战以后，国际分工进入深化发展阶段。战后世界的政治、经济形势发生了巨大改变：第三次科技革命使生产力有了巨大的增长，而战后的国际经济秩序又比较有利于国际分工和国际贸易的发展。因此，世界经济获得了前所未有的发展。国际分工在这种形势下显示出一些与以往不同的新特征。

### （一）国际分工的经济基础雄厚，工业国之间的分工在国际分工格局中居于主导地位

战后第三次科学技术革命成果的广泛应用，极大地促进了生产力的发展，加快了生产专业化和生产国际化的进程，改变了战前工业国与农业国、矿业国之间的分工格局，使国际分工在工业国家之间得到迅速发展。传统的以自然资源为基础的分工逐步发展为以现代化技术、工艺为基础的分工，形成了以工业国之间的分工占主导地位的分工格局。

### （二）国际分工由工业部门之间的分工发展为工业部门内部的分工，并有增强的趋势

第二次世界大战之前，在工业国之间的分工中占主导地位的是不同工业部门之间的分工。战后，随着科学技术的进步和新兴工业部门的出现，使得各工业部门技术密集程度提高，生产能力扩大，生产工艺和产品结构复杂，客观上要求企业大型化，而庞大的生产规模和高精尖的技术设备，需要巨额投资，这些远远超出一个国家、一个企业的承受能力，要求跨越国界去组织生产和销售，形成国际间工业部门内部的分工，其主要标志就是发达国家之间工业制成品贸易和零部件贸易的迅速增加。

（三）发达资本主义国家与发展中国家间工业分工在发展，而工业国与农业国、矿业国的分工在削弱

从国际分工形成到第二次世界大战前，殖民主义宗主国主要从事于工业制成品的生产，而殖民地、附属国和落后国家则主要从事于以自然条件为基础的农业或矿产的生产。战后的科技革命和跨国公司的经营活动，使某些工业产品的生产从发达国家向发展中国家转移，出现了高精尖工业与一般工业的分工、资本技术密集型与劳动密集型产品的分工。

（四）参加国际分工国家的经济所有制形式发生了变化

第二次世界大战前，参加国际分工的国家主要是以私有制经济为主的资本主义国家，战后，随着一批社会主义国家的成立，使资本主义生产关系一统国际分工的时代结束了。为了发展生产力、实现经济现代化，以公有制为主、多种经济成分并存的社会主义国家广泛深入地参与国际分工。1979 年后，中国加快了与其他国家分工的进程。

（五）国际分工的机制发生了显著变化

从国际分工产生到第二次世界大战前，资本主义国际分工形成与发展过程的机制：一是殖民统治；二是垄断与资本输出；三是价值规律下的市场自发力量。第二次世界大战后，随着殖民体系的瓦解、社会主义国家的出现、跨国公司在世界经济中地位的加强，国际分工的机制发生了较大的变化：一是殖民统治力量大大削弱；二是跨国公司作用大大加强；三是出现了有组织的“协议式”的国际分工。如跨国公司所组织的跨国界的分工，社会主义国家按国民经济的规划与发展，有目的、有步骤、有计划性地参加的国际分工。

## 四、影响国际分工的主要因素

国际分工的产生和发展受多种因素的影响。在不同时期和不同阶段，因国际分工的内容和特征不同，其具体的制约因素也有差异。影响国际分工的主要因素具体如下：

（一）自然条件是国际分工形成和发展的基础

自然条件包括一个国家的气候、土壤、国土面积、矿藏资源、地理位置等，是一切经济活动的必要条件和基础。这些自然条件对国际分工的发展有重要影响。比如说，热带作物只能在处于热带的国家和地区种植，矿产品只能在拥有矿藏的国家开采和出口。

一般来说，在生产力水平较低的国家和地区，自然条件对社会分工和国际分工的影响就更大一些。随着科学技术的进步，生产力的迅速发展，人工

材料与合成原料的大量出现，自然条件的作用也就相对削弱。

（二）社会生产力是国际分工形成与发展的决定性因素

有利的自然条件只是为国际分工的形成和发展提供可能性和必要性，而不能使国际分工变为现实。比如说，煤炭工业固然不能在没有煤炭的国家和地区里出现，但一个国家只有煤炭资源而没有必要的技术力量，还是不能使这种自然资源真正发挥作用，变为国际分工和国际交换的对象。有些国家自然资源贫乏，但他们凭借较先进的科学技术仍然可以建立许多新兴的工业部门。

社会分工的历史表明，社会生产力的提高是促使分工发展的内在动因。科学技术作为生产力，对国际分工形成和发展起着巨大的推动作用。如第一次科学技术革命，导致了欧洲国家的工业革命，建立了大机器工业；第二次科学技术革命，改变了动力和交通运输业，并建立了许多新兴的重工业部门，促进了资本主义生产力的迅速发展和资本的积聚集中，也使资本输出成为这一时期的经济特征，推动了世界范围的生产社会化和国际化；第三次科学技术革命，改变了现代工业的面貌，新技术的推广使用，促进了新的工业部门的建立，同时生产力的迅速增长引起了产业结构和生产规模的变化。

国际分工的形成和发展是科学技术革命和生产力发展的必然结果，生产力的发展不仅决定了国际分工的内容，而且还决定了国际分工的形式、广度和深度。随着生产力的发展，国际分工的形式日益多样化，从“垂直型”向“水平型”和“混合型”过渡，出现了多类型、多层次的分工形式。国际分工的范围不断扩大，各种经济类型、不同经济发展水平的国家通过国际分工紧密地结合起来，形成了世界性的分工体系。

（三）人口和市场规模制约着国际分工的发展

一国人口的多少，一般会对国际分工产生一定的影响。例如，人口稠密的国家一般可发展劳动密集型产品。世界市场几乎与国际分工同步发展，世界市场规模越大，国际分工越细。

（四）国际生产关系决定国际分工的性质

国际分工是各国生产关系超出国家和民族界限形成的。国际生产关系决定了国际分工的性质。例如，资本主义国际分工打破了民族闭关自守的状态，把各个国家在经济上联合起来，促进了生产力的发展。但是，它具有剥削性和不平等性，表现在发达资本主义国家与发展中国家之间的国际分工。第二次世界大战后，许多发展中国家虽然赢得了政治上的独立，但在经济上并没有完全摆脱对发达资本主义国家的依附，尤其是国际经济旧秩序的基本格局还没有根本改变，发达资本主义国家在世界经济中的垄断地位依然存在。因此，它们之间的分工依然具有掠夺与被掠夺、剥削与被剥削的性质。

（五）上层建筑可以推进和延缓国际分工的形成与发展

在历史上，殖民主义国家或帝国主义国家为了形成有利于自己的国际分工，曾千方百计地借助于上层建筑。如：通过殖民统治，公布各种法令，强迫殖民地实行种植园制度；通过发动战争，签订不平等条约，强迫战败国接受自由贸易政策；建立超国家的经济组织，调解相互经济贸易政策，促进国际分工的发展。各国的上层建筑也能延缓国际分工的发展，例如，一国长期实行相对封闭的政策和措施，就会延缓这个国家参与国际分工的进程。

## 五、国际分工对国际贸易的影响

国际分工是国际贸易和世界市场的基础，国际贸易和世界市场是随着国际分工的发展而发展的。国际分工对国际贸易产生的重要影响主要表现在以下几个方面．

（一）国际分工的扩大促进了国际贸易的发展

国际分工的发展，把世界各个角落的国家卷入国际商品流通，使国际贸易成为一种经常的广泛的交换活动，并随着国际分工的扩大日益向纵深发展。工业部门内部的分工及产品的交换日益增长，扩大了这些国家之间的商品交换范围，使国际贸易的增长速度大大超过同期工业生产的增长速度。同时，国际贸易方式日益多样化，由单纯的商品进出口，发展到实行广泛的经济技术合作，出现了国家间的合资企业、合作经营、补偿贸易、加工贸易、国际租赁、技术转让等等，使有形商品与技术转让结合起来，愈加促进了国际贸易的发展。

（二）国际分工影响国际贸易的商品结构

前两次科技革命所建立的生产部门，是需要消耗大量原材料的轻、重工业，与此相对应的国际分工与国际贸易也主要以自然资源为基础，故二次大战前初级产品的国际贸易额，长期稳定在世界贸易额的60%以上，工业制成品贸易则在40%以下。而战后以高科技为基础所建立的新兴产业及其国际分工，因技术进步使原材料、燃料消费不断下降，制成品附加价值大大提高，以至20世纪60年代以来，国际贸易商品结构也发生了明显的变化，如今大体是初级产品贸易为40%，工业制成品贸易为60%。

（三）国际分工影响国际贸易的地理方向

第二次世界大战前，在近一个世纪的时间里，西方工业国家同广大发展中国家的贸易，占到世界贸易总额的一半以上。然而，战后西方国家彼此形成的以新兴技术为特征的国际分工，其市场以西方发达国家为主，以至国际贸易格局也发生了与过去相反的变动，如今发达国家间贸易额迅速上升到占世界贸易总额的一半以上，而他们同发展中国家的贸易额下降到40%以下。

（四）国际分工影响一国对外贸易依存度和世界贸易依存度

对外贸易依存度也称对外贸易系数，指的是一国对外贸易总额在该国国民生产总值中所占的比重。世界贸易依存度又称世界贸易系数，指国际贸易值在世界总产值中所占的比重。

一国经济对于对外贸易的依赖程度、世界经济对于国际贸易的依赖程度与国际分工有很大关系。国际分工的发展，使各国对外贸易依存度和世界贸易依存度不断提高。1950年，发达国家出口依存度仅为7.7%，我国出口依存度仅为4.19%。1996年，经济合作组织（OECD）出口额占其国内生产总值（GDP）比重已达15.92%，我国出口额占国民生产总值（GDP）比重亦升至8.32%。

（五）国际分工影响国际贸易的地区分布

在国际分工处于中心地位的国家，在国际贸易中也占重要地位。例如，英国最早发生产业革命，生产力较其他国家高，在国际分工中一直处于中心地位。英国在资本主义世界贸易总额中的比重，1820年为l8%，1870年上升到22%，随着它在国际分工中地位的下降其贸易比重在1931年下降到15%。l9世纪以来，发达资本主义国家位于国际分工的中心，在国际贸易中一直居于支配地位。发达资本主义国家在世界出口中所占比重1950年为60.8%，1980年为62.5%，1985年又上升为69.9%。

（六）国际分工影响国际贸易的利益

国际分工可以扩大整个国际社会劳动的范围，发展社会劳动的种类，使参加分工的国家扬长避短，发挥优势，合理配置资源，从而节约全世界劳动时间，提高国际社会的生产力。在资本主义国际分工体系中，殖民主义国家之间的分工比较平等，但在殖民主义国家和殖民地国家之间，分工却是中心和外围的关系，二者之间具有控制与被控制、剥削与被剥削的关系。处于中心的国家，获得的利益较大，处于外围的国家，则利益较小。二战后，随着发展中国家在政治上的独立，民族工业的不断发展和不断斗争，发展中国家在国际分工中的地位有所改变，贸易的利益也随之增加。

## 第二节　有关国际分工重要学说

### 一、亚当·斯密的国际分工学说

（一）产生背景

亚当·斯密（Adam Smith，1723—1790）是古典经济学的杰出代表，也是国际分工理论及古典贸易理论的创造者。

18世纪末，英国的经济力量已超过欧洲大陆的两个对手——法国和西班牙。资本主义工场手工业有了很大的发展，工业革命逐渐展开，使得商品经济迅速发展。新兴的资产阶级要求扩大对外贸易，以便从海外获得生产所需的廉价原料，并且为其产品寻找更大的海外市场。为了达到这一目的，就要从重商主义者对国民经济和对外贸易的重重束缚中解放出来，在重商主义制度下所建立的经济上的特权和垄断制度已经暴露出效率低下和严重浪费等弊端，因此不能适应经济发展的需要。国际分工理论在这种背景下应运而生。

亚当·斯密在1776年出版的《国民财富的性质和原因的研究》（*Inquiry into the Nature and Causes of the Wealth of the Nations*）一书中，提出了绝对成本（或绝对利益、绝对优势）理论（Theory of Absolute Advantage），用以解释国际分工产生的原因，并证明了贸易对双方有利而不是像重商主义理论那样认为只有单方得利，提出了自由贸易的政策依据。

（二）绝对成本理论的主要观点

国际贸易为什么会发生，即贸易基础，是贸易理论首先要回答的问题。只有说明了贸易发生的决定因素，才能够进一步探讨贸易形式、贸易条件、贸易利益等一系列问题。

1. 国际分工的基础是绝对成本

经济学作为一门科学，开始于亚当·斯密的《国民财富的性质和原因的研究》。也正因为有了亚当·斯密，国际贸易发生的基础才得到较为系统的阐述。斯密把自己的理论中心放在如何增加国民财富这一问题上。他认为，增加国民财富主要靠提高劳动生产率，而劳动生产率的提高则要靠分工的发展。分工的原则不仅适用于一国内部，也适用于各国之间，“如果外国能以比我们自己制造还便宜的商品供应我们，我们最好就用我们有利地使用自己的产业生产出来的物品的一部分向他们购买”。各国应选择自己最擅长的产品进行生产，然后进行交换，这样的国际分工和贸易必然对双方都有利。斯密进而认为，应以劳动成本为标准来确定一国最擅长生产的产品。若一国生产某一产品所耗费的劳动成本绝对地低于另一国，即该国在劳动生产率上占绝对优势，则该国就应该生产此种自己擅长的产品，然后再与他国交换自己不擅长生产的产品。

由此可见，斯密是以“绝对成本”来说明国际分工和国际贸易的基础的，即贸易发生的原因是由于同种产品在两国之间存在着绝对成本差异。

2. 各国存在绝对成本差异的原因

亚当·斯密认为，每一个国家都有其适宜生产某些特定产品的绝对有利的生产条件，因而生产这些产品的成本会绝对地低于他国。这些有利的生产条件来源于两个方面：一方面是自然优势，即一国在地理、环境、土壤、气候、矿产等自然条件方面的优势，这是先天的优势；另一方面是获得性优势，如国民特殊的技巧和工艺上的优势，这是通过训练、教育等后天获得的优势。一国如果拥有了其中的一种优势，该国生产某种产品的劳动生产率就会高于他国，生产成本就会绝对地低于他国。

（三）绝对成本理论的证明

下面利用两个国家、两种商品的分工模型来说明绝对成本理论。

假定英国和葡萄牙两国在分工前，同时生产呢绒和酒两种商品。由于自然禀赋和生产技术条件不同，两国生产同量呢绒和酒的生产成本不同。生产1单位呢绒和1单位酒，英国分别需要100人劳动1年和90人劳动1年，葡萄牙分别需要80人劳动1年和100人劳动1年（见表2-1）。

**表2-1　分工前两国各自生产两种产品的情况**

| | 呢绒（1单位） | 酒（1单位） |
|---|---|---|
| 英国 | 100人/年 | 90人/年 |
| 葡萄牙 | 80人/年 | 100人/年 |
| 合计 | 2单位 | 2单位 |

由表2-1可见，生产1单位呢绒，葡萄牙比英国要少用20人/年，生产1单位酒，英国比葡萄牙要少用10人/年。由此可知，分工前的绝对成本为：英国生产酒的绝对成本低，葡萄牙生产呢绒的绝对成本低。按照亚当·斯密的理论，两国应进行专业化分工，即英国分工生产酒，葡萄牙生产呢绒。按照绝对成本差异进行国际分工和贸易，其直接利益表现在劳动生产率的提高

和消费水平的提高两个方面。

首先，按绝对成本进行国际分工，可以提高劳动生产率，增加产品产量。国际分工前，英、葡两国一年共生产 2 单位呢绒和 2 单位酒。在国际分工后，英国将所有劳动力 190 人集中生产酒，共生产 2.11 单位；葡萄牙将所有劳动力 180 人集中生产呢绒，共生产 2.25 单位（见表 2—2）。因此，分工后进行生产，投入的劳动总量没有变化，但两种产品的总产量都增加了，这显然是劳动生产率的提高。

**表 2-2 分工后两国生产两种产品的情况**

| | 呢绒 | 酒 |
|---|---|---|
| 英国 | | 190 人/年 |
| 葡萄牙 | 180 人/年 | |
| 合计 | 180/80＝2.25 单位 | 190/90＝2.11 单位 |

其次，按绝对成本进行贸易，可以提高国民的消费水平。在上述国际分工的基础上，两国进行交换，假设两国按 1：1 的比例进行酒与呢绒的交换，那么两国的国内消费变化见表 2-3。在表 2-3 中，英国可以得到 1 单位呢绒并剩下 1.11 单位酒，与分工前相比，可多消费 0.1l 单位酒；葡萄牙可以得到 1 单位酒并剩下 1.25 单位呢绒，与分工前相比，可多消费 0.25 单位呢绒。这也表明，国际贸易之所以会发生，是因为在国际分工基础上国际贸易能为交换双方带来更多的利益。

**表 2-3 交换后两国消费两种产品的情况（贸易利益）**

| | 呢绒 | 酒 |
|---|---|---|
| 英国 | 1 单位 | 2.11—1＝1.11 单位 |
| 葡萄牙 | 2.25—1＝1.25 单位 | 1 单位 |

亚当·斯密第一次运用劳动价值论说明了国际贸易的基础和利益所在，为科学的国际贸易理论提供了一个良好的开端。但亚当·斯密的绝对成本理论又有很大的局限性。它只能解释在生产上各具绝对优势的国家间的贸易，而不能解释事实上存在的所有产品都处于绝对优势的发达国家和所有产品都处于绝对劣势的经济不发达国家之间的贸易现象，因此无法用来说明国际贸易的普遍规律。

## 二、大卫·李嘉图的“比较成本说”

大卫·李嘉图（David Ricardo，1772—1823）是资产阶级古典经济学的集大成者。他在1817年出版的《政治经济学及赋税原理》（*On the Principles of Political Economy and Taxation*）一书中，进一步发展了亚当·斯密的绝对成本理论，提出了比较成本（或比较利益、比较优势）理论（*Theory of Comparative Advantage*），解决了亚当·斯密所不能解释的问题，指出即使一国在所有产品的生产上都处于绝对优势或绝对劣势，但是通过国际贸易仍能得到贸易利益。

比较成本理论主张，“各国应集中生产优势较大或者劣势较小的商品……这样的国际分工对贸易各国都有利”。就是说，在各种商品的生产上都占有绝对优势的国家，应集中生产优势相对大的产品，而在各种产品的生产上都处于劣势的国家，应集中生产劣势相对较小的产品。

### （一）比较成本理论的证明

假定英国和葡萄牙两国在分工前，同时生产呢绒和酒两种商品，其生产成本如是：生产1单位呢绒和l单位酒，英国分别需要100人劳动1年和120人劳动1年，葡萄牙分别需要90人劳动1年和80人劳动1年（见表2—4）。

**表2-4　分工前两国各自生产两种产品的情况**

| | 呢绒（1单位） | 酒（1单位） |
|---|---|---|
| 英国 | 100人/年 | 120人/年 |
| 葡萄牙 | 90人/年 | 80人/年 |
| 合计 | 2单位 | 2单位 |

由表2-4可见，按照亚当·斯密的绝对成本理论，英国和葡萄牙两国不会发生贸易。因为英国两种产品劳动成本都绝对地高于葡萄牙。但是，按照大卫·李嘉图的理论，结论则是两国仍可进行贸易。分析过程如下：

首先，确定两国生产两种产品所耗费的劳动成本比例。从葡萄牙方面看，葡萄牙生产呢绒的成本是英国的90%（90/100＝0.9），而生产酒的成本只有英国的67%（80/120≈0.67），前者大于后者。也就是说，虽然葡萄牙在生产这两种产品的任何一种所耗费的劳动量都比英国小，但葡萄牙生产这两种产品的效率较英国并不一样。葡萄牙生产酒的效率比生产呢绒的效率更高一些，即在酒的生产方面具有比较优势。

从英国方面看，英国生产呢绒和酒的单位劳动成本都比葡萄牙高。英国生产呢绒的成本是葡萄牙的1.1（100/90≈1.1）倍，生产酒的成本是葡萄牙的1.5（120/80＝1.5）倍。英国生产这两种产品的效率都比葡萄牙低。虽然如此，两相比较，英国生产呢绒的效率相对地高一些，即英国在生产呢绒方面具有比较优势。

其次，确定具体分工。大卫·李嘉图认为，在这种情况下，应坚持“两优取其重，两劣取其轻”的原则进行分工。为此，葡萄牙应该分工生产酒，以酒交换英国的呢绒。而英国应该分工生产呢绒，以呢绒交换葡萄牙的酒。

最后，分析按照比较成本来分工，进行国际贸易，双方能否分享贸易利益。回答是肯定的。

第一，按比较成本进行国际分工，可以提高劳动生产率，增加产品产量。国际分工前，英、葡两国1年共生产2单位呢绒和2单位酒。在国际分工后，英国将所有劳动力220人集中生产呢绒，共生产2.2单位；葡萄牙将所有劳动力170人集中生产酒，共生产2.125单位（见表2-5）。因此，分工后进行生产，投入的劳动总量没有变化，但两种产品的总产量都增加了，这显然是劳动生产率的提高。

**表2-5　分工后两国生产两种产品的情况**

| | 呢绒 | 酒 |
|---|---|---|
| 英国 | 220人/年 | |
| 葡萄牙 | | 170人/年 |
| 合计 | 220/100＝2.2单位 | 170/80＝2.125单位 |

第二，按比较成本进行贸易，可以提高国民的消费水平。在上述国际分工的基础上，两国进行交换，假设两国按1∶1的比例进行酒与呢绒的交换，那么两国的国内消费变化见表2-6。在表2-6中，英国可以得到1单位酒并剩下1.2单位呢绒，与分工前相比，可多消费0.2单位呢绒；葡萄牙可以得到1单位呢绒并剩下1.125单位酒，与分工前相比，可多消费0.125单位酒。这也表明，国际贸易之所以会发生，是因为在国际分工基础上国际贸易能为交换双方带来利益的增加。

表 2-6　交换后两国消费两种产品的情况（贸易利益）

| | 呢绒 | 酒 |
|---|---|---|
| 英国 | 2.2－1＝1.2 | 1 |
| 葡萄牙 | 1 | 2.125－1＝1.125 |

（二）比较成本理论的意义与局限性

大卫·李嘉图比较圆满地说明了国际贸易的一般基础，他的理论比亚当·斯密的绝对成本理论更具有普遍意义，绝对成本理论的情形仅是比较成本理论的一个特例而已，所以，大卫·李嘉图的比较成本理论也被称为国际贸易的一般理论。

但大卫·李嘉图的比较成本理论是一种静态的理论，它把多变的经济情况抽象成为一个静态的、凝固的世界。事实证明，一国生产的相对优势，长期固定在少数几种产品（特别是少数初级产品）上，那么国际分工对该国是非常不利的。一国当前的相对优势不应妨碍潜在优势的发展和壮大。可见，比较成本理论与实际情况之间有相当大的距离。现代国际贸易理论试图突破这些假定，以增加比较成本理论的适应性。

## 三、赫克歇尔－俄林的要素比例学说

（一）理论提出

瑞典经济学家俄林（Bertil Ohlin，1899－1979）是 1977 年的诺贝尔经济学奖得主。1933 年，他出版了名著《地区间贸易和国际贸易》（Interregional and International Trade），在该著作中，他提出了要素禀赋论，也称资源赋予论。因其理论采取了其师赫克歇尔（Heckscher，1879－1952）在 1919 年发表的《对外贸易对国民收入之影响》中的主要论点，因此，该理论又称为赫－俄模型（H－O Model）。

要素禀赋论是用生产要素的丰缺解释国际贸易产生的原因和商品流向的理论，其理论基础是新古典学派的均衡价格论和北欧学派的一般均衡理论，更接近于国际贸易的实际，被认为是现代国际贸易理论。

要素禀赋论有狭义和广义两种含义：狭义的要素禀赋论就是生产要素供给比例论；广义的要素禀赋论还包括要素价格均等化原理。

要素禀赋论的主要假定是：只有两个区域或两个国家；在每个域际内或每个国家内部，生产要素（资本与劳动）是自由流动的，但在域际间或国家间，它们是不能流动的；贸易在自由竞争的条件下进行；生产要素是完全可以分割的，没有规模经济利益；只有有形商品贸易，贸易是平衡的，出口等于进口；两国的技术水平和生产函数一致。

（二）要素比例学说的内容

1. 要素供给比例论

俄林认为，商品价格的国际差异是产生国际贸易的直接原因，只有这样，贸易双方才能够因交换而获利。而各国不同的商品价格比例是国际贸易产生的必要条件，因为，如果各国国内商品价格比例相同，就不存在比较利益，国际贸易就不可能发生。各国不同的商品价格比例又是由各国不同的要素价格比例决定的，而各国不同的要素价格比例又是由各国不同的要素供给比例决定的。他认为，整个国家的价格体系决定了国际贸易基础，但是，要素供给是中心环节，它是决定国际贸易产生的原因和决定进出口商品结构的主要因素。

所谓要素供给比例不同，是指要素的相对供给不同，也就是说，与相同的要素需求相比，各国所拥有的各种生产要素的相对数量是不同的。在各国要素需求一定的情况下，各国要素供给比例不同，对要素价格的影响是不同的，供给丰裕的生产要素价格便宜，而稀缺的生产要素价格昂贵。因此，一国生产和出口本国生产要素供给丰裕的产品有比较优势，而生产本国稀缺生产要素的产品没有优势。换言之，“每一地区在生产某些产品上具有优势，即该产品含有该地区拥有丰盛而便宜的相当大量的生产要素。”一个区域或国家应“进口那些含有较大比例生产要素昂贵的商品；而出口含有较大比例生产要素便宜的商品。”可见，一个国家出口的应是本国丰裕的生产要素生产的产品，进口的应是本国稀缺的生产要素生产的产品。

根据商品所包含的要素密集程度的不同，可以把国际贸易商品大致分为土地密集型、资源密集型、劳动密集型、资本密集型、技术密集型等。俄林认为，国际分工和国际贸易流向应该是劳动力多的国家集中生产劳动密集型产品，出口到劳动力相对稀缺的西欧、北美等地区。加拿大、澳大利亚、阿根廷等地广人稀的国家应集中生产像谷物、牛羊类农产品等土地密集型产品，出口到西欧、日本等地区。而西欧和美国则应集中生产像机器设备等需要大量资本的资本密集型产品，出口到资本相对稀缺的国家。

2. 要素价格均等化原理

俄林认为，各国要素供给比例不同引起的要素价格差异，将通过两条途径而逐步缩小，使要素价格趋于相等。一是生产要素的国际移动，一是商品的国际贸易。

在生产要素缺乏流动性的状态下，商品国际贸易可以部分代替要素流动，拉平要素价格差距，使之趋于均等。

例如甲、乙两国，甲国劳动力丰裕，资本稀缺，因此工资低而利率高，应出口劳动密集型产品，进口资本密集型产品；乙国则相反，劳动力稀缺，资本丰裕，因此工资高而利率低，应出口资本密集型产品，进口劳动密集型产品。两国进行国际贸易后，由于甲国出口劳动密集型产品，因此对劳动力的需求增加，这样使原来丰裕的生产要素变得稀缺，工资上升；相反，由于进口资本密集型产品，对国内资本密集型产品的需求减少，从而对资本需求减少，而使利率下降。乙国的情况正好相反，由于出口资本密集型产品，对资本的需求增加，使资本由丰裕变得稀缺，使利率上升；由于进口劳动密集型产品，对劳动力的需求减少，使劳动力由稀缺变得丰裕，使工资下降。可以看出，“在两个地区相对丰富的生产要素的需求增长了，卖得较高的价钱。而供应不足的生产要素的需求减少了，比以前获得较少的报酬。两个地区生产要素的相对稀缺性都减少了。”甲国和乙国贸易的结果使得劳动力和资本的价格趋于均等。

后来，保罗·萨缪尔森等人用数学证明，两国根据比较利益原则生产各自占优势的产品，但不实行完全的国际分工，在这些特定条件下，国际要素价格均等不仅仅是一致趋势，国际贸易将使两国间同质生产要素的相对和绝对收益相等，这一结论是建立在赫—俄的要素价格均等化原理基础上的，故称为赫—俄—萨模型（H－O－S Model）。

## 第三节　世界市场

### 一、世界市场的含义

世界市场是世界各国商品和劳务交换关系的总和（或称商品和劳务交换的领域）。它是由各个参与国际贸易活动的国家市场构成的。按地域划分，有北美市场、拉美市场、欧洲市场、非洲市场、东南亚市场及香港市场等；按交易对象划分，有商品市场、金融市场（黄金、白银、货币、保险等）、服务市场（劳务、航运等）。世界市场的形成大致经历了三个时期，即世界市场的萌芽时期、世界市场的迅速发展时期和世界市场的最终形成时期。

（一）世界市场的萌芽

包括了16、17和18世纪的大部分年份。15世纪末、16世纪初的地理大发现使得世界市场进入萌芽阶段。"美洲的发现，绕过非洲的航行，给新兴的资产阶级开辟了新的活动场所。东印度和中国的市场、非洲的殖民化、对殖民地的贸易手段和一般商品的增加，使商业、航海业和工业空前高涨。"

（二）世界市场的迅速发展

包括了18世纪60年代到19世纪70年代。在这一时期，发生了产业革命，产生了大机器工业，建立了资本主义生产方式，使世界市场进入迅速发展时期。因为，大机器工业需要不断扩大的工业品销售市场和原料来源，国际贸易的商品种类增多。同时大机器工业推动了工业中心的发展、人口的流动和交通通讯的进步。此外，随着世界市场的扩大，作为世界货币的黄金和白银的职能增加了。

（三）世界市场的形成

包括了19世纪80年代到20世纪初。在这一时期，第二次产业革命发生，资本输出增加，垄断代替自由竞争，形成了统一的世界市场。其标志是：

(1) 多边贸易与多边支付体系的建立。到了19世纪末和20世纪初，各国不再追求与每一个贸易伙伴的进出口平衡，而是用本国对一些国家或地区的顺差来弥补对另一些国家或地区的逆差。此时，英国成为国际多边支付体系的中心。这是因为，诸如英国对美国、欧洲大陆工业国在工业品贸易方面存在顺差，但与经济不发达国家在初级产品贸易方面存在逆差；美国对经济不发达国家处于贸易顺差，但又与英国存在贸易逆差；欧洲大陆工业国，如德国、法国等对英国存在贸易逆差，但对经济不发达国家存在贸易顺差。

(2) 国际金本位制度的确立和世界货币的形成。随着世界市场的发展，伦敦、纽约、巴黎等世界大都市已成为国际贸易支付体系的中心。作为世界货币的黄金的职能多样化，形成了国际金本位制度。这一制度的作用主要表现在：为各国货币的价值提供了一个共同比较的尺度，使各国货币间的汇率保持稳定；为各国间的商品价格提供了一个相互比较的共同标准。

(3) 世界市场上交易的商品种类增多。随着第二次产业革命的发展，各种制成品的种类和数量增加，对原料、初级产品的需求增长，一些大宗商品的统一世界市场开始形成。

(4) 形成了比较健全固定的销售渠道。形成了大型的固定的商品交易所、国际拍卖市场和博览会，健全了航运、保险、银行和各种专业机构，建立了比较固定的航线、港口和码头。

(5) 价值规律的作用加强。价值规律在世界市场上居于主导地位。

## 二、当代世界市场的格局与特征

二次大战后，第三次科技革命使世界市场更加迅速地发展。当代世界市场的格局与特征体现在以下几个方面：

### (一) 世界市场上国家的类型多样化

如今参加国际贸易的国家就已达230多个。这些国家中，既有发达国家，又有发展中国家；既有资本主义国家，又有社会主义国家；既有计划经济国家，又有市场经济国家，而市场经济国家又有不同的类型。他们都不同程度地利用世界市场发展本国经济。

### (二) 国际经济合作的方式多样化

各国间的投资、科研、服务的经济合作增多，世界市场上交换的内容不仅限于商品，而且越来越多地延伸到服务。同时，出现了补偿贸易、对外加工装配业务、寄售、租赁贸易等新的贸易方式。

### (三) 国际贸易商品结构发生了重大变化

国际商品贸易规模进一步扩大，工业制成品贸易所占的比重超过了初级产品的比重。在工业制成品贸易中，机械、电子、运输设备等增长迅速；在初级产品贸易中，燃料贸易所占的比重上升。同时，国际服务贸易规模扩大，增长迅速。

### (四) 世界市场上的垄断与竞争日益加剧

二次大战后，垄断进一步加强，各国争夺世界市场的方式多样化。

(1) 借助于地区经济集团化，控制市场。80年代中期以来，欧洲经济共同体、北美自由贸易区及亚太经合组织发展迅速，已形成三大板块，三者加起来占世界国民生产总值的75%和世界贸易额的85%。其他地区经济一体化组织，如东南亚国家联盟等运作良好。

(2) 通过跨国公司进入他国市场。主要资本主义国家通过跨国公司进行对外直接投资。跨国公司利用其资本、融资能力、技术、研究与发展(R&D) 等垄断优势，以及绕过他国的贸易壁垒、节约交易费用等内部化优势，通过横向和纵向一体化、限制性商业惯例、转移定价等方法进行竞争，使其在国际贸易中处于优势地位。

(3) 各国积极参与世界市场的竞争。各国政府纷纷介入世界市场的争夺，主要措施有：外交与外贸相结合，以外交促进外贸；对外签订双边、多边贸易协定，推动对外贸易发展；制定奖出限入的对外贸易政策，限制进口，鼓励出口；通过对外援助带动商品出口。

（4）竞争方式从以价格竞争为主转向以非价格竞争为主。许多企业采取非价格竞争手段，以谋取差异化竞争优势。非价格竞争手段主要有提高产品质量，增加花色品种，改进包装装潢，改进售前与售后服务，加强促销，树立企业形象等。

（5）许多国家或地区积极寻求市场多元化。为了减小市场单元化带来的政治经济上的风险，许多国家或地区推行市场多元化战略。

（五）世界市场上“自由市场”缩小和“封闭市场”扩大

主要表现在：

（1）区域经济一体化组织内部贸易量不断扩大；

（2）跨国公司内部贸易在各国出口贸易和世界贸易中的比重增大，1966年跨国公司内部贸易（跨国公司的母公司与海外子公司之间以及海外子公司之间的交易）占世界贸易的22%，1980年这一比重上升到25%，80年代末90年代初这一比重上升到30%～40%；

（3）国际商品协定或综合方案在大宗商品交易中起着一定的作用。

## 三、世界市场的运销渠道

世界市场的运销渠道指世界市场上的交易中心、运输和销售渠道，它是世界市场运行的重要环节。

（一）国际贸易中心

国际贸易中心指的是集结着国际商品和国际贸易机构的地方。它有两种类型：一种是以交通枢纽、地理位置等条件而形成的国际商品集散中心，通常是外贸港口和国际铁路枢纽；另一种是为开展国际贸易提供交易场所的中心城市，设有国际商品交易会、商品交易所、国际博览会和国际贸易中心等。国际贸易中心的形成和发展是一个复杂的过程，它受各国经济、对外贸易发展、地理位置、历史和政治等因素的影响。

1. 国际博览会（International Fair）

国际博览会是一种国际性的集市，是开展国际贸易和经济交流的重要场所。它的主要贸易方式是：一面展出各种产品，一面就地进行交易。在国际博览会上，除了主办国家展出产品外，还邀请世界各国参加展出。被邀请的各国除了同主办国家进行交易外，相互之间也可以进行交易。通过各类产品的展出和宣传，世界各地与会商人的相互接触，对于在各国间交流技术、促进贸易，都起到一定的作用。

国际博览会的类型大致可分为综合性和专业性两种。综合性的博览会上，各类商品均可参加展出和交易，而专业性的博览会上只限某类专业性产品，如德国的科隆国际博览会，每年举行两次，一次为纺织品博览会，另一次为五金制品博览会。

世界上著名的国际博览会城市有：意大利的米兰，德国的莱比锡、汉诺威，法国的巴黎、里昂，奥地利的维也纳，南斯拉夫的萨格勒布，波兰的波兹南，芬兰的赫尔辛基，荷兰的乌特勒支，叙利亚的大马士革，日本的东京、大阪、濑户，摩洛哥的卡萨布兰卡，阿尔及利亚的阿尔及尔，智利的圣地亚哥，加拿大的蒙特利尔，澳大利亚的悉尼，哥伦比亚的波哥大，以及中国的广州和北京。国际博览会的国际组织是国际博览会联盟，1925 年成立，总部设在巴黎。

2. 商品交易所（Commodity Exchange）

商品交易所是世界上一种常见的进行大宗商品买卖的场所，它与普通市场不同，其经营活动是根据交易法和交易所规定的条例进行。它的特点是：①必须在特定的时间和地点进行；②必须通过交易所直接进行交易，必须通过交易所和经纪人或会员代表成交。由交易所对买卖双方统一结算。非交易所的经纪人或会员不能在场内直接进行交易；③在交易所内，根据公认的商品品级标准及样品进行买卖，成交后，无需交付实物，卖方只要把代表商品所有权的凭证转让给买方即可。

世界上最早的商品交易所是 1531 年在比利时的安特卫普建立的。商品交易所大多数设立在发达国家的大城市，如伦敦、纽约、鹿特丹等，也有设在第三世界国家的，如孟买的棉花交易所、新加坡的橡胶交易所等。交易所经营的商品主要是一些初级产品，如农产品类的粮食、橡胶、棉花、咖啡、蔗糖等，五金类的有铜、黄金等。交易所的经营范围有两种，一种是现货交易，成交后进行实物的即期交割，但现货交易已不是交易所的主要业务。另一种是期货交易，成交后要经过相当长的时间才进行交割，它是目前交易所的主要业务。

3. 国际商品拍卖中心（International Auction Center）

国际商品拍卖中心是指经过专门组织的、在一定地点定期举行的市场。商品拍卖中心接受货主的委托，在预先约定的时间和地点，按照一定的章程和程序，在拍卖中心主持下，公开叫价，把商品卖给出价最高的买主的一种特殊贸易方式。拍卖前，买主进行验货。拍卖后，拍卖的举办人和卖主，对商品的质量都不接受任何索赔。拍卖的特点是：①买卖时间短；②公开竞购；

③出价方式多种；④现货买卖。

国际拍卖市场上的商品，大多是一些品质规格非标准化的商品，不能长期保存或历史上有拍卖习惯的商品。这些商品主要有：茶叶、皮毛、羽毛、烟草、麻类、咖啡、可可、水果、工艺品、古董、字画等。

目前，各种商品都有自己的拍卖中心。如水貂皮的主要拍卖中心在纽约、蒙特利尔、伦敦、哥本哈根、奥斯陆、斯德哥尔摩、列宁格勒。羊皮的拍卖中心在伦敦和列宁格勒；茶叶的拍卖中心在加尔各答；烟草的拍卖中心在纽约、阿姆斯特丹、不来梅和卢萨卡；花卉的拍卖中心在阿姆斯特丹；蔬菜和水果的拍卖中心在安特卫普和阿姆斯特丹；马匹的拍卖中心在多维尔、伦敦和莫斯科。

4. 国际贸易中心（International Trade Center）

随着国际贸易的扩大和科学技术的发展，在世界许多大城市都出现了国际贸易中心。它的经营活动特点是：①向世界各公司提供办公地点；②具有现代化的信息中心，提供各种信息服务；③为客商提供各种商品的展出和交易场所；④具有高等的贸易和语言教育；⑤具有齐全的金融、商业、服务设施。目前国际贸易中心主要设在经济发达的国家和地区。美国纽约的国际贸易中心是世界上最大的国际贸易中心。

（二）世界运输网络

世界市场的商品运输网络是由海运航线、港口、铁路干线、航空线、公路网、河道和运输管道构成。当前，世界上运输网络有了巨大的发展，各种运输管道已达200多万公里，管道运输已成为一种重要的运输方式。近年来，集装箱运输、大陆桥运输以及国际多式联运也发展很快。贯穿世界各地的海运线、铁路运输、航空运输等已构成一种能提供各种运输服务的运输网络。

（三）世界市场上的销售渠道

从商品生产者到商品消费者之间的渠道称为销售渠道。世界市场上的销售渠道是世界市场的组成部分。它通常由三个部分构成：第一部分是出口国的销售渠道，包括生产企业本身和贸易企业；第二部分是出口国与进口国之间的销售渠道，包括贸易双方的中间商；第三部分是进口国的销售渠道，包括经销商、批发商和零售商。在世界市场上，依据商品的种类，出口商、进口商和中间商形成了不同环节的销售渠道，常见的国际销售渠道的类型主要有以下几种：①长渠道和短渠道。②宽渠道和窄渠道。③直接渠道和间接渠道。④单渠道和多渠道。⑤传统渠道和垂直渠道。

（四）世界市场信息网络

世界市场信息网络是世界市场的重要组成部分。它是世界市场活动的中枢。世界市场信息网络手段不断多样化和现代化。目前，除了已建立的国际电话通讯网络外，还有多种多样的交流工具，如电报、电传、传真、电视、电影等工具，电子计算机更是被广泛应用于国际贸易之中，发挥了前所未有的巨大作用。信息网络机构不断增加，不断向专业化发展。为了发展对外贸易，在竞争中处于不败之地，各国政府、大公司、银行和科研机构等有关部门，都直接从事市场信息情报的搜集、分析和处理，并提供对外咨询服务。

## 案例思考

## 扩大我国中药出口的对策分析

随着人类回归自然呼声的高涨，人们越来越希望用天然药物和传统药物保障健康，由此掀起全球天然药物热。但近年来我国中药出口不理想，仅占国际天然药物市场的3%，与中药大国的地位很不相称。必须促进传统中药与现代科技相结合，开发具备国际标准的现代中药，加大中药国际市场的开拓力，利用我国加入WTO的机遇，促进我国中医药事业的全面发展。

近年来，在世界范围内掀起了一股天然药物的热潮，人们希望从天然药物中开发出更为安全的新药以代替化学合成药，从而减少药源性疾病的发生。在此背景下，世界中药市场需求迅速增长，这为我国中草药市场打入国际市场创造了良好的机遇。

### 一、中草药出口前景广阔

随着中药在人类健康事业中起的作用越来越大，中药产业的规模也日趋扩大，在全世界药品市场上，国际植物药市场份额超过165亿美元，其中欧洲占45%，达75亿美元；亚洲和北美各占18.18%，分别达30亿美元；世界其他地区达30亿美元。欧盟国家植物药市场发展要快于化学药品，每年植物药的销售额以30%左右的速度增长。英国自1987年以来植物药市场的购买力上升了70%；法国上升了50%；美国植物药市场每年以高于20%的速度增长。对药品管理最为严格的美国对中医药有放宽管理的迹象，先是美国国会通过了关于食品补充剂的管理条例；最近，FDA又制定了《植物药研究指南》，对植物药作为新药申请和新药上市批准提出特殊管理办法。近期，我国的“丹参滴丸”和“银杏灵颗粒”先后通过美国 FDA 的审查，以药品的身份堂而皇之地进入美国，更进一步展示了中药出口广阔的前景和良好的机遇。

## 二、我国中药业出口现状

我国是中药发源地，是目前世界上天然药物品种最多、产量最大的国家，对中草药的研究历史悠久，中医药专业人才资源十分丰富。但我国中药出口情况却不能令人满意，主要表现在：

(1) 国际市场占有率不高。我国中药年出口额仅为 5.89 亿美元，在世界植物药市场所占份额为 3%左右，与中药大国的地位很不相称。美国一家专门生产销售芦荟药品、保健品的公司年销售额却高达 14 亿美元，而芦荟在我国已有上千年的应用历史；目前在欧洲出售的浓缩人参汁或整参 90%来自韩国；日本一家专营中药的厂家“昭天堂”，一年的产量相当于我国中药的出口总量。

(2) 产品结构严重不合理，产品附加值不高。在我国出口的 5.89 亿美元的中药中，药材为 4.63 亿美元；中成药仅为 1.26 亿美元，而韩国人参、银杏叶制剂每个品种销售额都超过 1 亿美元；日本、美国等生产的许多保健产品大多数进口原料，稍微加工成“洋中药”，其销售价格是我国出口原料价格的几十倍；如日本顺天堂以我国中成药六神丸加工制成的“救心丹”，年销售额达 1 亿美元，几乎与我国中成药总出口创汇额相等。更有一些中成药材在国外二次加工后重新杀回老家，川巴枇杷膏、红花油等“洋中药”将国产中药打得七零八落。

(3) 中药出口量升价跌。我国中药出口额虽然已从 1950 年的 589 万美元上升到现在的 5.89 亿美元，但我国中药材的出口平均价近十年是下跌趋势，1984 年平均每吨 3 741 美元出口，1994 年下降到 1 989 美元。

## 三、影响我国中药出口的原因

(1) 出口经营秩序混乱。中药材出口渠道众多，多头对外，相互压价竞销，结果兄弟相争，外人得利。

(2) 中药产品质量不容乐观。大量的假冒伪劣产品充斥市场，有的甚至于走私到国外，大大毁坏了中药产品的声誉，许多中药产品在发达国家遭到查禁。

(3) 出口中成药材科技含量太低，且在安全性、质量和功效等方面缺乏完整的数据，无法进入发达国家的市场。另外，欧美和东南亚等国对进口中药的管制越来越严，含涉危动物成分、重金属元素含量超标、农药残留量不符合要求使传统中成药销路受限。

(4) 出口市场结构不合理。我国中药出口虽已遍及130个国家和地区，但主要为周边国家、地区和华裔社会。其中亚洲地区占53%，欧洲占25%，北美占7.9%，南美占2.6%，其他占11.5%。从这一组数据可以看出，我国的中药产品出口严重依赖亚洲市场，而对欧美市场，特别是美国市场开拓不到位。

## 训练要求

1. 上文介绍的中药市场中反映出当代世界市场的哪些特征？
2. 我国中药的出口优势有哪些？
3. 我国中药的出口障碍有哪些？

## 关键名词

国际分工　混合型国际分工　垂直型国际分工　水平型国际分工
世界市场

## 复习思考题

1. 国际分工的发展经历了哪些阶段？国际分工的主要形式有哪些？
2. 有人认为中国人口多，技术水平低，只能在国际分工的层次中向外国提供超市和地摊上所需商品。试举中外正反两方面的事例，说明我国应该怎样参加国际分工。
3. 影响国际分工形成和发展的主要因素有哪些？
4. 简述绝对成本理论。
5. 简述比较成本理论。

# 第三章　区域经济一体化

## 学习目标

通过本章学习，掌握区域经济一体化的基本概念、主要形式；了解世界主要经济一体化组织：欧洲联盟、北美自由贸易区、亚太经合组织等；了解区域经济一体化对世界经济的影响。

## 重点难点

1. 欧洲联盟区域经济一体化进程的主要内容及其现实意义
2. 区域经济一体化对世界经济贸易产生的影响

## 第一节　区域经济一体化概述

第二次世界大战以后，世界经济贸易中区域经济一体化和贸易集团化趋势加强，区域经济一体化成为各国维护自己经济贸易利益的重要手段。

### 一、经济一体化的概念

区域经济一体化，指区域内两个或两个以上的国家或地区，在一个由政府授权组成的并具有超国家性的共同机构下，通过制定统一的对内对外经济政策、财政与金融政策等等，消除国别之间阻碍经济贸易发展的障碍，实现域内互利互惠、协调发展和资源优化配置，最终形成一个政治经济高度协调统一的有机体的过程。

就目前所出现的经济一体化而言，其范围包括优惠贸易安排、自由贸易区、关税同盟、共同市场和经济同盟。

## 二、经济一体化的主要形式

### （一）按照贸易壁垒撤除的程度划分

1. 优惠贸易安排（Preferential Trade Arrangements）

优惠贸易安排是指在成员国之间通过签订协定，对相互之间全部或部分商品的进口规定特别的关税优惠。这是一种比较低级的松散组织，因此有的学者并不把它看作是经济一体化组织的一种形式。1932 年英国与其帝国成员建立的“帝国特惠制”以及 1967 年成立的“东南亚国家联盟”就属于此种类型。

2. 自由贸易区（Free Trade Area）

自由贸易区通常是指成员国之间通过签订自由贸易协定组成的经济贸易集团，它的基本特征是成员国之间彼此取消了关税与数量限制，使得商品在经济集团内部实现了自由流动。

由于自由贸易区对外不实行统一的共同关税，因此，不同成员国的对外关税差别很大，这就为非成员国的出口避税提供了可能。因为原产自非成员国的商品可以通过先进入自由贸易区中关税较低的成员国，然后再转入关税较高的成员国的办法来逃避较高的关税。所以，自由贸易区需要制定统一的原产地规则。自由贸易区的原产地规则是非常严格的。例如，一般规定只有商品在自由贸易区内增值 50%以上才能享受免税待遇，有的商品甚至被规定只有在自由贸易区内增值 60%以上时才能享受免税待遇。

3. 关税同盟（Customs Union）

关税同盟是指成员国之间在完全取消关税和数量限制的基础上，同时实行对外统一的关税税率而结成的同盟。其目的在于使参加国的商品在统一关税内的市场上处于有利的竞争地位，排除非同盟国家商品的竞争。其特点是在自由贸易区的基础上，建立起对非同盟成员国统一的关税税率。它是比自由贸易区更高层次的经济一体化组织。如 1826 年成立的北德意志关税同盟，第二次世界大战后的比荷卢经济联盟、欧洲经济共同体等。

4. 共同市场（Common Market）

共同市场是指成员国之间完全取消关税与数量限制，建立对非成员国的统一关税，在实现商品自由流动的同时，实现生产要素（劳动力、资本）的自由流动的一体化组织。欧洲共同体在 1970 年时接近此阶段，南方共同市场目前也基本实现组建共同市场的目标。

5. 经济同盟（Economic Union）

经济同盟是指成员国之间不仅实现商品、生产要素的自由流动，建立共同的对外关税，并且还制定和执行统一对外的某些共同经济政策和社会政策，逐步废除政策方面的差异，使一体化从商品交换扩展到生产、分配以至整个国民经济而形成的一个有机的经济实体。如目前的欧洲联盟，它是唯一达到这一标准的区域性经济集团。

6. 完全经济一体化（Complete Economic Integration）

完全经济一体化是经济一体化发展的最高阶段。在这一阶段，成员国内部各国在经济、金融和财政等方面均实现完全统一，国家的经济权利全部让渡给一体化组织的共同机构，各成员国家不再单独执行经济职能，仅具有政治、军事意义。欧盟制定的发展战略就是要实现完全经济一体化，然而这一目标要真正实现还有很多困难，随着欧盟成员国的不断增加，成员国之间经济实力的差距越来越大，实现这一目标的难度也将不断加大。

（二）按经济一体化的范围划分

1. 部门一体化（Sectoral Integration）

部门一体化是指区域内成员国间的一个或几个部门（或商品）加以一体化。如欧洲煤钢联营、欧洲原子能联营便属此类。

2. 全盘一体化（Overall Integration）

全盘一体化是指区域内成员国间的所有经济部门加以一体化的形态。如欧洲共同体。

（三）按参加国的经济发展水平划分

1. 水平一体化（Horizontal Integration）

水平一体化是指经济发展水平大致相同或接近的国家共同形成的经济一体化组织。

2. 垂直一体化（Vertical Integration）

垂直一体化是指经济发展水平不同的国家所形成的一体化。

## 第二节　区域经济一体化理论

区域经济一体化的产生和发展，引起许多经济学家对这一现象的研究和探讨，形成了一系列的理论。经济一体化一般是从商品贸易开始的，因而，经济一体化理论中首先出现的是有关贸易的一体化理论。由于关税同盟是一体化中最基本的也是最重要的特征，因此，很多学者把关税同盟作为基本的研究对象。雅各布·维纳（Viner，Jacob）在1950年出版的《关税同盟问题》被公认为关税同盟理论的代表作。在此之后出现的很多理论中有的是对关税同盟理论的完善和拓展，也有的是随着一体化实践的发展，从贸易转向投资、货币、财政等方面的研究，继而出现了有关投资、货币、财政等一体化的理论。由于本书是介绍国际贸易理论的教材，因而在此仅介绍有关贸易的一体化理论。

## 一、关税同盟理论

系统提出关税同盟理论的是美国经济学家范纳（Jacok Viner）和李普西（K. G. Lipsey）。

### （一）关税同盟的静态效果

关税同盟建立后，关税体制成为对内取消关税、对外设置差别待遇的共同关税，这将会产生以下静态效果（Static Effect）：

（1）贸易创造效果（Trade Creating Effect）。贸易创造效果由生产利得和消费利得构成。关税同盟成立后，在比较优势的基础上实行专业化分工。这样，关税同盟某成员国的一些国内生产产品便被其他生产成本更低的产品的进口所替代，从而使资源的使用效率提高，扩大了生产所带来的利益；同时，通过专业化分工，使本国该项产品的消费支出减少，而把资本用于其他产品的消费，扩大了社会需求，结果使贸易量增加。贸易创造的结果是关税同盟国的社会福利水平提高。

（2）贸易转移效果（Trade Diverting Effect）。假定缔结关税同盟前关税同盟国不生产某种商品而采取自由贸易的立场，免税（或关税很低）地从世界上生产效率最高、成本最低的国家进口产品；关税同盟成立后，同盟成员国该产品转由同盟内生产效率最高的国家进口。如果同盟内生产效率最高的国家不是世界上生产效率最高的国家，则进口成本较同盟成立前增加。消费支出扩大，使同盟国的社会福利水平下降，这就是贸易转移效果。

（3）贸易扩大效果（Trade Expansion Effect）。贸易创造效果和贸易转移效果是从生产方面进行考察关税同盟的贸易影响的，而贸易扩大效果则是从需求方面进行分析的。关税同盟无论是在贸易创造还是在贸易转移情况下，由于都存在使需求扩大的效应，从而都能产生扩大贸易的结果。因而，从这个意义上讲，关税同盟可以促进贸易的扩大，增加经济福利，这就是贸易扩大效果。

（4）关税同盟成立后，可减少行政支出。建立关税同盟后，同盟内彼此间废除关税，故可以减少征收关税时的行政支出费用。

（5）关税同盟建立后，可减少走私。由于关税同盟的建立，商品可在同盟国间自由移动，在同盟内消除了走私产生的来源，这样不仅可以减少查禁走私的费用支出，还有助于提高全社会的道德水平。

（6）关税同盟建立后，可以增强集团集体谈判力量。关税同盟建立后，集团整体经济实力大大增强，统一对外进行关税减让谈判，有利于同盟成员国地位的提高和贸易条件的改善。

（二）关税同盟产生的动态效果

关税同盟的建立，对同盟成员国的经济必将产生较大的影响。关税同盟的动态效果，主要是分析关税同盟对同盟成员国经济各方面影响，主要表现在以下几个方面：

（1）优化专业化分工和生产配置。关税同盟的建立使成员国间的市场竞争加剧，专业化分工向广度和深度拓展，使生产要素和资源更加优化配置。

（2）获取规模经济利益。关税同盟成立后，成员国国内市场向统一的大市场转换，自由市场扩大，从而使成员国在适当生产规模条件下，获取专业与规模经济利益。

（3）刺激投资。关税同盟的建立，市场的扩大，投资环境的大大改善，会吸引成员国厂商扩大投资，也能吸引非成员国的资本向同盟成员国转移。对同盟成员国而言，为提高商品竞争能力、改进产品品质、降低生产成本则需增加投资。对非成员国，为了获得关税消除的好处、突破同盟成员国的歧视性贸易措施，会以扩大投资方式提高自己厂商的竞争能力。

（4）促进技术进步。关税同盟建立后，市场扩大、竞争加强、投资增加、生产规模扩大等因素，均可使厂商增加研究与开发投资，导致技术不断革新。

（5）提高要素的流动性。关税同盟成立后，市场趋于统一，生产要素可在成员国间自由移动，提高了要素的流动性，促进要素的合理配置。

（6）加速经济发展。关税同盟建立后，由于生产要素可在成员国间自由移动，市场趋于统一并且竞争加剧，投资规模扩大，促进了研究与开发的扩大，加速了各成员国经济的发展。

## 二、大市场理论

共同市场与关税同盟相比较，其一体化范围较之关税同盟又进了一步。共同市场的目标是消除保护主义的障碍，把被保护主义分割的每一个国家的国内市场统一成为一个大市场，通过大市场内的激烈竞争，实现专业化、批量化生产等方面的利益。共同市场的理论基础是超越静态的关税同盟理论的动态的大市场理论。其代表人物是西托夫斯基（T. Scitovsky）和德纽（J. F. Deniau）。

大市场理论的提出者认为：以前各国之间推行狭隘的只顾本国利益的贸易保护政策，把市场分割得狭小而又缺乏适度的弹性，这样只能为本国生产厂商提供狭窄的市场，无法实现规模经济和大批量生产的利益。大市场理论的核心是：①通过国内市场向统一的大市场延伸，扩大市场范围，获取规模经济利益，从而实现技术利益。②通过市场扩大，创造激烈的竞争环境，进而达到实现规模经济和技术利益的目的。

## 三、协议性国际分工原理

日本教授小岛清在考察经济共同体内部分工的理论基础以后，提出了国际分工的新的理论依据。他认为，以前的国际经济学所讲的只是在成本递增下通过竞争原理达成国际分工和平衡，而对成本递减或成本不变的情况却没有论及。然而，这种成本递减的情况是一种普遍现象。这是因为，经济一体化的目的就是要通过大市场化来实现规模经济，这实际上也就是成本长期递减的问题。实行协议性分工的条件是：

（1）必须是两个（或多数）国家的资本、劳动禀赋比率没有多大差别，工业化水平和经济发展阶段大致相等，协议性分工的对象商品在哪个国家都能进行生产。在这种状态之下，在互相竞争的各国之间扩大分工和贸易，既是关税同盟理论所说的贸易创造效果的目标，也是协议性国际分工理论的目标。而在要素禀赋比率和发展阶段差距较大的国家之间，由于某个国家可能陷入单方面的完全专业化或比较成本差距很大，还是听任价格竞争原理（比较优势原理）为宜，并不需要建立协议性的国际分工。

（2）作为协议分工对象的商品，必须是能够获得规模经济的商品。因此产生出如下的差别：即规模经济的获得，在重化工业中最大，在轻工业中较小，而在第一产业几乎难以得利。

（3）不论对哪个国家，生产协议性分工商品的利益都应该没有很大差别，也就是说，自己实行专业化的产业和让给对方的产业之间没有优劣之分，否则就不容易达成协议。这种利益或产业优劣主要决定于：①规模扩大后的成本降低率；②随着分工而增加的需求量及其增长率。

从第三个条件（没有优劣之分的产业容易达成协议）可以得出如下的结

论：协议性分工是同一范畴商品内更细的分工。上述三个条件表明，经济一体化或共同市场必须在同等发展阶段的国家之间建立，而不能在工业国与初级产品生产国即发展阶段不同的国家之间建立；同时也表明，在发达工业国家之间，可以进行协议性分工的商品范畴的范围较广，因而利益也较大。另外，生活水平和文化等互相类似、互相接近的地区，容易达成协议，并且容易保证相互需求的均等增长。

## 四、综合发展战略理论

对发展中国家经济一体化现象作出阐述的是较有影响的“综合发展战略理论”。它由鲍里斯·塞泽尔基在《南南合作的挑战》一书中系统地提出。其主要内容如下：

### （一）综合发展战略理论的原则

（1）经济一体化是发展中国家的一种发展战略，它不限于市场的统一，也不必在一切情况下都寻求尽可能高的其他一体化形式。

（2）两极分化是伴随一体化出现的一种特征，只能通过强有力的共同机构和政治意志制订系统的政策来避免它。

（3）鉴于私营部门在发展中国家一体化进程中是导致其失败的重要原因之一，故有效的政府干预对于经济一体化的成功至关重要。

（4）发展中国家的经济一体化是集体自力更生的手段和按新秩序逐渐改变世界经济的要素。

### （二）影响发展中国家地区经济一体化的主要因素

（1）经济因素：①区域内经济发展水平及各国间的差异；②各国间经济的相互依赖程度；③新建经济区的最优利用情况，特别是资源与生产要素的互补性及其整体发展潜力；④与第三国经济关系的性质，外国经济实体（如跨国公司）在特定经济集团中的地位；⑤特定集团中的一定条件下选择的一体化政策模式和类型的适用性。

（2）政治和机构因素：①各国间社会政治制度的差异；②各国间有利于实现一体化“政治意志”状况及稳定性；③该集团对外政治关系模式；④共同机构的效率及其有利于集团共同利益的创造性活动的可能性。

### （三）制定经济一体化政策应注意的问题

（1）各成员国的发展战略和经济政策应有利于经济一体化发展；

（2）生产和基础设施是经济一体化的基本领域，集团内的贸易自由只应是这一进程的补充；

（3）在形势允许时，经济一体化应包括尽可能多的经济和社会活动；

（4）应特别重视通过区域工业化来加强相互依存性，并减少发展水平的差异；

（5）通过协商来协调成员国利用外资的政策；

（6）对较不发达成员国给予优惠待遇，以减轻一体化对成员国两极分化的影响。

### 五、对经济一体化理论的简评

上述经济一体化的理论丰富了世界经济理论和学说，但仍有一些问题需进一步探索。

（1）经济一体化的理论分析，偏重于生产要素的优化配置而忽略了对再生产过程和生产关系的深入研究。

（2）发达国家经济一体化现象的理论探讨较之发展中国家的经济一体化现象的理论探讨要多。

（3）现行市场型经济一体化理论仅从单项因素、微观角度探讨和分析较多，对多因素、宏观分析不够。尤其对经济一体化形成的政治、经济利益的综合分析较差。

（4）对区域性经济一体化的研究较多，而对全球经济一体化或世界经济一体化研究未涉及，特别是区域经济一体化与世界经济一体化的关系还有待进一步加强。

## 第三节　世界主要经济一体化组织

### 一、欧洲联盟（简称欧盟，European Union —EU）

#### （一）欧盟的形成与发展

1951 年 4 月，法国、西德、意大利、比利时、荷兰和卢森堡六国在巴黎签订了为期 50 年的《欧洲煤钢联营条约》，1957 年 3 月 25 日，上述六国又在罗马签订了《欧洲经济共同体》和《欧洲原子能联营》两个条约，总称《罗马条约》，标志着欧洲经济共同体的正式建立。到 1967 年，欧洲经济共同体与欧洲原子能共同体、欧洲煤钢共同体的主要机构合并，统称为欧洲共同体，简称欧共体。

1991年12月11日，欧共体马斯特里赫特首脑会议通过了以建立欧洲经济货币联盟和欧洲政治联盟为目标的《欧洲联盟条约》（通称《马斯特里赫特条约》，简称“马约”）。“马约”生效后，国际上广泛地使用“欧洲联盟”（简称“欧盟”）名称。到目前为止欧共体一共有25个成员国。

欧洲联盟的宗旨是“通过建立无内部边界的空间，加强经济、社会的协调发展和建立最终实行统一货币的经济货币联盟，促进成员国经济和社会的均衡发展”，“通过实行共同外交和安全政策，在国际舞台上弘扬联盟的个性”。

（二）欧盟一体化进程

1. 欧洲统一市场

（1）关税同盟。欧共体成立后，逐步建立了关税同盟和共同外贸政策。首先，根据《罗马条约》的规定，共同体应从1959年1月1日起，分三个阶段减税。其次，在取消内部关税的同时，共同体六国开始对非成员国的工业品和一部分农产品实行统一的关税税率。

（2）共同的农业和渔业政策。为了保护共同体内部的农业生产和发展，欧共体共同农业政策于1961年7月30日正式生效，该政策保证了市场上农产品的可获利价格，并保护集团内部市场不受外来竞争的影响。

（3）《完善内部市场的白皮书》。80年代中期，欧共体成员国已发展到12个，人口达3.2亿，作为强大的经济实体，其作用和影响与日俱增。但是，欧共体成员国之间的海关依然存在，各种内部壁垒未消除，真正的共同市场并不存在。面对激烈的国际竞争和欧洲不统一所付出的代价，欧共体成员国普遍希望建立欧洲统一市场。

1985年3月，欧共体委员会起草《完善内部市场的白皮书》，提出了建立欧洲统一市场的目标和设想，“使12个成员国分散的市场连接成拥有3.2亿人口的大市场”，“实现人员、商品、服务和资本的自由流动”。

至1993年1月1日，各成员国商品、人员、资本和服务的相互自由流通基本实现，统一大市场初步形成。

（4）《申根协定》。1995年3月26日，《申根协定》在法国、德国、荷兰、比利时、卢森堡、西班牙、葡萄牙七国之间正式生效。根据该协定取消相互之间的边境检查点，并协调对申根区之外的边境控制，即在七个成员国相互之间取消边境管制，持有任意成员国有效身份证或签证的人可以在所有成员国境内自由流动。该协定还规定，旅游者如果持有其中一国的有效签证即可合法地到所有其他申根国家参观。

协定签订以后不断有新的国家加入进来，至 2003 年，申根的成员国增加到 15 个。于 2004 年 5 月加入欧盟的 10 个国家也参加了申根协定。瑞士已于 2005 年 6 月 5 日举行全民公投加入了“申根区”。

2. 经济与货币联盟

1979 年 3 月，欧共体巴黎首脑会议决定建立欧洲货币体系；

1988 年 6 月，欧共体首脑会议提出了建设经货联盟、发行统一货币的目标；

1995 年 12 月，马德里首脑会议决定于 1999 年 1 月 1 日正式启动单一货币，并将统一货币定名为欧元（Euro）；

1999 年 1 月 1 日，欧元正式启动。2002 年 1 月 1 日，欧元现钞开始流通，这是欧洲一体化历史上一个决定性的阶段。现在欧元已成为第二大国际货币。

3. 科技联合

欧洲是世界产业革命的摇篮，也是近代许多重大科学技术发明的发源地。但自进入 20 世纪 70 年代后，新技术革命的发生和高技术产业的兴起把欧洲抛在了美、日的后面。欧共体委员会认为，必须把科技发展作为一个紧急问题，集中各方面的资源来扭转目前的落后趋势，把研究和开发作为欧洲经济的推动力。西欧不仅需要在政治上联合，在经济上联合，也需要在科学技术上联合。

1985 年 6 月 25 日，欧共体委员会第 350 号决议正式提出了“走向欧洲科技共同体”备忘录。1987 年 7 月 1 日生效的《欧洲一体化文件》用专门条款强调加强研究与发展活动，规定欧共体委员会应该依照其研究与发展总体规划组织、实施并协调欧共体的研究与发展活动。其目的旨在加强欧洲工业的科学技术基础，加强欧共体国家高技术及其产品的国际竞争能力。西欧科技界不断掀起联合研究的浪潮，形成欧洲集团竞争态势。

2002 年 3 月，在欧盟巴塞罗那高峰会议上，欧盟各成员国元首与政府首脑一致通过了一项令世界普遍关注的重要决议，即至 2010 年欧盟的研发总投入要从现在占其 GDP 的 1.94%提高到 3%，其中 2/3 来自企业界。2003 年 4 月，欧盟委员会正式出台了关于使研发经费占其 GDP 3%的行动计划。这一重大举措充分体现了欧盟科技联合、共同进步的坚定决心。与此同时，欧盟逐步完善了欧洲科技联合的规章与运作模式，强化了科技进步在经济发展中的作用，制定了一系列科技发展战略。至 2003 年，欧盟先后制订了创建知识经济社会、智力资源开发、建立欧洲研究区、技术创新与创业、科学与社会及各重大科技领域的发展战略，决心用科学技术的成就书写欧洲历史上的重要篇章。

4. 司法和内政合作

欧盟在成员国间建立了司法、内政事务合作机制，以协调各国的移民和避难政策，联合开展打击国际恐怖活动、犯罪和贩毒的斗争。1996 年 6 月 22 日，佛罗伦萨首脑会议通过了欧洲警察署组织公约。1999 年 10 月 15 日，欧盟在芬兰坦佩雷召开首次有关司法、内政合作首脑会议，决定逐步制定共同移民和难民政策，加强对非法移民特别是蛇头的打击力度；扩大欧洲警察署的权限，建立成员国警察局长协调机制，共同打击跨国犯罪；确立"司法普遍适用原则"，要求成员国相互承认司法判决，并在 2004 年前建立统一司法区。

随着欧盟一体化建设的不断推进，以及在共同外交和安全政策领域的合作日益紧密，欧盟在国际事务上必将越来越多地用一个声音说话。

5. 制宪

2003 年 6 月 13 日，经过欧盟制宪筹委会 16 个月的艰苦工作，新宪法草案出台。

欧盟宪法草案由四大部分 462 个条款组成。它重点阐述了欧盟国家公民享有的权利和义务，与各成员国和国际立法中的已有内容融合。草案的其他条款涉及欧盟体制改革、外交、防务、决策、管理及协调等领域。

2004 年 6 月 18 日，在欧盟东扩后 25 国举行的第一次首脑会议上，欧盟成员国求同存异、面向未来，终于就宪法草案达成一致。2004 年 10 月 29 日，欧盟 25 个成员国元首与政府首脑在罗马正式签署了《欧洲联盟宪法》条约。宪法条约的通过是欧盟的一大成就，是欧盟一体化建设的一次重大突破，具有历史意义。欧盟宪法条约有望在两年内获得 25 国批准后生效。

欧盟宪法的制定使不断扩大的欧盟进入依法管理、依法行政的发展新时期。宪法的制定大大拉近了欧盟与公民的距离，增强了欧盟的民主决策力度；提高了欧盟的协调与决策能力；大幅度地提升了欧盟在全球一体化中的重要作用以及欧盟成员国的凝聚力。欧盟制宪是在新时代加强一体化建设的必然。

欧盟的一体化建设从小到大，逐步发展，取得了令人瞩目的成就。从 1952 年由法、德、意、荷、比、卢六国率先组成的欧洲煤钢共同体到 1957 年的欧洲原子能和经济共同体；从 1967 年的欧洲共同体到 1993 年的欧洲联盟；从欧盟五次扩大到欧盟制宪，欧盟坚定不移地推进一体化建设。欧盟内部建立了关税同盟和共同外贸政策、实行共同农业和渔业政策、建设经济与货币联盟、建立总预算和内部统一大市场。一体化建设的重要使命是巩固欧盟社会、经济的持续发展；不断扩大欧洲自由、安全与司法空间，将欧盟建设成为世界经济、科技强国。

## 二、北美自由贸易区（North America Free Trade Agreement—NAFTA）

### （一）北美自由贸易区的产生和发展

北美自由贸易区的产生和发展可以分成两个阶段。第一阶段，主要是美国与加拿大之间自由贸易的发展。第二阶段，美、加之间的自由贸易又进一步扩大到包括墨西哥在内的整个北美地区。从1965年美国、加拿大的《汽车自由贸易协定》，到1992年12月17日加、美、墨3国签署的《北美自由贸易协定》，这一自由贸易区的产生历经了将近30年的时间。

第一阶段：美加自由贸易。美国和加拿大都是发达国家，语言相通，边界接壤，自由贸易很有基础。但是，长期以来两国间一直没有能够像西欧那样朝自由贸易方向努力，全面的自由贸易直到1988年才正式签订。在1989年1月1日生效的美加《自由贸易协定》提出了10年内（即到1999年）彻底消除双方贸易壁垒的目标。同时，美加两国还建立一套解决相互间贸易纠纷的制度和机构。在服务业和投资方面，协议也提出了逐步降低与取消限制的规定。

第二阶段：北美自由贸易区。在美加自由贸易生效一年之后，美国决定将这一自由贸易区扩大到南部的墨西哥。在1990年6月美墨最高会晤时，美国总统布什提出了这一建议。从经济上说，美国看到了墨西哥的潜在市场。当时的墨西哥已是美国的第三大出口国，购买了美国7%的出口商品。而且，墨西哥是一个理想的投资地区，劳动力便宜，生产成本低，又是美国邻国，商品的自由贸易能够使美国在墨西哥的投资更加有利可图。从政治上说，当时在美国执政的是共和党政府，在经济政策中，共和党比较信奉“自由放任”、“市场调节”和“自由贸易”的原则。这对于推动北美自由贸易区的建立有促进作用。美墨的正式谈判始于1991年，一年后的1992年12月17日，美国、墨西哥和加拿大三国政府首脑签署了《北美自由贸易协定》，从1994年1月1日起，这个“自由贸易区”开始运转。北美自由贸易区的建立扩大了成员国之间的贸易，使三国的资源配置更加有效，从而对经济发展更加有利。

### （二）北美自由贸易协定的主要内容

北美自由贸易协定的宗旨是消除贸易壁垒，促进平等竞争的条件，增加投资机会，保护知识产权，确定执行协定的有效程序，解决贸易争端以及促进三边、区域性和多边合作。北美自由贸易协定的主要内容有：

1. 商品贸易

来自北美的产品大部分立即取消关税，有些产品的关税在5～10年内逐步取消，若干敏感的产品关税可在15年内取消。三国还将取消边境上进出口的配额许可证的禁令与限制，但为保护人类生命健康、环境、能源和农牧业生产等而做出的特殊规定例外。

（1）关于海关手续费问题，协定规定，三国同意不再设置新的诸如美国商品加工费和墨西哥海关手续费之类的收费。美国和墨西哥从1999年6月30日起取消北美原产地产品的海关手续费，美国对加拿大的原产地产品从1994年1月1日起取消海关手续费。

（2）关于退税问题，协定规定，凡新的对生产成品出口到其成员国去而使用的原料实行退税或免税计划，都要禁止采用。现行退税到2001年1月1日取消，加拿大的退税于1998年1月1日取消。

（3）关于出口税问题，协定规定，不允许征收出口税（除非国内消费品奇缺），不准阻碍正常的出口供应渠道，不可对成员国采用高于国内价格的出口价格。

2. 原产地规则

制定原产地规则的目的是为了确定哪些商品可以享受优惠关税待遇，从而保障仅仅北美地区制造的商品享受优惠，而在其他国家制造的产品全部或大部分不能享受这种优惠。同时，要减少对在协定范围内进行贸易活动的出口商、进口商和生产者管理上的障碍。

按照原产地规则的规定，凡全部在北美地区制造的商品即为原产地产品。凡非该地区原料所制造的商品，只要在北美自由贸易区任何一个成员国内加工，也可列为原产地产品。但加工后的产品须足以改变其税号分类。凡成品与其元件的税目分类相同，可以视为原产地产品。有些商品难以按税目分类确定是否属于原产地产品，则须按商品在当地生产增值的比例加以评判。

3. 投资

协定规定将取消重要的投资障碍，给予三国的投资者以基本保障，并建立一种解决提交者和自由贸易协定的某一成员国之间可能发生的争端的机制。

（1）非歧视待遇。各国给予自由贸易协定成员国的投资者及其投资的优惠待遇将不低于给其本国投资者（国民待遇）或其他国家的投资者（最惠国待遇）的优惠待遇。

（2）经营条件。自由贸易协定的任何成员国均不得对在其境内的投资者规定经营条件，如出口水平、最低的国内含量、对本国供应者的优惠待遇、进口受出口收入的约束、技术转让以及要求产品在某指定地区生产等。但上述规定不包括公共部门的采购、鼓励出口的项目以及国际援助活动。

(3) 转移。自由贸易协定成员国的投资者可将其利润、销售所得、借贷支付或其他与投资有关的交易所得的合法流通的货币，按市场主要的兑换率兑换成外汇。协定各成员国保证这些外汇可以自由转移。

(4) 征用。自由贸易协定各成员国不得直接或间接地征用协定成员国企业主的投资，除非是因公益原因。因公益原因的征用必须在非歧视原则的基础上，并根据法律规定的手续进行。受此影响的投资者应立即得到适当的赔偿。

(5) 争端解决。自由贸易协定各成员国投资者对由于投资接受国违反本条款而蒙受财产损失，可通过投资者和国家之间的仲裁程序要求赔偿，或向投资接受国的法庭起诉。

4. 服务

协定规定，除航空、海运和基本电讯以外的服务以及涉及银行、保险公司、证券公司服务和其他金融服务都要受《北美自由贸易协定》的约束。

(1) 非歧视待遇。成员国应像对待本国的服务提供者一样对待另一协定成员国的服务提供者（国民待遇），同时，对待另一协定国服务提供者应不比向任何一国服务提供者提供的待遇差（最惠国待遇）。

(2) 亲临当地。根据协定要求，成员国不能要求另一协定成员国的服务提供者在该国设立代办处、代表处、分支机构及任何形式的企业来作为提供服务的前提条件。

(3) 保留条款。每个成员国应能够保留那些与上述规定和义务不符的法律措施。这种联邦、州及省的措施要在协定中列明。每个协定国可以更新或修改不相符的措施，条件是这种更新或修改不会使措施与上述规定及义务更不协调。

(4) 程序的透明性。为处理在其金融市场开业的申请，各国将通知有关人员必备的开业条件；应有关人员的要求，提供有关申请手续的信息；尽可能在120天内对开业申请做出行政决定。

(5) 磋商。协定确定了各成员国之间就有关金融服务的事务进行磋商的专门程序。

5. 知识产权保护

协定规定，每个成员国都要以国民待遇原则为基础对知识产权提供充足及有效的保护，并保证这些权利得以有效实施而不会在国内及国外受到侵害。

（1）版权。协定的义务包括：保护计算机程序、文学作品及数据库；提供计算机程序及录音作品的出租权；对录音作品的保护期限至少为50年。

（2）专利。对各类发明，包括医药及农业化工产品提供产品及生产过程专利保护；取消对特殊产品种类的任何特殊安排及在获得专利权上的任何特殊条款，取消对国内外企业提供专利产权方面的歧视；向专利所有人提供机会以使其获得原来没有专利保护的医药及农药化工产品发明的保护权。

（3）其他知识产权。北美自由贸易区还保护以下知识产权：服务标志，程度应与商标相同；卫星信号，防止非法使用；一般性贸易机密，还要防止企业上缴的有关医药及农业化工产品安全性及有效性的官方检验数据的泄露；集成电路本身及内含集成电路的产品；地图，以防止误导大众，同时要保护商标所有者。

6. 环境保护

各成员国保证以环境保护和可持续发展为标准来实施协定。

7. 争端解决

各成员国同意建立公平而迅速解决经济争端的机制，保证自由贸易的实现。协议规定由内阁级的专门委员会来监督检查自由贸易协定的实施，并根据协定条款解决纠纷。如果争端解决涉及免责条款或保障措施，则由专门小组研究裁决。有关反倾销和反补贴税的诉讼及金融服务业的争端由各自的机制和程序来解决。其他在协定范围内发生的争议，从提出申诉到裁决不得超过8个月。在争端仲裁以后，胜诉方在败诉方不履行裁定时可以得到一定的补偿，如果补偿数额不足，可以采取报复措施。

### 三、亚太经济合作组织化组织（简称亚太经合组织，Asia-Pacific Economic Cooperation—APEC）

#### （一）亚太经合组织概述

亚洲太平洋地区经济合作组织（亚太经合组织，APEC）是成立最早但迄今仍然没有建成的一个南北型自由贸易区。目前亚太经合组织南北成员之间在其发展模式问题上存在许多矛盾，亚太经合组织要真正有效地发挥作用，就必须尽早克服这些矛盾。

（二）亚太经合组织的特点

从区域经济一体化的基本特征来说，亚太经合组织并不是一个标准或规范的区域经济一体化组织。

1. 成员特征：庞杂性

目前，亚太经合组织的成员已达 21 个，它们分别是：日本、美国、加拿大、澳大利亚、新西兰、马来西亚、泰国、新加坡、菲律宾、印度尼西亚、文莱、越南、中国、香港地区、台湾地区、韩国、墨西哥、巴布亚新几内亚、智利、俄罗斯和秘鲁。1998 年，亚太经合组织 21 个成员的总人口占世界总人口的 40%，国内生产总值占全球 GDP 的 55.86%，贸易额占世界总贸易额的 45%，在世界经济中占有十分重要的地位。

2. 结构特征：复合性

一般的区域经济一体化组织实行的都是单一的组织结构，即所有的成员共同组成一个统一的区域经济一体化组织。这个统一的组织下面再没有次级的组织。亚太经合组织成员组成的“小集团”，即次区域经济一体化组织。构成亚太经济合作组织化组织。这主要包括：

(1) 由马来西亚、印度尼西亚、菲律宾、泰国、新加坡、文莱和越南等组成的东南亚国家联盟。

(2) 由美国、加拿大和墨西哥组成的北美自由贸易区。

(3) 由澳大利亚和新西兰组成的澳新自由贸易区等。

此外，还有正在酝酿成立的中国与东盟自由贸易区、日本与东盟自由贸易区、中日韩与东盟自由贸易区以及中国大陆、香港地区和澳门自由贸易区等。这种“大组织中套小组织”的复合型组织结构从总体上讲是不利于亚太经合组织运行的，因为亚太经合组织成员之间的“拉帮结派”，会损害亚太经合组织的凝聚力和向心力。

3. 运行特征

(1) 非机制性。与一般的区域经济一体化组织不同，从本质上说，亚太经合组织是一个官方论坛，不具备采取共同实际行动的功能，而是通过协商，达成共识，各自采取行动。也就是说，亚太经合组织尚不是一个真正的区域经济一体化组织。

(2) 非约束性。亚太经合组织核心原则之一便是“自主自愿”，强调非约束性。亚太经合组织任何贸易投资自由化和经济技术合作计划的提出都来自于各个成员的自愿，这些计划的实施也依靠各个成员的自愿行动。亚太经合组织在制定计划时，实行“全体协商一致原则”，如果某个成员不同意某项计划，该计划就不可能通过。

（三）亚太经合组织的内容

衡量一个区域经济一体化组织成效的标准是其各种静态效应和动态效应，首先是贸易（投资）创造效应，而这又取决于成员方之间贸易（投资）壁垒的拆除，即推行贸易（投资）自由化。亚太经合组织在制定和实施一些贸易投资自由化行动的同时，重视成员方之间的经济技术合作。主要表现在以下方面。

1. 亚太经合组织的贸易投资自由化

亚太经合组织贸易投资自由化的行动计划始于1994年的茂物会议。这次会议发表了《茂物宣言》，决定该组织发达成员及新兴工业经济成员在2010年前、发展中经济成员在2020年前实现贸易和投资自由化，最终建成环太平洋的自由贸易区。随后，1995年的大阪会议通过了《大阪宣言》和《行动议程》，还公布了贸易和投资自由化的首次行动措施，从而使亚太地区的贸易和投资自由化进入了行动阶段。1996年的马尼拉会议正式公布了各成员提交的在2010－2020年前实现包括贸易自由化在内的单边行动计划和集体行动计划。亚太经合组织各成员还在1997年提出了部门自愿提前自由化行动计划。

单边行动计划，包括两大类：贸易自由化和投资自由化。

贸易自由化主要是降低关税和非关税壁垒、扩大市场准入、逐步开放服务贸易市场等等。①在关税方面，有9个国家和地区明确表示到2010－2020年实现零关税。进程的大致安排是：智利2010年、香港2010年、新西兰2010年、新加坡2010年、文莱2020年关税为零；②非关税壁垒。亚太经合组织各成员制定非关税减让，主要包括进口许可证、出口补贴、进口数量限制和配额等方面。③服务业市场准入。在电讯、交通、能源和旅游等部门，亚太经合组织成员也根据自己的情况做出了一些扩大市场准入的承诺。

在投资自由化方面，《大阪行动议程》为投资领域规定的自由化目标是：通过逐步提供最惠国待遇和国民待遇以及确保透明度，使成员投资制度和整个亚太经合组织投资环境自由化，同时通过技术援助和合作促进投资活动。

集体行动计划，亚太经合组织采取集体行动主要是对单边行动起监督作用。某些自由化措施仅靠单边行动是不能奏效的，如海关数据库的建立、商业法规的协调和竞争政策的协调等，必须配以集体行动，定时定额完成，从而使亚太经合组织成员有一种压力感。集体行动计划的内容主要包括以下几方面：

（1）关税。1997年，亚太经合组织成员海关信息和关税数据库通过互联网络公布于众；1998 年，亚太经合组织关于海关、关税、贸易流量和非关税措施的信息数据库扩大；1999 年，亚太经合组织列出逐步削减关税可能对贸易和经济增长产生积极影响的优先领域，或地区产业部门支持实行提前自由化的优先领域。

（2）非关税措施。1998 年，亚太经合组织列出一份被认为是阻碍成员间贸易的非关税措施清单，以及受其影响的产品清单。

（3）服务。主要包括电讯、交通、能源和旅游几方面，并对其提出了具体的集体行动计划和要求。例如，1998 年制定并通过电讯服务业可完全实行自由化的部门参考清单，预计到 2010—2020 年或之前将在每个成员中实现自由化，以便为亚太经合组织成员提供更多的获取信息技术的机会。

（4）投资。主要包括采取措施增加亚太经合组织投资制度的透明度，以及与其他有关组织就参与全球及区域投资问题建立对话机制。

（5）标准一致化。要求亚太经合组织成员在家用电器等优先领域的标准与国际标准一致起来，并达成一种相互认可的协定，目的是降低亚太经合组织成员间的越境贸易成本和减少技术性贸易壁垒等。

（6）海关手续。主要指协调关税税目，制定有关法规程序，以降低交易成本，提高效率，使贸易商和消费者都受益。

（7）知识产权。包括在国内展开知识产权立法调查，促进亚太经合组织成员的商标注册申请，推进与贸易有关的知识产权协议的执行。

（8）竞争政策。讨论竞争政策和放宽管制，以帮助亚太经合组织成员改善本地区的竞争环境。

（9）政府采购。通过制定亚太经合组织成员政府采购清单、公布政府采购信息等，增加获得政府采购的机会。

（10）放宽管制。通过放宽亚太经合组织各成员内部规章制度和单边行动计划进程中存在的制度性壁垒，以纠正影响亚太地区自由和开放的贸易障碍。

（11）原产地规则。通过亚太经合组织各成员对原产地规则政策的制定和实践，促进或确保世界贸易组织原产地规则协议的执行。

（12）争端解决。通过鼓励成员间尽早通过合作方式处理争端问题，以缓解亚太地区私人部门之间的争端。

（13）商务人员流动。提供亚太经合组织成员短期入境和签证安排，以及商务信息交流，有助于简化和促进商务人员流动方面的对话。

（14）执行乌拉圭回合成果。每个世界贸易组织中的亚太经合组织成员都要执行其在乌拉圭回合中的承诺。

（15）信息收集与分析。主要是加强上述14个领域的信息收集与分析工作，以确保在各个具体领域中的有效性，从而保证消除贸易壁垒等障碍。

2. 亚太经合组织的经济合作

亚太经合组织的经济技术合作正式付诸行动始于1996年的马尼拉会议。这次会议发表了《亚太经合组织加强经济合作与发展框架宣言》，确立了亚太经合组织经济技术合作的目标、指导原则、亚太经合组织经济技术合作的特点、亚太经合组织经济技术合作的主题及优先领域。

（1）经济技术合作的目标是在亚太地区谋求可持续增长与均衡的发展；缩小亚太经合组织各成员间的经济差距；改善人民的经济与社会福利；增强亚太地区大家庭精神。

（2）经济技术合作的指导原则是：相互平等，相互尊重，包括尊重各成员的多样性及不同状况，着重发展各成员的经济；互助互利，承诺为实现本地区的可持续增长与均衡发展，缩小各成员间的经济差距做出实质的贡献；建立真诚的伙伴关系，在亚太经合组织所有工业化成员和发展中成员以及他们之间创造获利的交流机会，从而推动本地区的经济发展，使之更具活力；促成协商一致，根据在亚太经合组织发展过程中培育的协商一致方式，自愿参与经济合作，尊重各成员的自主权；强调在经济技术活动中通力合作，使本地区所有人民能充分参与经济合作并从中受益。

## 四、其他主要经济一体化组织

### （一）东南亚国家联盟

东南亚国家联盟，简称东盟。成立于1967年8月8日，其前身是马来西亚、菲律宾和泰国于1961年7月31日在曼谷成立的东南亚联盟。现成员国有10个，即文莱、柬埔寨、印尼、老挝、马来西亚、缅甸、菲律宾、新加坡、泰国和越南。秘书处设在印度尼西亚的雅加达。

东盟的成立主要是出于政治与安全的目的，因而直到20世纪90年代以前，在推动区域贸易合作方面都没有太大进展。1992年东南亚国家联盟决定推动成立东盟自由贸易区，然而由于各成员国降低关税的步伐不一致，导致这一计划一再延期。近年来，东盟内部关税数次削减，从1993年的12.76％降至2001年的3.85％，同时东盟的6个老成员国，即马来西亚、菲律宾、泰国、文莱、印尼和新加坡，初步决定在2010年率先实现互免关税。预计2015年，所有成员国将实现贸易自由化。

中国与东盟关系非常紧密，是10（东盟10国）＋3（中、日、韩）框架的主要国家之一。近年来，中国加强了与东盟之间的合作，双方的经贸关系发展势头强劲，中国——东盟对话框架内各个机制运转良好。2001 年 11 月，中国与东南亚国家联盟达成协议，准备在今后 10 年内成立自由贸易区，这必将给东盟的发展注入新的活力。

（二）南方共同市场

南方共同市场，也叫南锥体共同市场。它是根据 1991 年 3 月在巴拉圭首都亚松森签订的《亚松森协定》，于 1995 年 1 月 1 日正式成立的，原始成员为阿根廷、巴西、巴拉圭和乌拉圭，后又增加了智利和玻利维亚两个联系国。它是仅次于欧洲联盟的全球第二大关税同盟，也是目前唯一的一个由发展中国家组成的关税同盟。

根据《亚松森协定》，在 1991 年至 1994 年 6 月 30 日期间，成员国以每半年减低 7 个百分点的速度将区内关税降为零，同时于 1995 年 1 月 1 日起，对 85％的进口商品实行税率为 0～20％的统一对外关税，另外，15％中的大部分在 2001 年纳入共同对外关税，剩余的小部分将在 2006 年实行，即在 2006 年完全实现关税同盟。同时，同盟还充分考虑到了成员国间发展水平的差异，对巴拉圭和乌拉圭作了区别对待。阿根廷和巴西在 1994 年 12 月前实现零关税，而巴拉圭和乌拉圭推迟到 1995 年 12 月。2000 年 6 月在共事六国经济部长和中央银行行长联席会议上签署了于 1995 年 3 月份启动共同确定物价指数、财政指标以及公共债务等经济指标，加快一体化进程的协议。

（三）南部非洲开发共同体

南共体的前身是成立于 1980 年的南部非洲发展协调会议，1992 年 8 月 17 日，该组织的 10 个成员国首脑在纳米比亚首都温得和克举行会议，签署了关于建立南部非洲发展共同体的条约、宣言和议定书，决定将南部非洲发展协调会议改为南部非洲发展共同体，简称南共体，其原始成员有安哥拉、博茨瓦纳、莱索托、马拉维、莫桑比克、纳米比亚、斯威士兰、坦桑尼亚、赞比亚和津巴布韦，之后南非、毛里求斯、塞舌尔和刚果（金）陆续加入，目前共有 14 个成员国，总面积约 900 多万平方公里，几乎囊括了赤道以南非洲的全部疆土，总部设在博茨瓦纳首都哈博罗内。

## 第四节　区域经济一体化对国际贸易的影响

区域经济一体化是世界政治、经济发展和演化的必然产物，其形成和发展也必将对世界经济贸易产生深远的影响，主要表现在：

## 一、区域经济一体化对世界经济贸易的影响

### （一）区域经济一体化的积极影响

（1）区域经济一体化有助于自由贸易思想的发展。区域经济一体化在区域内奉行自由贸易原则，清除各种贸易壁垒。自由贸易政策实施所带来的各种好处将有助于成员国增强自由贸易意识，同时区域内部保护贸易的约束机制对于成员国内部贸易保护主张起到一定的遏制作用。

（2）区域经贸集团化有利于整个世界贸易出现快速增长。

（3）区域经贸集团化有利于国际政治经济形势的稳定，避免少数政治经济大国的威胁。

### （二）区域经济一体化的消极影响

（1）区域性经济集团都实行对内自由贸易、对外保护贸易的贸易政策，这种“内外有别”的政策明显背离多边贸易体制的非歧视原则，形成保护主义的贸易壁垒。

（2）对国际产业分工的正常发展有一定的不利影响。区域经济一体化组织都具有不同程度的“贸易转移效应”，背离比较优势原则，对区域外的国家造成损害，往往导致区域内外的贸易摩擦和冲突，使世界贸易组织经常处于“救急”状态。

（3）不利于国际经贸的协调和合作。区域经济一体化组织增加了国际市场上的垄断力量，抑制了竞争，把各国追求自由贸易的目标由多边贸易协定转向区域性一体化组织安排，削弱了WTO体制的作用。

（4）对发展中国家商品出口和引进外资不利。一方面，工业发达国家贸易壁垒特别是非关税壁垒严重影响了发展中国家本来就缺乏的强有力竞争能力的商品或服务的出口；另一方面，国际资本大量陷入区域性经济贸易集团内部，以寻求安全的“避风港”和突破集团内部的贸易壁垒。这样，广大的发展中国家发展经济贸易急需的资本不能引进，大大加剧了其国内资金短缺的矛盾，严重地阻碍了其经济贸易的发展和竞争力的提高，使南北经济差距进一步扩大。

## 二、对成员国内部经济贸易的影响

### （一）区域经济一体化促进了集团内经济贸易的增长

在不同层次的众多经济一体化集团中，通过削减关税或免除关税，取消

贸易的数量限制，削减非关税壁垒形成区域性的统一市场；加上集团内国际分工向纵深发展，使经济相互依赖加深，致使成员国间制成品的贸易环境比第三国市场好得多。从而使域内成员国间的贸易迅速增长，集团内部贸易在成员国对外贸易总额中所占比重也明显提高。

欧洲经济共同体在1958—1969年建立关税同盟的过渡期中，对外贸易总额平均增长11.5%，其中成员国间的内部贸易额增长速度达16.5%。50年代至70年代，共同体内部贸易额占成员国贸易总额的比重从30%提高至50%。80年代，欧共体经济有较大发展，尤其在1985—1989年期间，欧共体工业生产增长了20%，区内贸易额从1982年的55%上升到1988年的62%。

据世界银行《1991年世界发展报告》指出：南太平洋国家协会在推动集团内部贸易方面也取得一定成效，1983年，该集团内国家的相互出口占其总出口的23.1%。1961年成立的中美洲共同市场相互间的贸易，从1960年占总贸易的7.5%，跃到1970年的26.8%。美加自由贸易协定执行三年的结果也表明对两国相互间贸易的扩大，执行情况良好。其他区域性贸易集团的发展也不同程度地显示出内部贸易增长迅速这一事实。

（二）经济一体化促进集团内部国际分工的深化和技术合作，加速产业结构的优化组合

经济一体化的建立有助于成员国之间科技的协调和合作。在当代世界经济的竞争中，科学技术的研究与开发成为各国竞争的焦点，通过经济一体化促进了区域内的科技一体化。如在欧共体共同机构的推动和组织下，成员国在许多单纯依靠本国力量难以胜任的重大科研项目中，如原子能利用、航空、航天技术、大型电子计算机等高精尖技术领域进行合作。1985年6月欧洲理事会通过了关于“朝着欧洲技术共同目标奋斗”的备忘录，同时制定了“用新技术改造传统工业计划”等一系列科技计划，制定了内部实行的“尤里卡”计划。1988年欧共体通过新的科技总计划，各国捐款约60亿欧洲货币单位，确定了89个研究项目。

经济一体化创造了自由贸易区和共同市场，给域内企业提供了重新组织和提高竞争能力的机会和客观条件。通过兼并或企业间的合作，促进了企业效率的提高，同时实现了产业结构的高级化和优化。

（三）经济一体化促进了经济贸易集团内部的贸易自由化，加速其对外贸易发展

就贸易而言，通过签订优惠的贸易协定、减免关税、取消数量限制、削减非关税壁垒、取消或放松外汇管制，从而在不同程度上扩大了贸易自由化。

如欧洲共同体通过《欧洲经济共同体条约》，对内在成员国之间分阶段削减直至全部取消工业制成品的关税和其他限制进口的措施，实现制成品的自由移动；在农产品方面实行共同农业政策，规定逐步取消内部关税和统一农产品价格，实现农产品的自由流通。如《美加自由贸易协定》在分阶段相互减税方面，除全部取消了第一类货物的关税，并按规定的时间和比例削减了第二、第三类货物的关税外，还应两国行业部门的要求于 1990 年 4 月至 1991 年 7 月间，分别提前取消了胶卷、印刷电路、内燃机车等 400 个税则项目，年双向贸易额达 60 亿加元，以及包括亚麻籽、砂纸、塑料制品模型、水净化机械等 250 多个税则项目，年双向贸易额约 20 亿加元的关税，促进了内部的贸易自由化。

1994 年 12 月 17 日在巴西欧鲁普雷图召开的南锥体共同市场第 7 次首脑会议确定：从 1995 年 1 月 1 日起，阿根廷、巴西、巴拉圭和乌拉圭 4 国 85％的进口关税受共同对外关税约束，90％以上的产品实行自由贸易，另有 15％中的大部分将在 2001 年被纳入共同对外关税，其余的也将在 2006 年全部实行共同关税。进行自由贸易的产品可占到全部贸易产品的 90％～95％，其他暂时不能进行自由贸易的产品在 1995 年将按现行进口关税征收。4 年内巴西和阿根廷将逐步取消对这些产品的征税，5 年内巴拉圭和乌拉圭取消其关税，到 2000 年全部实行自由贸易。

（四）增强和提高了经济贸易集团在世界贸易中的地位和谈判力量

经济一体化集团的建立，对成员国经济发展起了一定的促进作用，联合起来的贸易集团其经济实力大大增强。以欧洲共同体为例，1958 年建立关税同盟时，6 个成员国工业生产不及美国的一半，黄金外汇储备仅为美国的 55％，出口贸易与美国相近。但到 1979 年时，欧洲共同体 9 国国内生产总值已达23 800亿美元，超过了美国的23 480亿美元，出口贸易额是美国的 2 倍以上，黄金储备比美国多 5 倍多。同时，在关贸总协定多边贸易谈判中，欧共体以统一的声音同其他缔约方谈判，不仅大大增强了自己的谈判实力，也敢于同任何一个大国或贸易集团抗衡，达到维护自己贸易利益的目的。

（五）加速了经济集团内部资本的集中和垄断

由于贸易自由化和统一市场的形成，加剧了成员国间市场的竞争，优胜劣汰，一些中小企业遭淘汰或被兼并。同时，大企业在市场扩大和竞争的压力下，力求扩大生产规模、增强资本实力，趋向于结成或扩大一国的或跨国的垄断组织。在上述两种力量的作用下，资本流动在成员国间加快，政府通过制定一些政策措施加速了资本的集中和垄断。一方面追求规模效益，另一方面也增强对付来自美国、日本等国资本的竞争力。这在欧洲共同体内部资本积聚表现最为明显。如1962—1972年间，年平均发生企业兼并由173家增到612家。仅1987年大公司间的兼并就达121家，兼并金额达11.88亿英镑。

### 三、对非成员国经济贸易的影响

区域集团对外贸易的排他性限制了外贸往来的发展。由于任何经济一体化经济贸易集团的各种优惠措施都仅仅适用于区域内的各成员国，而对集团外的国家依然维持一定程度的贸易壁垒，构成或体现出其排他性的本质属性之一，从而影响了成员国与非成员国的贸易扩大。以欧共体为例，成员国内部贸易占其出口总额的比重从1960年的36.4%提高到1992年的61.1%，与此同时，对非成员国的出口占其比重从63.6%降到38.9%。

## 案例思考

### 香港署理行政长官曾荫权：亚洲需要统一货币

在2005年的博鳌亚洲论坛全体大会上，香港特别行政区署理行政长官曾荫权发表主旨演讲时认为，统一货币具有亚洲统一的概念，可以成为亚洲统一的工具，亚洲需要统一货币。

曾荫权认为，亚洲比欧美更加多元化，覆盖众多的地源敏感地区，以及石油生产地区，人口占世界人口的60%，而GDP不到1/4，发展极不均衡。亚元与欧元不同，欧洲需要单一货币作为政治联合的一部分，欧洲是在政治和经济方面经过了50年的努力，才最终于2001年创立了欧元，使欧元成为美元之外的另一种选择。而目前还不清楚世界是否允许亚元发展为第三种国际货币。

曾荫权强调，单一货币需要更加强大的金融市场和金融制度，1997年的金融风暴充分暴露了金融制度问题，现在世界经济日益全球化，而亚洲是受益于全球化的，单一货币更可促进区内贸易增长，并对稳定社会经济起到作用。亚洲要建立共同货币，应该加强金融秩序的建立，改变目前在区域内不同国家和地区间的金融产品不能交易的情况。亚洲可以按照国际标准协调亚洲的监管标准，香港就与印度尼西亚、泰国等签署了这方面的协议，以促进亚洲金融产品能够共销。

曾荫权希望能够通过博鳌亚洲论坛，使亚洲各国建立理解，共同推动亚洲金融一体化的进程。

## 奥地利总理许塞尔：欧盟可为亚洲经济一体化提供借鉴

在博鳌亚洲论坛2005年年会主题午餐会上，奥地利总理许塞尔发表主旨演讲时提出：亚欧合作越来越紧密，而欧盟一体化进程，可以为其提供最好的案例。亚洲与欧洲合作的未来，将为两个大陆的人民创造财富。

许塞尔回顾了战后欧洲一体化进程，他指出，欧洲合作走到今天，已经是非常成功的，其标志就是新成员的增加以及欧元的诞生。欧亚两个大陆虽然相隔很远，但欧洲的经验亚洲是可以吸取的。欧盟的成功至少给我们两点启示：一是在实现一体化进程中，要花时间和耐心，各国无论是大国还是小国，都必须明白自己国家所关心的问题，自己所需要的是什么。在这样的基础上，双方进行坦诚坦率的交流与协商，这种交流一定是平等的，有尊严的，从而形成合作对话机制。二是在这个进程中，要保持稳定的速度和步伐，再花一定的时间才能达成目的。

在谈到欧元的诞生是否对亚洲有借鉴意义，亚洲是否也需要产生亚元时，许塞尔说，欧元带来的最大好处，就是给欧洲各国政府、公司以及来欧洲的旅游者提供了方便，他们不需要去对不同货币的汇率进行计算，带来便利的同时，也节省了大量成本。至于亚洲是否要有亚元，这完全取决于亚洲各国自己的情况，也就是需求是决定一切的。

通过分析上述两段材料，请回答下列问题：

(1) 亚洲经济一体化意义何在？

(2) 亚洲经济一体化能否实现？

(3) 亚洲统一货币的基础是什么？

### 关键名词

区域经济一体化　　关税同盟　　统一大市场　　《马约》

《申根协定》　　欧盟宪法　　欧元

## 复习思考题

1. 什么是区域经济一体化?
2. 区域经济一体化的主要形式及各自的含义是什么?
3. 简述欧盟一体化进程。
4. 简述北美自由贸易协定的主要内容。
5. 分析中国在区域经济一体化中的作用。

# 第四章　跨国公司与国际贸易

**学习目标**

通过本章学习，掌握跨国公司的基本概念与特征，掌握跨国公司的主要经营策略：全球战略、内部贸易价格、产品经营、研究与开发以及非价格竞争；较全面地了解跨国公司对世界经济和国际贸易的影响。

**重点难点**

1. 跨国公司的全球战略
2. 跨国公司的内部贸易价格
3. 跨国公司的产品经营策略
4. 跨国公司的研究与开发策略

## 第一节　跨国公司概述

### 一、跨国公司的概念与特征

#### （一）跨国公司的概念

跨国公司（Transnational Corporation）主要指一国大型企业，以本国或地区为基地，通过对外直接投资，在其他国家或地区建立子公司和分支机构，从事国际化生产和经营活动的国际型垄断企业。

构成跨国公司必须具备如下三要素：

（1）跨国公司须是一个工商企业。组成企业的实体必须在两个或两个以上的国家从事经营活动。至于其国外经营所采取的法律形式和部门不限。

（2）企业须有一个中央决策体系，有共同的政策。其政策应反映企业的全球战略目标和战略部署。

（3）企业的各个实体分享资源、信息，同时分担责任。

现实中的跨国公司绝大多数是由一国垄断资本建立，有极少数公司是由两个或更多国家的垄断资本联合建立的，如英荷壳牌石油公司。跨国公司由母公司（总公司）和分布在各国的一定数量的分公司、子公司组成。跨国公司的来源国称为母国，子公司所在国为东道国，母公司是在本国政府注册登记的法人实体，子公司是在东道国政府法律下注册登记的法人实体。子公司受母公司领导，子公司的所有权由母公司掌握，并服从母公司的全球战略。子公司的高级管理人员由母公司任命，一般的管理人员子公司可自行配备，子公司的管理机构要定期向母公司报告其计划完成和经营活动的情况。跨国公司的活动有相当大的部分是在母公司与子公司之间进行的。

一般而言，体现跨国公司主流的是那些财力雄厚、规模庞大、拥有先进技术和独特管理技术的大公司。它们在世界经济中构成一股强大的势力，从而在一定程度上左右着世界经济乃至各国经济的发展。

（二）跨国公司的特征

与其他企业相比，跨国公司有其独特的特征：

1. 全球战略目标

在国际分工不断深化的条件下，跨国公司凭借其雄厚的资金、技术、组织与管理等方面的力量，通过对外直接投资在海外设立子公司与分支机构，形成研究、生产与销售一体化的国际网络，并在母公司控制下从事跨国经营活动。跨国公司总部根据自己的全球战略目标，在全球范围内进行合理的分工，组织生产和销售，而遍及全球的各个子公司与分支机构都围绕着全球战略目标从事生产和经营。跨国公司的重大经营决策都以实现全球战略目标为出发点，着眼于全球利益的最大化。

2. 全球一体化经营

为实现全球战略目标，跨国公司实行全球一体化经营，对全球范围内各子公司与分支机构的生产安排、投资活动、资金调遣以及人事管理等重大活动拥有绝对的控制权，按照全球利益最大化的原则进行统一安排。跨国公司强有力的管理体制和控制手段，是实现全球一体化经营必需的组织保证，当代通讯技术的巨大进步和现代化的交通运输，则为跨国公司的全球一体化经营提供了必要的物质基础。跨国公司采取集中与分散相结合的管理方式和全球战略，在国际范围内从事生产经营活动。

3. 灵活多样的经营策略

在实行全球一体化经营的同时，跨国公司也会根据国际政治经济形势、东道国的具体情况及其对跨国公司的政策法规、自身的实力以及在竞争中的地位，采取灵活多样的经营策略，以更好地满足东道国当地的实际情况，获得良好的经营效益，也有利于与东道国政府建立融洽的关系。在组织机构上，跨国公司往往会相应地改变原来的集权管理，将原先集中在总部的权力适当下放给下属各子公司与分支机构，实行分权管理。

4. 强大的技术创新能力

在科学技术迅猛发展的今天，技术进步已成为垄断资本获取高额利润、争夺市场、增强自身在国内及国际市场竞争力的重要途径。大型跨国公司是当代技术创新与技术进步的主导力量，其实力主要体现在它们拥有雄厚的技术优势和强大的开发能力。跨国公司要在国际分工和国际竞争中保持领先，就必须不断地投入巨额资金，加强技术研究与开发，保持自己的技术优势。技术领先地位带来的丰厚市场回报，又激励着跨国公司不断进行技术创新，推动技术进步。

5. 具有较大的经营风险

跨国公司与国内企业最大的区别在于面临着更为错综复杂的国际经营环境，复杂的经营环境在给跨国公司创造出更多的发展机会和空间的同时，也使它具有较大的经营风险。除了正常的商业风险外，跨国公司还面临着国际经营所特有的政治风险和财务风险等，前者指国际经济往来活动中由于政治因素而造成经济损失的风险，包括东道国对外国资产没收、征用和国有化的风险，以及东道国革命、政变等风险；后者指东道国汇率变化和通货膨胀而带来的经济损失等。

## 二、跨国公司的产生与发展

跨国公司的历史至少可以追溯到 19 世纪 60 年代，当时西欧和美国的一些大企业开始在海外设立生产性分支机构，从事制造业跨国经营活动，这些大企业已初具跨国公司的雏形。第二次世界大战后，特别是 20 世纪 50 年代后，随着西方发达国家垄断资本的大规模对外扩张和生产的进一步国际化，对外直接投资迅猛增加，跨国公司得到了迅速发展。

### （一）跨国公司的形成

跨国公司是垄断资本主义的产物，早在 19 世纪末 20 世纪初，自由资本主义发展到垄断资本主义，资本过剩，巨额的资本输出国外，便有了跨国公司。当时，有些垄断企业凭借雄厚资本和先进技术通过对外直接投资，到国外设厂就地生产、销售，开始形成了早期的跨国公司。如英荷壳牌石油公司、尤尼来佛公司、美孚石油公司、福特汽车公司等。据统计，1900 年，187 家美国制造业的大企业在海外就有 47 家附属企业。到 1913 年增至 116 家。列宁在 1917 年指出，资本向外国的输出已发展到极大的规模，最富裕的国家已把全世界的领土瓜分完毕，国际托拉斯已开始从经济上瓜分世界。

（二）跨国公司的发展

跨国公司的发展经历了三个阶段：

第一阶段为两次世界大战期间。发达国家对外直接投资增长缓慢，处于停滞状态。这主要是由于：第一，战争造成的损失和巨额的战后重建费用使欧洲大陆由债权国变为债务国，难以筹措资金进行对外直接投资；第二，1929—1933年爆发的经济危机使资本主义世界受到重创，生产力遭到严重破坏，而且主要发达国家纷纷实行贸易保护政策，对外资进行限制与歧视；第三，世界性经济危机后国际货币秩序混乱，资本主义各国从自身利益出发，纷纷组成货币集团，实行外汇管制，限制国际资金自由流通，直接影响了对外直接投资。因此，两次世界大战期间，对外直接投资发展缓慢，虽有所增加，但主要集中在资源开发性行业，且具有明显的地域局限性。但是，这一阶段，美国企业对外直接投资增加快于世界整体水平，在世界直接投资总额中仅次于英国居第二位，一些大型企业向欧洲和世界其他地区积极扩张，建立起遍布世界各地的生产与销售网络，跨国公司在海外的分支机构也从第一次世界大战前的100多家增加到二战爆发前的700多家。

第二阶段为战后到20世纪60年代末。第二次世界大战使西欧国家经济受到重创，对外直接投资锐减。而美国在二战期间利用各种有利条件加速进行对外直接投资，二战结束时已成为世界最大的对外直接投资国。战后初期，美国垄断资本利用其他国家被战争削弱的机会，凭借在战争期间快速膨胀起来的政治、经济和军事实力攫取了世界经济霸主地位。从战后初期到20世纪60年代末，美国通过实施“马歇尔计划”，参与欧洲和国际经济重建，这为美国跨国公司大规模对外直接投资创造了极好的条件。在战后20余年间，美国的对外直接投资迅速增长，跨国公司也获得空前发展。

第三阶段为20世纪70年代以来，跨国公司的发展极为迅猛，国际直接投资格局逐步由美国占绝对优势向多极化方向发展。70年代，西欧和日本的跨国公司积极对外扩张，在全球范围内与美国公司展开了激烈的竞争，对外直接投资年增长率均为20%左右，远远高于同期美国11.1%的年均增长率。西欧跨国公司同美国公司相比，不仅数量增加，而且规模扩大，经济实力和竞争能力迅速增强，在资本、技术、管理和研发方面的差距日趋缩小，日本跨国公司的力量也在不断加强。因此，尽管美国公司在70年代对外直接投资增长较前期迅速，仍处于领先地位，但其相对优势已大大下降。另一方面，从70年代开始，随着石油大幅度涨价和某些原材料价格上涨，发展中国家经济实力大大加强，在经济发展的同时，一些发展中国家开始对外直接投资，从事跨国经营。80 年代后，亚洲四小龙以及巴西、墨西哥等新兴工业化国家和地区涌现出一批有相当规模与实力的跨国公司，使国际直接投资呈现出多元化、多极化的新格局。当然，与发达国家相比，发展中国家对外直接投资的资金规模与地域分布还相当有限。进入 90 年代以来，尽管受到某些不稳定因素例如东南亚金融危机、发展中国家长期债务危机的影响，但随着世界经济全球化趋势的不断增强和国际分工的日益深化，对外直接投资迅猛增长。据联合国贸发会议历年《世界投资报告》统计，90 年代以来国际直接投资保持持续大幅增长，远远超过同期世界贸易增长率，尤其是 90 年代中期以来增长势头更为迅猛，1996—2000 年平均增幅超过 40%，2000 年全球外国直接投资流入流量达到创记录的12 710亿美元。跨国并购在 90 年代特别是 90 年代中期以后交易急剧扩大，已成为国际直接投资的主要方式及其增长的主要推动力量。1990 年全球跨国并购额为1 510亿美元，2000 年达11 440亿美元，是 1990 年的 8 倍多，占到当年外国直接投资流入流量的 90%之多。

国际直接投资的迅速发展，扩大了国际生产在世界经济中的作用，跨国公司得到空前发展，成为世界经济一体化的主力。据联合国贸发会议统计，1990 年世界跨国公司总数超过 3.5 万家，在海外设立分支机构 15 万多家，全球销售额达 5.5 万亿美元，有史以来第一次超过世界贸易总额。2002 年，全世界有约 6.4 万家跨国公司，在海外拥有 87 万多家分支机构，全球销售额达 18 万亿美元，而同期全球出口额仅为 8 万亿美元，跨国公司海外分支机构共雇佣了大约 5 300 万员工。

### 三、跨国公司迅速发展的原因

战后发达资本主义国家跨国公司的迅速发展，从根本上来说是战后科学技术革命引进的生产和资本国际化日益发展的结果，也是社会生产力的巨大发展与资本主义各种矛盾进一步尖锐化的产物。西方跨国公司是战后资本主义经济发展的产物。它的形成和发展有着深刻的经济和政治的根源。具体原因有以下几点：

#### （一）垄断的加强和“过剩资本”的增多是推动跨国公司对外投资的直接原因

跨国公司是垄断资本主义高度发展的产物，跨国公司的出现与资本输出密切相关。可以说，资本输出是跨国公司形成的物质基础。资本主义自由竞争时期，已有资本输出出现，进入垄断资本主义阶段，在少数发达资本主义国家，资本输出成了普遍和大规模的现象，此时真正意义的跨国生产经营实体便产生了。

（二）科技革命的推动和社会生产力的发展直接促进跨国公司的发展

第二次世界大战后，发达资本主义国家发生了第三次科技革命，这次科技革命对生产过程的影响范围和程度是前两次科技革命无法相比的。社会生产力的发展导致一系列新兴工业部门的出现，发达国家的经济发展日益受到资源与市场的约束，企业为保证资源供应，维持旧市场，开拓新市场，大举向外投资。以战后海外投资发展速度最快的日本为例，日本资源贫乏，战后经济的飞速发展使得资源问题更加突出，由此引发了日本企业为获取海外资源供应的几次投资浪潮。同时，社会生产力的发展改进了运输工具和通讯联络方式，为跨国公司的国际化生产经营提供了物质条件。这些都直接促进了战后跨国公司的发展。

（三）国际市场竞争日益尖锐化是跨国公司迅速发展的助推器

各国为了扩大市场份额，一方面竭力扩大海外销售，另一方面又设置各种关税和非关税壁垒限制其他国家商品的进入。在这种条件下，发达国家的跨国公司借助于直接投资的方式，进入出口受阻的国家或地区，当地生产，产品当地销售，绕开了对方的贸易壁垒，实现了对市场的占领。

（四）国家垄断资本主义的支持和扶植

跨国公司的迅速发展也是二战后政府加强对经济生活的干预、支持本国企业向外扩张的结果。二战后各国政府制定了各种各样的政策措施，为跨国公司的海外投资活动提供条件。①政府通过与他国签订避免双重课税协定、投资安全保证协定来减轻跨国公司的纳税负担，保证跨国公司海外投资的利益与安全。通过与他国缔结贸易条约，使本国企业在缔约国享受尽可能充分的国民待遇。②政府通过设立的专门银行向公司提供各种优惠贷款和参股贷款，为公司的海外扩张提供资金。通过税收优惠资助企业的研究与开发活动，以提高其产品的竞争力。③政府还动用自身的力量为公司的海外投资创造条件。最为突出的是美国。二战后美国执行帮助欧洲经济复兴的马歇尔计划，它的附加条件就是要求受援国实行资产非国有化，允许外资自由进入。美国还通过国内法律的制定与执行促进企业向外扩张。如美国的反托拉斯法，其核心内容是反同行业垄断，反国内垄断，从而使企业向外投资，实现国际垄断。

（五）跨国银行的发展

战后跨国银行的迅速发展对跨国公司的迅速发展起着推动作用。一种情况是跨国银行通过投资或参股，本身成为跨国公司；另一种情况是跨国银行运用自己庞大的金融资产和遍及全世界的信贷网络为跨国公司融资，使跨国公司的发展突破资金限制。

（六）放宽对外资的限制

二战后，各种类型国家相继实行对外资开放的政策，以改善国内投资环境，也成为跨国公司迅速发展的一个促进因素。

## 第二节　跨国公司的经营策略

### 一、全球战略目标

80年代以来，跨国公司全球战略是企业国际化经营发展过程中的一种新的战略。它既不同于传统的跨国公司以市场、出口为目标的“国际市场战略”——以扩大出口为目标，也不同于就地生产、就地销售的“国际投资战略”——以直接投资为目标。它的生产经营活动具有全球性，它的子公司、分支机构遍布全球，这就要求跨国公司在发展战略、业务经营与组织管理方面必须以全球为中心来谋划、安排与实施，以实现其总体目标——最大的国际利益，即从总体上追求整体机遇，从全球范围构造企业的整体竞争优势。在这个前提下，给跨国公司全球战略下的定义应该是：跨国公司以全球为中心，对其投资、生产、销售、金融以及科研与开发等经营活动与决策作全球性的统筹安排，然后，通过遍布全球的分支机构与营业网，有组织、有计划地予以实现，并通过企业的经营活动，在世界各地合理分工和协调、追求与构造全球性机遇与竞争优势，规避风险以获取最大限度的国际利润。

全球战略是跨国公司生产与经营国际化的一个新阶段与新形式。这一新形式的特点是：

（1）全球战略考虑的是总公司的全局利益、长远利益，而不受子公司盈亏得失的限制，追求总公司全球机遇，因此，对总公司与子公司来说，衡量其业绩标准是看它在实现总公司的全球战略中的贡献大小。

（2）全球战略的目标是在世界范围内构造公司整体竞争优势，提高公司产品、服务在世界市场的占有率，通过技术垄断优势、区位配置优势和资源互补优势来体现上述目标。

（3）实行全球型企业经营方式和管理体制，在全球战略形成与发展过程中，跨国公司在企业经营方式和管理体制上都发生了相应变化。其表现在：首先，树立“世界中心”经营思想。传统的经营思想是以本国为中心，经营管理权高度集中在母国母公司手中，而以“世界为中心”的经营思想是以全球为出发点，把母公司、子公司作为有机整体，充分调动子公司自主性、积极性、创造性，在公司内淡化国籍概念，即子公司“当地化”；其次，将企业内部分工国际化，建立跨国生产体系与经营体系，将产品设计、科研与开发、生产与工艺、销售与市场选择配置到国际成本最低的地区，实现再生产过程的国际区域优化配置。

## 二、内部贸易价格

### （一）跨国公司内部贸易价格概念

跨国公司有两种贸易方式和两种贸易价格即外部贸易——不同国家间的跨国公司之间；同一国家不同跨国公司之间的贸易；内部贸易——同一跨国公司的母公司与子公司之间以及其子公司与子公司之间的贸易。前一种贸易形式实行的是“国际市场价格”，后一种形式实行的是“转移价格”。

跨国公司内部贸易所采取的价格，通常称为转移价格，即公司内部总公司与子公司、子公司与子公司之间在进行商品和劳务交换中，为了达到最大限度地减轻纳税负担、增强子公司竞争能力、减少或避免风险等目的，在公司内部所实行的价格。转移价格在一定程度上不受市场供求关系的影响，因为它不是独立各方在公开市场上按“独立竞争”原则确定的价格，而是根据跨国公司的全球战略目标，由公司上层人士制订的。这种价格可能大于成本，也可能小于成本，西方经济学家又称其为跨国公司的垄断高价或垄断低价。

### （二）采取转移价格的目的

跨国公司在内部贸易时采用转移价格的目的在于：

（1）减轻纳税负担。跨国公司的子公司分设在许多国家和地区，其经营所得须向东道国政府纳税。但各国税率高低差别较大，税则规定也不统一，跨国公司往往利用各国税率的差异，通过转移价格——高出低进或高进低出——人为地调整母公司与子公司的利润，把公司总的所得税降到最低限度。同时，鉴于各国关税税率也存有差异，一般情况下，公司对设在高关税国家的子公司以偏低的转移价格发货来降低子公司交纳的关税税额。

（2）增强子公司在国际市场上的竞争能力。跨国公司也将转移价格作为促进国外子公司建立与发展的手段。如果子公司在当地遭遇到强有力的竞争，或要取得新市场，跨国公司就采用转移低价，降低子公司的成本，以提高子公司的竞争能力。同时低价高利也可以提高公司在当地的信誉，便于子公司在当地发行证券或取得信贷。

(3) 减少或避免风险。首先可以减少或避免汇率的风险。如果预测某一子公司所在国货币可能贬值，跨国公司就可以采取子公司高进低出的办法，将利润和现金余额抽回，以减少因货币贬值造成的损失。其次避免东道国的外汇管制。有些东道国政府为了外汇收支平衡，对外国公司利润和投资本金的汇回在时间和数额上有限制，在这种情况下，子公司便可以利用高进低出的办法将利润或资金调出东道国。

(4) 为向子公司摊提管理费、研究和开发费用；避免因子公司利润过高引起工人过高的福利要求；在拥有部分股权的子公司中获得更多的利润等。

(三) 实行转移价格的商品种类和定价体系

实行转移价格的商品归纳起来可以分为两大类：一类是有形商品，如机器设备、半成品或零部件；另一类是无形商品，如出售技术、提供咨询服务等。这两大类商品在转移价格的确定原则上是不同的。作为有形商品的转移定价基本可归纳为两种定价体系，即以内部成本为基础的定价体系和以外部市场为基础的定价体系。无形商品的转移价格，如专利费和管理费，由于缺乏外部市场相应价格，定价没有什么依据，多根据需要，考虑相关因素酌定。

## 三、产品经营策略

产品经营策略是跨国公司根据全球战略要求，在其生产、经营活动的各方面、各个环节上制订与实现相应的策略与手段。全球经营策略是由跨国公司整个再生产过程国际化决定的。在当代国际水平分工条件下，跨国公司生产活动的各个环节都国际化了，具有全球性的生产体系，与此相应，必然形成全球性的经营体系与经营策略。同时，由于其活动遍布各国、各地区，并且受到所在国与地区的自然资源状况、经济、科技水平、财税制度、风俗习惯的制约，因而，它必须根据各国具体条件的变化，在不同国家与地区、在不同时期与不同情况下采取不同的灵活多样的经营策略，这种经营策略的多样性与灵活性正是当代跨国公司的基本特征。跨国公司产品经营策略的主要内容是：

(一) 生产策略

1. 定点生产策略

在跨国公司国际生产体系下，如何利用国际分工与各国的比较优势组织生产与发展生产，这是实现全球战略的基本环节。而全球战略与全球经营策略在生产策略上的体现就是“在最便宜的地方生产”（即“定点生产”）。为了组织定点生产，就必须对有关国家和地区的经济技术状况、市场容量、工资水平等投资环境作详细的调查与分析论证，然后从中确定能达到最便宜生产的国家与地区。1985 年以来，由于区域集团化的发展和国际竞争的日益加剧，跨国公司的海外扩张遇到越来越多的挑战，定点生产策略的方式也有所改变。其原因是，一方面，科技革命加速了技术转移、产品升级换代周期缩短、技术因素在各种经营资源中占有核心地位；另一方面，单个跨国企业独立进行新产品开发、生产和销售，既费时又难以在短期内实现规模经济效益。因此，越来越多的跨国公司开始采取开放型的跨国联合生产经营策略，不同国家的跨国公司之间在资金、技术、生产设备、行销、分渠道融资能力等方面相互渗透，形成一种国际经营联合体，即“联姻”或称作“战略联盟”，这是一种世界性的浪潮。以前的定点生产策略由一个跨国公司来组织，现在的定点生产策略由两个或两个以上的跨国公司来组织。这种通过“联姻”来定点合作生产的好处有：①以最快速度、最低成本实现全球战略；②合作各方互补优势，利益均占；③有助于越过壁垒，达到避税、淡化定点生产企业的国籍，相互进入对方市场；④有助于合作双方涉足于新领域，实施集团化、多元化经营。

2. 多样化生产策略

80 年代中期，资本主义国家掀起了跨部门、跨行业的混合兼并浪潮，生产与资本集中趋势进一步加强，每个跨国公司都是从事多样化生产的混合联合公司。美国电报电话公司（简称 AT&T）1929 年成立时，只经营电讯器材，60 年代后特别是 80 年代以来通过混合兼并和建立新企业，逐渐发展成为一个大型的 AT&T，其子公司遍布全球，从事产品生产与业务，在 70 年代已达 23 个产业部门、38 个行业部门、46 个产品部门，真可以说“从导弹到方便面”。

多样化生产策略的原因是：一方面，现代高科技的迅猛发展引出了一系列新兴工业部门，这些部门往往劳动生产率高、投资获利高、技术先进，这就为跨国公司进行跨行业、多样化生产在客观上创造了条件。另一方面，在技术日新月异、产品更新换代、产品生命周期缩短的情况下，如果大公司实行单一化经营，产品衰老期就提前到来，就有可能被淘汰，使资本利润率下降，只有实行多样化经营，用一部分在发展成熟阶段的产品的高利润率，来弥补在衰老阶段产品的低利润率，这将使利润率在时间序列上保持稳定与增长，尽可能保证利润不下降，在此条件下，大公司纷纷走出本部门。

3. 产品生命周期扩张策略

这个理论是美国哈佛大学教授雷蒙德·弗农（raymond vernon）在1966年提出的。弗农认为跨国公司产品在国际市场上的扩张就像人的生命周期一样，具有新产品生成期、发展期、成熟期和衰老期。根据这个理论，跨国公司在海外投资的重点不一样：在生成期主要在国内小规模生产经营；在发展期开始在国外有选择地扩大投资，增加生产，打开销路；在成熟期（标准化期）在国外集中投资，大批量生产，占领市场；在衰老期，不仅不投资生产它，而且逐渐收回原来的投资，再把衰老技术转移到发展中国家，使其"返老还童"。

（二）销售策略

1. 定向销售策略

这与定点生产有关，把产品定向销往一定国家和地区。由于跨国公司内部分工细密，相互依赖性强，许多零部件、半成品都定向销售在公司内部，保证及时供应，各子公司的互相"筹供"互相寻求资源，而总公司在全球寻找最佳网络，降低交易费用。高精尖产品主要定向销往发达国家，一般工业品销往发展中国家，其表明跨国公司对世界市场的分割。

2. 灵活多样策略

根据产品用途和使用方式不同，灵活地确定相应的销售策略，有四种情况：产品的使用方法和用途在国内外一样，就直销国外市场；产品的用途国内外相同，但使用的条件不一样，这时的销售策略就要适当调整；产品使用方式国内外相同，但用途不一样，以及产品的用途、使用方式国内外不一样，销售策略均要作相应调整。

总之，在最有利的地方销售，实现利润最大化，与在最便宜的地方生产合起来，构成了当代跨国公司全球经营策略的灵魂。

## 四、研究与开发策略

（一）传统的集中式研究与开发活动无法适应跨国公司新发展

传统的集中式研究与开发活动在跨国公司的技术发展历程中曾起到重要作用，它有利于研究与开发预算的资金控制和管理成本的降低，防止信息的泄漏，以及克服由各国间差别所引起的在研究与开发协调中产生的问题。但如今其表现出越来越无法适应世界经济与跨国公司新发展的趋势。究其原因主要在于：①在世界经济一体化的今天，有越来越多具有潜在价值的科学研究成果、信息分布于全球各地。②跨国公司需要以越来越快的步伐来适应全球各地对产品需求的变化与增长。

（二）跨国公司全球战略下的研究与开发

1. 跨国公司海外 R&D 分支机构数量不断增加

跨国公司 R&D 的对外直接投资不是一个新现象。20 世纪 30 年代，欧洲和美国的最大企业约占总 R&D 支出的 7%是在国外进行的。二战以后这一数值稳步上升，80 年代达到 18%。20 世纪 70 年代后期，R&D 国际化现象开始显现，20 世纪 80 年代末引人注目。1986 年，荷兰、瑞士跨国公司的国外实验室数量已超过国内。据美国科学技术委员会统计，1983－1993 年，美国跨国公司海外 R&D 的投资增长是国内投资增长的三倍。美国外国研究开发投资占总研究开发投资从 1985 年的 6%，上升到 1993 年的 10%。同期，外资控股企业的研究开发比例从 9%上升到 15%。近年来，日本在美欧建立的研究机构明显增多。欧洲跨国公司的海外研究开发活动，约占总研究开发活动的 1/3。

对当年《财富》排列的世界 500 强跨国公司的母公司及海外分支机构的 914 家实验室进行调查，R&D 机构区位选择主要限于 10 个国家。英国、德国、意大利、荷兰和瑞士跨国公司的实验室超过 50%设在母国外。位于加拿大、英国、意大利、荷兰和其他欧洲国家的实验室，有超过 50%的实验室属外国所有。日本例外，外国跨国公司在日实验室为 3%，日本跨国公司在其他国家的实验室仅占 8%。

对医药和电子业世界最大 32 家跨国公司进行调查，它们共在海外建立 156 个 R&D 分支机构，平均每家有海外研究与开发机构 4.9 个。如佳能在 5 个国家建立 8 家研究和实验机构，从事研究与开发工作。摩托罗拉在 7 个国家设立 14 家研究机构。1997 年，日本、德国、英国、法国、荷兰、瑞典和韩国等国的 363 家跨国公司在美建立了 695 家 R&D 分支机构。

2. 跨国公司海外 R&D 支出占总 R&D 支出的比例不断上升

各国企业特别是大型跨国公司进一步重视加强对研究开发的投资，以获取或保持技术竞争优势。大型跨国公司的研究开发投资一般都占年营业额的 5%以上，有的甚至高达 15%～20%。一个跨国公司有能力动用数以十亿美元甚至上百亿美元的资金用于研究开发，都拥有数千项甚至数万项专利。例如，德国的一家大型化学跨国公司的专利达 6.7 万项。国外的经验数据表明，在当前产业结构日益知识化的背景下，一个研究开发投入占营业额的比重低于 3%的企业是无法生存的。

近年来，加大对海外 R&D 机构的投入已成为跨国公司实施全球经营战略的一个重要组成部分，跨国公司海外 R&D 支出保持了相当高的比例。美国跨国公司国外 R&D 支出占国内 R&D 支出的 33%，欧盟为 42%。日本跨国公司过去的 R&D 活动主要安排在国内进行，进入 90 年代后，企业 R&D 国际化步伐明显加快，国外 R&D 支出比例高达 57%。

美国是世界跨国公司输入研究与开发 FDI 的重要国家，也是跨国公司建立海外 R&D 分支机构的主要东道国。据美国商务部经济分析局统计，外国跨国公司在美的 R&D 支出，从 1987 年的 65 亿美元增加到 1996 年的 172 亿美元，年均增加 11.6%。事实上，外国跨国公司在美的 R&D 支出增长比美国企业总 R&D 的支出增长还要快。美国企业同期在国内 R&D 支出从 610 亿美元上升到1 210亿美元，增长了约 97%。与之相比，外国跨国公司在美分支机构的 R&D 支出增长了 165%。外国跨国公司在美 R&D 总支出的比例，上世纪 80 年代上半期为 9%，此后迅速增加，上世纪 80 年代后半期达到 141%。

自 1991 年后，外国跨国公司 R&D 的支出比例保持上升势头，1995 年达到 16.3%。美国外国子公司 R&D 支出比经营规模的增长快得多，1985－1995 年，R&D 增加 3.4%，销售增加 2.5%，就业增加 1.7%。

《2005 年世界投资报告》指出，过去 10 年全球研发开支迅速增长，2005 年达到6 770亿美元。跨国公司占全球研发支出的近半数，占全球商业研发开支的 2/3。一些大型跨国公司的研发开支高于许多国家的研发开支。在 2003 年，有 6 家跨国公司的研发开支超过 50 亿美元。相比之下，在发展中经济体中，只有巴西、中国、韩国和中国台湾省的研发总开支超过或者接近 50 亿美元。

（三）跨国公司国外 R&D 分支机构的专利日益增多

人们通常使用母公司以外 R&D 分支机构的发明专利情况表示技术全球化指标。研究发现，1991 至 1995 年，世界最大跨国公司在美注册专利的 11% 是在母公司以外的国家研究获得的。1990－1995 年，世界主要国家跨国公司在美取得的专利平均 88.7%来源于公司母国。从专利统计数量看，跨国公司研究开发国际化程度仍不是很高，但国家之间差别较大。国际化程度最高的是英国、荷兰和比利时，超过 50%的注册专利由母国以外的研究开发机构发明。日本最低，外国研究机构发明的专利仅占 1.1%。从动态角度看，从 1969－1972 至 1990－1995 年期间，所有跨国公司在美注册专利来源于非母国的比例不断上升。另外，通过分析 1970－1990 年专利趋势发现，除了加拿大，在西方七国注册专利中，来自国外的比例迅速提高，表明技术国际化趋势不断加快。

### 五、价格竞争转向非价格竞争

价格竞争是指企业通过降低生产成本，以低于国际市场或其他企业同类商品的价格，在国外市场销售产品，打击和排挤竞争对手，扩大商品销路。

非价格竞争是指通过提高产品质量和性能，增加花色品种，改进商品包装装潢及规格，改善售前售后服务，提供优惠的支付条件，更新商标牌号，加强广告宣传和保证及时交货等手段，来提高产品的素质、信誉和知名度，以增强商品的竞争能力，扩大商品的销售。战后，随着市场竞争的加剧，跨国公司日益重视非价格竞争的作用，主要从以下几个方面提高商品非价格竞争能力：①提高产品质量；②加强技术服务，提高商品性能，延长使用期限；③提供信贷；④加速产品升级换代，不断推出新产品，更新花色品种；⑤不断设计新颖和多样的包装装潢，注意包装装潢的“个性化”；⑥加强广告宣传，大力研究和改进广告销售术；⑦做好售后服务工作。

## 第三节　跨国公司对世界经济和国际贸易的影响

### 一、跨国公司对世界经济的影响

战后跨国公司的发展，对发达国家乃至于整个世界都产生了重大的影响。既有有利的方面又有不利的方面。有利的方面：跨国公司的对外直接投资，促进资源在全世界分配，对国际贸易、国际金融起到了很好的作用，推进了世界经济的发展。不利的方面：一是对技术垄断，使技术不能充分传播。因为在跨国公司内部，研究发展工作，一般由公司掌握，研究成果尽量不在公司以外扩散，并尽量推迟应用于国外子公司的时间。二是易引起东道国经济秩序混乱，影响东道国民族工业的发展。原因在于它的本质是垄断资本谋取垄断利润的工具，目的是为了谋利。

跨国公司对世界经济的影响，具体表现在以下几个方面：

#### （一）以跨国公司为主体的全球化生产与销售规模不断扩大，逐渐成为举足轻重的经济力量

1969 年跨国公司的产值相当于发达国家 GNP 的 1/5。1985 年仅 600 家最大的跨国公司（销售额都在 10 亿美元以上）所创造的增加值达资本主义世界增加值总额的 1/5～1/4。它们的销售额高达31 039亿美元。其中最大的 74 家

又占这一数额的一半。一些大的跨国公司中任何一家的资产值或销售额都能超过世界上大多数国家的国民生产总值（如埃克森石油公司一家的年销售额就超过一个中等国家一年的 GNP）。据联合国《2000 年世界投资报告》，截至 1999 年底，跨国公司为载体的世界对外直接投资存量达到50 000亿美元，跨国公司的数量达到63 000家，其附属公司至少达 69 万家，对东道国经济的影响越来越突出。1999 年，所有跨国公司附属公司的资产是对外直接投资存量的 3.5 倍，达 17.68 万亿美元，销售额为 14 万亿美元。1999 年，跨国公司海外附属企业货物和服务的销售额为135 640亿美元，超过同年世界货物和非要素服务出口规模（68 920亿美元），几乎是世界货物和非要素服务出口的两倍。跨国公司海外附属企业货物和服务出口为31 670亿美元，占世界货物与非要素服务出口的 46%。

（二）跨国公司间的合并、收购及战略联盟，成为 20 世纪后期生产全球化的重要特征

1987 年，跨国公司间世界范围内的合并、收购交易规模为1 000亿美元，1997 年达到3 420亿美元，1999 年则高达7 200亿美元。合并、收购交易规模在对外直接投资中的比重，从 1996 年的 49%上升到 1997 年的 58%，1999 年则达到 83.2%，是 90 年代以来的最高水平。随着经济自由化、国际化及一体化的深入发展，跨国公司间合并、收购及战略联盟的交易规模也不断扩大。1995 年，超过 10 亿美元的合并、收购总交易额为 590 亿美元，1997 年超过 10 亿美元的总交易额上升到1 610亿美元。

跨国公司在世界范围内的经济扩展，特别是 20 世纪 90 年代以来的跨国投资与兼并，不断改变着国际经济分工协作关系，推动生产向全球一体化发展。跨国公司生产经营所到之处，努力与本土政治制度、经济制度和文化习俗融合，从本土化出发进行企业制度创新，在使企业适应地区市场竞争需要的同时，将新的竞争规则带到了本土文化中，逐渐把世界上每一个国家或地区纳入全球经济竞争中来，促进了全球市场的一体化。而且，跨国公司越来越独立于某个确定的国家，与多国经济竞争与合作，在一定程度上改变了传统意义上市场与国家之间的关系，从而对国家与市场、国家与国家之间的博弈产生了重要影响，并通过企业制度创新革新市场竞争规则，使世界经济在更大的范围内和更高的层次上紧密联系在一起，不断推进世界经济的全球化和市场化。

（三）跨国公司成为技术创新的主要拥有者和技术发明的领头羊

在经济自由化的背景下，为了保持和增强自己的竞争能力，利用其他国

家和地区及其公司已经存在的科学技术能力，利用不同国家的研究、开发成本的差异，获得R&D的规模经济和区位经济效益，跨国公司将R&D活动在地理位置上更广泛地分散开来，所带来的利润越来越大。R&D的分散化使跨国公司体系将自己的发明能力与其他地方的技术力量结合在一起，发明了更多的新技术，增强了自身的竞争优势。

跨国公司间技术合作的全球化趋势也在不断增强。最近几十年来，跨国公司技术合作的加强是国际生产和竞争格局变化的必然反映。在80～90年代，国际化生产已越来越成为涉及若干产业的知识密集型生产，这必然增加跨国公司R&D的预算支出，加快开发新产品的步伐，以适应市场的需要。同时，由于技术进步的加快，产品生命周期越来越短，而技术进步也使产品生产成本、市场风险等不确定性因素增加，公司不得不寻求通过彼此之间的合作协议来尽可能平衡R&D投资。另外，各国的投资自由化改革使市场的一体化程度提高，以技术进步为基础的竞争过程不断加快，为了分担由于在更为广泛的地理空间和新市场的开拓中因竞争而带来的R&D的高额成本，公司间技术合作协议的发展与此期间的兼并和联合呈同向发展的态势。

（四）跨国公司对母国和东道国经济的影响

首先，跨国公司的对外投资有利于其母国扩大市场，增强企业竞争力。跨国公司对外投资不仅可以通过跨国贸易，还可以通过国外分支机构的销售来增强其扩大国际市场的能力。与此同时，通过对外投资，跨国公司在企业内建立起贸易网络，这些网络将跨国公司体系的生产单位联系在一起，并保证每一具体单位能优先获得体系内其他单位的资源和市场。跨国公司内部贸易带来的交易成本的降低能够产生与国际贸易、规模经济相同的效应。

其次，跨国公司投资有助于东道国的资本形成。对东道国来说，跨国公司的直接投资带来了新的设施，增加了东道国的资本存量，扩大了生产和就业。有关统计表明，外国直接投资在国内资本形成中的比例，从1980年的2.3%提高到1998年的11.1%；外国直接投资在私人资本形成中的比重，从1980年的3.4%提高到1998年的13.9%。通过购买和私营化而进行的国际直接投资是发达国家中较为普遍的国际投资形式，这对东道国企业的资产重组及产业结构的调整起到间接的推动作用。

第三，跨国公司有利于东道国企业增强竞争力，加快结构调整。对吸引外资的东道国，跨国公司不仅对国内资源进行补充，提高东道国的生产能力，同时也扩大了东道国产品的销售市场。跨国公司拓展了新的产业空间，如果没有跨国公司的投资，单纯依靠民族企业或现有的产业，许多发展中国家是不可能引进这些新产业或创新其经营方式的。

第四，跨国公司能够促进东道国的技术进步。吸收外国直接投资是获取新技术和先进技术、技能的主要途径。涉及组建R&D分支机构的外国直接投资可以增强东道国技术发明的能力；跨国公司的技术溢出效应和外在效应还会对东道国的技术进步产生间接影响。

第五，跨国公司给东道国带来的消极影响。这种消极影响包括政治、经济、文化等方面的制度冲突，尤其是借助于技术控制的经济控制，有可能对东道国的经济安全和国家安全构成一种威胁。对此，东道国要维护好国家主权和保护好国家安全，应制定正确的应对措施，积极化解风险，扬长避短，趋利避害。既不要因噎废食，也不要掉以轻心。

## 二、跨国公司对国际贸易的影响

### （一）跨国公司的发展促进了国际贸易总额的增长

战后，跨国公司数目猛增，规模巨大，实力雄厚，分布极广。为争夺市场，掠夺海外资源，它们通过海外直接投资在世界各地设立子公司，从而形成了一个从国内到国外、从生产到销售的超国家企业经营实体。

目前跨国公司的总产值占资本主义世界总产值的1/3，跨国公司及其子公司对外直接投资总额为2万亿美元，控制了国际贸易的50%以上。跨国公司的销售额（剔除内部贸易额）相当于世界出口总额的70%。跨国公司本身的发展，销售额的不断增长，势必促进国际贸易总额的增长。二战后，国际贸易额的迅速发展是与跨国公司的发展同步的。

### （二）跨国公司对国际贸易商品结构的影响

跨国公司对外投资主要集中在制造业部门，尤其在资本、技术密集型产业，这就直接影响着国际贸易商品结构的变化。这种变化的集中反映是制成品贸易所占比重上升，初级产品所占比重下降。

在制成品贸易方面，少数跨国公司控制着许多重要制成品贸易。80年代，22家跨国汽车公司占资本主义汽车生产的97%，其中美国的国外汽车产量占国内产量的59.2%。以法国通用电器公司为首的12家动力设备跨国公司控制着世界动力设备贸易；11家最大农机公司的销售总额占世界农机销售总额的70%以上。高科技产品领域更是如此，10家跨国公司控制了世界半导体市场，美国公司在世界计算机市场上所占的份额为75%～80%。日本、美国、瑞典和德国跨国公司控制着世界机器人生产和销售的73%，而日本一国即占50%。

在初级产品贸易方面，1980年，7家石油跨国公司控制着北美和其他非社会主义国家原油生产和销售的43%；6家跨国公司拥有世界铝矾土生产的46%、氧化铝生产的50%、铝制品生产的44%；7家跨国公司拥有资本主义世界铜生产的23%。跨国公司在农产品世界贸易中所占的份额从40%～90%不等，15家棉花跨国公司控制着世界棉花贸易的85%～99%；6家跨国公司控制着世界烟草贸易的85%以上。

跨国公司对制造业的集中投资促进了战后制造业的迅速发展，确定了制成品贸易发展的基础。此外，跨国公司内部专业化协作的发展，也使制成品贸易中中间产品贸易比重不断上升。

（三）跨国公司对国际贸易地区分布的影响

跨国公司海外投资的3/4集中于发达国家和地区，其设立的海外子公司有2/3位于此。跨国公司通过内部贸易和外部贸易（与其他外部公司进行的贸易）促进了发达国家之间的贸易，带动了这些国家对外贸易的发展。80年代，发达国家贸易额占国际贸易总额的70%～80%。

发展中国家和地区吸收了跨国公司海外直接投资总额的1/4、海外子公司数的1/3。跨国公司在发展中国家生产的产品大多为附加价值较低的劳动密集型产品和初级产品，因而使其在国际贸易中的份额较小，与其吸收海外投资的比重相当。

（四）跨国公司促进了国际技术贸易的发展

跨国公司是国际技术贸易中最活跃、最有影响的力量。它控制了资本主义世界工艺研制的80%、生产技术的90%，国际技术贸易的75%以上属于与跨国公司有关的技术转让。

为了在激烈的竞争中保持自己的地位，扩大自己的份额，跨国公司需要不断地进行科学技术研究，不断地推出新产品。每家跨国公司都有自己专门的研究机构，每年投入大量的研究与开发费用，直接促进了新技术新产品的研究与开发，加速了产品的更新换代。

因此，战后国际技术贸易的快速发展，使国际技术贸易额从1965年的30亿美元上升到1975年的110亿美元，再上升到1985年的500亿美元，20年时间增长了16倍，这在很大程度上得益于跨国公司的技术与技术转让的发展。以技术贸易最大的顺差国美国为例，在技术贸易的专利和专有技术使用费收入中，跨国公司占80%以上。

（五）跨国公司对发达国家对外贸易的影响

1. 绕过贸易壁垒，扩大对外贸易渠道

随着市场竞争的加剧，发达国家企业出口不断受阻，通过对外直接投资方式，在东道国当地建立生产与销售网络，可以使企业冲破贸易限制，如美、日企业在欧洲联盟内的大量投资均具有该性质。

同时，在当地投资设厂不仅可以占领当地市场，而且还可以利用投资东道国的对外贸易渠道，扩大对其他国家的出口。如美、日企业通过在欧盟国家的投资作为向其他欧盟成员国市场渗透的手段；美国对亚洲新兴工业化国家的投资也可以作为产品进入日本市场的桥梁。

2. 提高产品的竞争能力

通过对外直接投资，就地生产与销售，可以减少运输成本、关税等费用；充分利用东道国各种廉价资源，降低产品成本；更好地使产品适应当地市场和消费需求；缩短交货时间；易于提供售前售后服务，从而提高产品的竞争能力。

3. 减少对发展中国家的依赖

以前，发达国家的原料供应主要依赖发展中国家。随着新技术的研究与开发，众多的合成材料、替代能源纷纷出现，减少了对发展中国家作为初级产品提供国的依赖。

（六）跨国公司对发展中国家和地区对外贸易的影响

跨国公司对发展中国家和地区对外贸易的影响主要表现在以下两方面：

（1）跨国公司对发展中国家和地区投资的集中化导致发展中国家和地区对外贸易发展也具有集中化的特点，这主要通过增长速度和在总贸易额中的份额来体现。

跨国公司对发展中国家和地区的投资仅占其海外投资总额的1/4，而其中的绝大部分又集中在几个新兴工业化国家和地区。跨国公司本身的增长与贸易的发展，以及对这些国家经济发展的连带，客观上使这些国家的贸易增长速度明显高于其他发展中国家和地区。

（2）跨国公司的进入使发展中国家和地区对外贸易商品结构发生变化。跨国公司在发展中国家和地区的投资主要集中于制造业，大部分属于劳动密集型产业。跨国公司的进入带动了发展中国家和地区这些部门的相应发展，并在一定程度上促使某些部门的出口扩大。由于跨国公司进入，带动了发展中国家机器设备、原料、燃料的进口，促进了某些工业部门发展，从而改变了这些国家和地区以出口初级产品为主的对外贸易商品结构。60年代后，一些吸收外国直接投资较多的新兴工业化国家和地区，如巴西、新加坡、墨西哥等，其商品出口结构中，制成品的比重均在50%以上。

当然，跨国公司的进入也为发展中国家和地区经济的发展带来了一些不利影响。如一些出口部门因受跨国公司控制而对国外市场的依赖性加强，从而使其发展易受世界市场价格波动的影响，因而具有一定的脆弱性。

**案例思考**

## 跨国公司启动在华新战略——高层本土化

### 一、案情

十年前，在华外资企业的高层管理者中都是清一色的洋面孔，中方雇员大都只是属于跑跑龙套的小角色；十年后的今天，中国市场的巨大发展潜力越来越被跨国公司所重视，随着外企本土化程度的逐步提高和中国本土人才的不断发展成熟，越来越多的“黑眼睛、黑头发”的本土人才登上了跨国企业的高层管理职位。2004年4月，摩托罗拉宣布新的人事任命，曾在诺基亚和西门子担任要职的任伟光加盟摩托罗拉，出任公司副总裁并兼任北亚区个人通讯事业部中国移动业务部总经理一职，负责所有GSM相关业务。无独有偶，同样在4月，诺基亚也对中国区总裁进行了更换，原负责诺基亚网络中国区事务的何庆源被任命为诺基亚中国投资有限公司总裁。这一新举措不仅扩大了外资企业在当地市场的影响、提升了自身产品的亲和力，更为外资企业的本土化进程加上了一份沉甸甸的砝码。

随着中国市场的进一步发展，越来越多的跨国公司意识到本土化经营的重要性，而高层管理人士的本土化正逐渐成为外资企业本土化发展的新战略。其实，许多跨国公司都在近几年里开始了自己“本土高层管理本土企业”的发展模式，从手机到PC，从软件到连锁百货，甚至是飞机制造行业……绝大多数跨国公司的高层管理人员中都能看见中国人的身影。

### 二、分析

对于管理极为严格的跨国企业来说，为什么会改变自己多年来的人事策略，而加大对本土人才的培养力度呢？

第一，相对廉价的成本费用为跨国公司的本土化发展节约了一笔不小的开支。据业内人士介绍，在业绩相同的情况下，同一职位层次上的中外方的工资相差达到5～8倍，有的甚至相差10倍，而且外聘人员以及其随员的居住、生活、子女教育等庞大费用都由公司负担，成本非常之高，客观上为公司带来不小的压力。本土高层管理战略的引入可以从根本上解决这一问题，一方面为企业节约成本开支，另一方面可以使原有的外聘高层在其他部门发挥更大的作用。

第二，管理人员的本土化为跨国公司深入了解中国当地市场的消费文化、消费需求和生活习惯提供了有益的帮助，为公司拓展中国地区的业务积累了宝贵的经验。本土人才的客户关系、网络优势以及对本地市场的熟知性等优点是外聘人员所无法比拟的。许多跨国公司发展中遇到的阻挠已足以说明问题：外来的高层管理者们虽然有着丰富的经验，却根本不熟悉中国市场、政策和法律，不同语言、文化和行为习惯使他们无法实现有效沟通，导致决策失误。而本土人才的优势正是熟悉本土的市场和风土人情，同政府部门打交道也会更容易、直接，这些都是本土化人才所独具的。

第三，本土化高层管理还为公司的产品打上"本土亲和力"的烙印。"本土亲和力"有助于消费者加大对该公司产品的认知度和亲近感。培养"本土亲和力"，是吸引新用户、留住老顾客的一个重要手段。跨国公司的产品品牌在中国所进行的本土化努力，成效已凸显出来，而伴随着本土化高层管理的宣传，公司产品必将获得国人的更大好感。跨国公司们均深谙此道，跨国公司本土化高层战略的实施，为的就是拉近跨国公司与中国消费者之间的距离，使跨国公司更富当地色彩，更易进入中国消费者心中，与之亲近。

## 关键名词

跨国公司　全球战略　内部贸易价格　转移价格　研究与开发
经营策略　非价格竞争

## 复习思考题

1. 简要回答跨国公司的概念与特征。
2. 简要分析跨国公司迅速发展的原因。
3、跨国公司的全球战略目标是什么？
4. 跨国公司的内部贸易价格是如何制定的？
5. 跨国公司对世界经济和国际贸易的发展有哪些影响？

# 第五章 国际贸易政策

**学习目标**

通过本章学习，掌握对外贸易政策的内涵和资本主义国家对外贸易政策的演变过程，以及西方国际贸易理论与政策的贡献和局限性；了解保护贸易政策的主要内容和理论依据以及自由贸易政策的主要内容和理论依据。

**重点难点**

1. 超保护贸易理论与政策
2. 资本主义自由竞争时期的保护贸易政策与理论
3. 二战后的贸易自由化
4. 自由贸易理论

## 第一节 国际贸易政策概述

国际贸易政策是各国在一定时期内对进出口贸易所实行的政策，其目的在于维护国家经济安全。它会随着世界政治、经济与国际关系的变化而变化，也会随着本国产品的竞争能力的变化而不断变化。因此，在不同时期，一个国家往往实行不同的对外贸易政策，同一时期的不同国家也往往实行不同的对外贸易政策。

### 一、对外贸易政策的定义与构成

#### （一）对外贸易政策的定义与目的

国际贸易政策又称对外贸易政策，是各国在一定时期内，在其社会、政治、经济发展战略的总目标下，对对外贸易所实行的政策。其目的在于：①保护本国的国内市场；②扩大本国产品和服务的出口市场；③促进本国产业结构的改善；④积累资本或资金；⑤维护本国的对外政治关系。

#### （二）对外贸易政策的构成

1. 对外贸易总政策。其中包括货物和服务进口总政策和出口总政策。它是从整个国民经济出发，在一个较长时期内实行的政策。

2. 进出口商品政策。它是在对外贸易总政策的基础上，根据经济结构、国内外市场状况而分别制定的有关商品进出口和服务开放的政策。其基本原则是对不同的进出口商品实行不同的待遇。主要体现在关税的税率、计税价格和课税手续等方面的差异。例如，对某些商品采用较高的税率和数量限制手段来阻挡其进口，对另一些商品则实行较宽松的做法，允许较多进口。

3. 对外贸易国别和地区政策。它是根据对外贸易总政策以及对外政治、经济关系的需要而制定的。它是在不违反国际规则的前提下，对不同国家采取不同的外贸策略和措施。如某些国家制订的限制或禁止向我国出口与军事有关的科技产品就是这种政策的体现。

## 二、对外贸易政策的基本类型

自对外贸易产生与发展以来，主要有两种类型的对外贸易政策，即自由贸易政策与保护贸易政策。

### （一）自由贸易政策

其主要内容是：国家取消对进出口贸易的限制和障碍，取消对本国进出口商品的各种特权和优惠，允许商品自由进出口，服务贸易自由经营，在国内外市场自由竞争。典型的就是政府对进出口贸易活动不作任何干预，既不奖励出口，也不限制进口。

### （二）保护贸易政策

其主要内容是：国家广泛采取各种措施限制进口和控制经营范围，保护本国商品和服务在本国市场上免受外国商品和服务等的竞争，并对本国出口商品和服务给予优待和补贴以鼓励出口。

## 三、对外贸易政策的制定和执行

### （一）制定对外贸易政策应考虑的因素

对外贸易政策是一国经济总政策和外交政策的重要组成部分，它属于上层建筑。因此，在制定对外贸易政策的过程中要考虑众多的政治、经济等因素。具体包括：①本国的经济结构和比较优势，产品和服务在国际市场上的竞争能力；②本国的经济安全与政治安全；③本国与别国在经济、投资方面的合作情况；④本国国内物价、就业状况；⑤本国与他国的政治关系；⑥本国在世界经济、贸易制度中享受的权利与应尽的义务；⑦各国政府领导人、政治决策者的经济思想与贸易理论。

各国对外贸易政策的制定与修改是由国家立法机构进行的。最高立法机关在制定和修改对外贸易政策及有关规章制度前，要征询各个经济利益集团的意见。如发达资本主义国家一般要征询大垄断集团的意见。各垄断集团通过企业主联合会、商会等机构向政府提出各种建议，甚至派人直接参与制定和修改有关对外贸易政策的法律草案，以反映垄断集团的利益。

最高立法机关制定、修改并颁布的对外贸易各项政策，既包括一国较长时期内对外贸易政策的总方针和基本原则，又包括规定某些重要措施以及给予行政机构的特定权限。例如，美国国会往往授予总统在一定范围内制定某些对外贸易法令、进行对外贸易谈判、签订贸易协定、增减关税和确定数量限额等权利。

（二）对外贸易政策的一般执行方式

（1）通过海关对进出口贸易进行管理。海关是国家行政机关，是设置在对外开放口岸的进出口监督管理机关。其主要职能是：对进出国境的货物和物品、运输工具进行实际的监督管理、稽征关税和代征法定的其他税费、查禁走私。

（2）国家广泛设立的各种机构，负责管理出口和进口，如美国的商务部、美国国际贸易委员会等。

（3）国家政府出面参与各种国际贸易、关税等国际机构与组织，进行国际贸易、关税方面的协调与谈判。

## 第二节　保护贸易政策与理论

国际贸易学是一门既古老又年轻的学科。它经历了理论和政策的一系列发展阶段。其中包括重商主义、古典的贸易理论、新古典贸易理论和新贸易理论。相应地，在政策发展方面，包括重商主义的贸易保护、比较利益下的自由贸易、生产力理论下的保护幼稚工业理论、凯恩斯主义条件下的保护贸易以及新贸易理论下的战略性贸易政策。这个理论与政策的发展过程还没有停止，根据国际贸易和国际经济发展的实践，人们还在进一步探讨和总结新的理论。

## 一、重商主义

### （一）重商主义产生的历史背景及其经济思想

重商主义是在资本主义生产方式准备时期，代表商业资本利益的一种经济思想和政策体系。它产生于15世纪，兴盛于16世纪和17世纪上半叶，从17世纪下半叶开始走向衰落。它最初产生在意大利，后来逐渐在西班牙、荷兰和英国等国家流行起来。英国是当时经济最发达的国家，重商主义也最为成熟。

重商主义的产生有着深刻的历史背景。15世纪以后，随着新大陆和新航线的发现，欧洲各国在与美洲、非洲和远东地区的海外贸易中积累了大量的金银财富，这导致了商品货币经济的蓬勃发展和封建自然经济的迅速瓦解。与此同时，社会财富的重心也由土地转向了金银货币，货币成为上至国王下至农民所追求的东西，并被认为是财富的代表形态和国家富强的象征。社会经济的这种历史性变化，必然要反映到上层建筑中，在经济思想和政策上就表现为重商主义的兴起。

重商主义的对外贸易学可分为早期和晚期两个发展阶段。早期以“货币差额论”为中心，其代表人物主要是英国的海尔斯（John Hales）和斯坦福（Willarm Stafford）；晚期以“贸易差额论”为中心，其代表人物主要是英国的托马斯·孟（Thomas Mum）。

重商主义理论的经济思想可以归结为以下几个方面：

（1）在国际经济关系中，国家与国家之间的利益是对立冲突的。国家经济活动的目的就是增强自己的经济实力。而要增强国家的经济实力，就必须积累财富。

（2）财富是由货币构成的，即由黄金和白银构成的。积累财富就是积累黄金和白银，经济实力的大小是由积累黄金和白银的多少来表现的。

（3）积累黄金和白银是在流通领域中实现的，是通过对外贸易来完成的。

（4）国家为了致富和防止贫困，必须发展对外贸易，而在对外贸易中又必须遵守多卖少买、多收入少支出的原则。

无论是早期还是晚期的重商主义，都把货币看作财富的唯一形态，都把货币多少作为衡量国家富裕程度的标准。但是，贸易顺差论在认识上比货币差额论前进了一步，在相应的政策主张上也较为完善。货币差额论将货币与商品绝对地对立起来，而且孤立地对待货币运动，要求在对外贸易中绝对地多卖少买或不买，使金银流入国内；贸易差额论开始认识到货币运动与商品运动的内在联系。托马斯·孟的一句话就概括了这一联系，“货币产生贸易，贸易增多货币”。贸易差额论认为顺差是一国取得和保持金银的主要手段，只要总体的贸易状况是顺差，金银就必然流向国内。所以，贸易差额论主张国家应该将货币向国外输出，以扩大对国外商品的购买，但是国家用于购买外国商品的货币总额必须少于出售本国商品所取得的货币总额，即保持贸易顺差。

（二）重商主义的对外贸易政策

无论是早期还是晚期的重商主义，在政策上都主张国家实行保护主义的对外贸易政策。基本上可归纳为四种：

1. 货币政策

重商主义的货币政策源于15世纪，但在16世纪才较为普遍。当时奉行重商主义的国家都曾颁布过各种法令，规定较为严厉的刑罚，以禁止货币输出。到了重商主义的晚期，货币政策有所放宽，将对货币的追求寓于对外贸易顺差的追求中。

2. 奖出限入政策

重商主义者极力主张国家通过奖出限入政策，促进出口，减少进口，实现贸易顺差，积累货币财富。

(1) 在限制进口方面。①实行重商主义的国家一般都禁止奢侈品的输入。例如英法等国都曾制定过禁止奢侈品进口的法令。②有些国家规定，凡是能由本国生产的商品，就一律不从外国进口。③对进口的制成品设置关税壁垒，从而达到限制进口的目的。例如，法国1667年实行保护关税政策，把从英国、荷兰进口的呢绒、花边等装饰品的进口税率提高了一倍。

(2) 在鼓励出口方面。①税收优惠政策。重商主义者主张以出口制成品代替出口原料，因此，在税收方面，主要是对出口的制成品减免关税，或退回进口原料时征收的关税。②对能出口的新兴制造业给予奖励。主要是用现金奖励在外国市场上出售本国商品的商人。③实行对外贸易垄断。主要是通过与别国签订有利的通商条约，让本国商人或商品在外国获得特权；或通过建立殖民地，独占外国市场。

3. 发展本国工业政策

重商主义者认为，工业品尤其是精致工业品能更多地换取金银，进而能更多地积累财富和增强国家实力。因此，当时实行重商主义的各国都围绕着本国工业制定并执行了种种政策措施。主要有：①为了发展制造业和加工工业，有的国家高薪聘请外国工匠，禁止熟练技工外流和机器设备输出，向工场手工业者发放贷款和提供各种优惠条件。②为了给工业发展提供充足劳动力，鼓励增加人口。③为了降低工业生产成本，实行低工资政策。④为了提高产品质量，制定工业管理条例，加强质量管理。例如，英国政府通过职工法奖励外国技工移入，通过行会法奖励国内工场手工业者。

4. 发展本国航运产业政策

贸易差额论者认为，建立一支强大的商船队和渔船队是一个国家经济力量的重要组成部分，因此，应禁止外国船只从事本国沿海航运和本国与殖民地之间的航运。

（三）对重商主义对外贸易学说的评价

重商主义贸易学说是重商主义的核心，是西方最早的国际贸易学说，它在历史上曾起过进步作用，并具有一定的现实意义。应当说，时至今日，重商主义的影响仍然存在。

(1) 在理论上，重商主义贸易学说冲破了封建思想的束缚，开始了对资本主义生产方式的最初考察，提出了对外贸易能使国家富足的观点。

(2) 在政策上，它提出了关于国家干预对外贸易的一系列主张。当时西欧各国实行重商主义贸易政策的结果是促进了商品货币关系的发展，加速了资本的原始积累，促进了资本主义生产方式的确立，推动了历史的进步。

(3) 它的某些政策主张对当今世界各国制定对外贸易政策仍有一定的实践意义。如积极发展本国工业，鼓励原材料进口和制成品的出口等。

重商主义贸易学说也存在一些缺陷和不足，主要表现在：

(1) 重商主义对社会财富的理解是肤浅和片面的。它没有认识到货币只是充当一般等价物的特殊商品，而金银只是由于适宜充当货币材料的属性才被选定为货币的代表，不能把财富和金银划等号。

(2) 重商主义理论在国际贸易对本国财富或福利的增加上的解释是不科学的，因为流通领域是不创造财富的，创造财富的真正源泉来自于生产领域。

(3) 重商主义认为一国的贸易得益是建立在他国损失的基础上的，即对外贸易是一种零和博弈。这一观点被后来的古典国际贸易理论和贸易实践本身所否定。

(4) 重商主义只研究如何从国际贸易中获得金银，而没有探讨国际贸易产生的原因，对国际贸易问题的研究不全面。

(5) 重商主义所主张的政府严格控制经济活动的政策，限制了国际贸易的广泛开展，也与古典理论所倡导的自由贸易思想相悖。

## 二、资本主义自由竞争时期的保护幼稚工业贸易理论与政策

在19世纪资本主义自由竞争时期，美国、德国先后实行了保护幼稚工业贸易政策。

### （一）美国保护幼稚工业贸易政策的实施

亚历山大·汉密尔顿（Alexander Hamilton，1757—1840）是美国的第一任财政部长，他代表北方工业资产阶级的愿望与要求，于1791年12月向国会提交了《关于制造业的报告》，在该报告中大力主张实行保护贸易政策。

1. 汉密尔顿的保护贸易理论与政策

汉密尔顿在《关于制造业的报告》中，阐述了保护和发展本国制造业的必要性和重要性，大力主张实行保护贸易政策，并主张政府应加强对经济的干预。他认为，一个国家如果没有制造业的发展，就很难保护政治与经济上的独立地位。美国制造业起步晚，技术落后，生产成本高，其产品难以同英国等国的廉价商品进行自由竞争，因此，美国应实行保护关税制度，以使新建立起来的工业得以生存、发展和壮大。

为保护和促进制造业的发展，汉密尔顿提出了一系列的政策主张，主要有：向私营工业发放政府信用贷款，为其提供资金；实行保护关税制度，保护国内新兴工业；限制重要原料出口，免税进口必需的原料；给各类工业予以奖励，并为必需工业发放津贴；限制改良机器及其他先进生产设备输出；建立联邦检查制度，保证和提高工业品质量；吸收国外资金，以满足国内工业的发展需要；鼓励移民迁入，以增加国内的劳动力供给。

2. 对汉密尔顿保护贸易理论的评价

汉密尔顿的上述主张，虽然仅有一部分被美国国会所采纳，却对美国政府的内外经济政策产生了重大和深远的影响，促进了美国资本主义的发展，具有进步的历史意义。该理论也为落后国家进行经济建设和与先进国家相抗衡提供了理论依据。这一理论的提出，标志着从重商主义分离出来的西方国际贸易理论两大流派已基本形成。直到今天，该理论所主张的贸易保护政策仍然是世界上许多国家管理对外贸易的一种重要手段。

### （二）保护幼稚工业贸易政策的理论依据

保护幼稚工业贸易政策的理论，就其影响而言，李斯特的理论最具代表性。

李斯特（F. List，1789—1846）是德国历史学派的先驱者，早年在德国提倡自由主义。自1825年出使美国后，受汉密尔顿的影响，并亲眼见到美国

实施保护贸易政策的成效，乃转而提倡贸易保护主义。他在 1841 年出版的《政治经济学的国民体系》一书中，系统地提出了保护幼稚工业的学说。

1. 对古典派自由贸易理论提出批评

（1）认为古典派自由贸易理论的“比较成本说”不利于德国生产力的发展。李斯特认为，向外国购买廉价的商品，表面上看起来很合算，但这样做的结果，会束缚德国工业的发展，使其长期处于落后和从属国的地位。如果采取保护关税政策，一开始也许会使工业品的价格提高，但经过一段时期，德国工业会得到发展，生产力水平也会提高，商品成本就会下降，商品价格甚至会低于外国进口的商品价格。

（2）认为古典派自由贸易学说忽视了各国历史和经济上的特点。古典派自由贸易理论认为，在自由贸易下，各国可以按地域条件、按比较成本形成和谐的国际分工。李斯特认为，它抹杀了各国的经济发展与历史特点，错误地以“将来才能实现”的世界联盟作为研究的出发点。李斯特根据国民经济发展程度，把国民经济的发展分为五个阶段，即“原始未开化时期、畜牧时期、农业时期、农工业时期、农工商业时期”。各国经济发展阶段不同，采取的贸易政策也应不同。处于农业阶段的国家应实行自由贸易政策，以利于农产品的自由输出，并自由输入外国的工业产品，以促进本国农业的发展，并培育工业化的基础。处于农工业阶段的国家，由于本国已有工业发展，但并未发展到能与外国产品相竞争的地步，故必须实行保护关税制度，使其本国产品不受外国产品的打击。而处于农工商业阶段的国家，由于国内工业产品已具备国际竞争能力，国外产品的竞争威胁已不存在，故应实行自由贸易政策，以享受自由贸易的最大利益，刺激国内产业进一步发展。

（3）主张国家干预对外贸易。为保护幼稚工业，李斯特提出：“对某些工业品可以实行禁止输入”，同时，对“凡是在专门技术与机器制造方面还没有获得高度发展的国家，对于一切复杂机器的输入应当允许免税，或只征收轻微的进口税”。

2. 保护的对象与时间

李斯特认为，一国并非对所有的幼稚工业都实行保护，对那些经过一段时间的保护仍然不能发展起来的产业，就要放弃贸易保护。由此可见，李斯特的贸易保护是对那些处于成长过程中的产业在特定发展阶段上的保护。这种保护无疑只是为了该产业的成长。这是李斯特贸易保护论的核心。李斯特提出对产业的保护时间最高限为 30 年。在此期限内，被保护的工业还扶植不起来时，不再予以保护，任其自行垮台。

3. 保护的手段

李斯特认为，保护国内工业的主要手段应该是关税措施。通过提高关税税率，可以阻挡国外具有较强竞争力的商品进入国内市场。但提高关税应采用渐进的方式，因为突然大幅度提高关税会割断原来存在的与各国之间的商业联系，对国内生产造成过大的冲击。

（三）对李斯特保护幼稚工业理论的评价

（1）李斯特贸易保护学说在德国资本主义工业的发展过程中曾起过积极的作用，它促进了德国资本主义的发展，有利于资产阶级反对封建主义势力的斗争。

（2）李斯特的保护贸易理论是积极的。其保护的对象以将来有前途的幼稚工业为限，对国际分工和自由贸易的利益也予以承认。同时，其保护也是有限度的，不是无限度的，所以，他的理论对经济不发达国家是有重大参考价值的。

（3）李斯特的保护贸易理论存在的缺陷。①他对生产力这个概念的理解是错误的，对影响生产力发展的各种因素的分析也很混乱。②他以经济部门作为划分经济发展阶段的基础是错误的，歪曲了社会经济发展的真实过程。

## 三、两次世界大战期间的超保护贸易政策与理论

（一）超保护贸易政策的兴起及其特点

19 世纪末 20 世纪初，资本主义发展进入新阶段。在这个阶段，资本主义经济发生了巨大变化：①垄断代替自由竞争；②国际经济制度发生了巨大变化。由于科技进步，各国工业迅速发展。一些起步较晚的国家也完成了产业革命，迎头赶了上来，世界市场竞争空前激烈；③1929 年到 1933 年资本主义世界发生空前严重的经济危机，使市场矛盾进一步尖锐化，使保护贸易政策发展到空前的规模。

在这样的背景下，各国为了垄断国内市场和争夺国外市场，先后走上了贸易保护主义的道路。1929—1933 年爆发了世界性的经济危机，所有发达国家都卷到保护贸易的浪潮之中。这个时期，各主要资本主义国家实行的保护贸易政策性质发生变化：成为帝国主义列强瓜分世界市场、划分势力范围和争夺世界霸权的工具；成为它们侵略、干涉、控制和掠夺经济不发达国家的工具；成为相互转嫁危机或向不发达国家转嫁危机的工具。这种政策具有明显的侵略性和扩张性，因而称之为侵略性的保护贸易政策或超保护贸易政策。

超保护贸易政策与一战前的保护贸易政策相比，具有以下特点：

(1) 保护的对象扩大了。它不仅保护幼稚工业，而且更多地保护国内高度发展或出现衰落的垄断工业。

(2) 保护的目的变了。超保护贸易不再是培养自由竞争的能力，而是巩固和加强对国内外市场的垄断。

(3) 由保护转为进攻。超保护贸易政策不再是防御性的限制进口，而是在垄断国内市场的基础上对国外市场进行进攻性的扩张。

(4) 保护的阶级利益从一般的工业资产阶级利益转向保护大垄断资产阶级的利益。

(5) 保护的措施多样化。不仅有关税措施，还采取其他各种非关税壁垒和奖出限入的措施。

(6) 主要资本主义国家组成货币集团，瓜分世界市场。1931 年，英国放弃了金本位，引起了统一的世界货币体系的瓦解，主要资本主义国家各自组成了排他性的相互对立的货币集团。

### (二) 超保护贸易政策的理论

#### 1. 超保护贸易政策理论的产生

超保护贸易理论是凯恩斯及其信奉者关于国际贸易观点与论述的综合，它试图把对外贸易和就业理论联系起来。凯恩斯 (John Maynard Keynes, 1881—1946) 是英国资产阶级经济学家，是凯恩斯主义的创始人，其代表作是《就业、利息和货币通论》，于 1936 年出版。

凯恩斯正视资本主义长期存在的失业和危机，他抛弃传统的经济理论，及时提出了一套以缓和资本主义经济危机和解决就业问题为目的，以有效需求不足为基础，以边际消费倾向、资本边际效率和灵活偏好三个心理规律为核心，以国家干预为政策目标的新学说。其国际贸易理论就是从该学说中引申出来的。凯恩斯对新经济理论中有关国际贸易的论点虽不多，但却颇有影响。

#### 2. 超保护贸易理论的主要观点

凯恩斯主义认为，古典学派的国际贸易理论只用“国际收支自动调节机制”证明了贸易顺差和逆差最终均衡的过程，忽略了这一机制在国际收支调节过程中对一国国民收入和就业水平可能带来的有利或不利的影响。

凯恩斯主义认为贸易顺差和逆差与一国经济盛衰有着极大的关系。贸易逆差，黄金外流引起物价下跌，将导致国内经济活动的收缩、经济危机的加深和国内就业量的缩减；一国贸易顺差可为一国带来黄金，扩大支付手段，一方面可以引起物价上涨，另一方面能压低利息率，两者都将刺激投资增长。

贸易顺差还能增加对外投资和对外经济扩张。

凯恩斯主义主张国家干预对外贸易。他认为在一个开放的社会里，对外贸易是社会有效需求的决定性因素之一。具体说，出口消费品和资本品等于增加本国的总需求，进口消费品和资本品则等于缩减了本国的有效需求。贸易顺差对扩大出口有效需求是有利的，政府应对国际贸易差额进行控制，实行“奖出限入”的保护政策。例如，用提高关税税率，扩大课税范围，设置各种非关税壁垒等保护主义措施，禁止或限制国外商品进口；对本国商品的出口，则采取补贴、退税、低息贷款、出口信贷担保等手段予以鼓励和支持。

3. 对外贸易乘数（Foreign Trade Multiplier）理论

对外贸易乘数理论是凯恩斯投资乘数在对外贸易方面的运用。为了证明增加新投资对就业和国民收入的好处，凯恩斯提出了投资乘数理论。

凯恩斯把反映投资增长和国民收入扩大之间的依存关系称为乘数或倍数理论，它的意思是说，新增加的投资引起对生产资料的需求增加，从而引起从事生产资料生产的人们的收入增加；他们收入的增加又引起对消费品需求的增加，从而又导致从事消费品生产的人们收入的增加。如此推演下去，结果由此增加的国民收入总量会等于原增加投资量的若干倍。凯恩斯认为，增加的倍数取决于“边际消费倾向”。如果“边际消费倾向”为0，就是说，人们将增加的收入全部用来储蓄，而一点也不消费，那时，国民收入就不会增加，如果“边际消费倾向”为1，即人们把增加的收入全部用于消费，一点也不储蓄，那时，国民收入增加的倍数将为1＋1＋1＋1……到无限大。如果“边际消费倾向”介于0与1之间，即人们将增加的收入以1/2或1/3或1/4用于消费，则国民收入增加的倍数将在1和无限之间（0＜倍数＜∞）。乘数K的计算方式是：

$$K=\frac{1}{1-\text{边际消费倾向}}$$

国民收入的增加量（$\triangle Y$）＝乘数（$K$）×投资的增加量（$\triangle I$）

在国内投资乘数理论的基础上，凯恩斯的追随者们引申出对外贸易乘数理论。他们认为，一国的出口和国内投资一样，有增加国民收入的作用；一国的进口，则与国内储蓄一样，有减少国民收入的作用；当商品劳务出口时，从国外得到货币收入，会使产品出口部门收入增加，消费也增加。它必然引起其他产业部门生产增加，就业增多，收入增加……如此反复下去，收入增加量为出口增加量的若干倍。当商品劳务进口时，必然向国外支付货币，于是收入减少，消费随之下降，与储蓄一样，成为国民收入中的漏洞。于是得出结论：只有当贸易为出超顺差时，对外贸易才能增加一国就业量，提高国民收入。此时，国民收入的增加量将为贸易顺差的若干倍。这就是对外贸易乘数理论的含义。

计算对外贸易顺差对国民收入的影响倍数公式为：

$$\triangle Y = [\triangle I + (\triangle X - \triangle M)] \cdot K$$

其中，$\triangle Y$ 代表国民收入的增加额，$\triangle I$ 代表投资的增加额，$\triangle X$ 代表出口的增加额，$\triangle M$ 代表进口增加额，$K$ 代表乘数。

在$\triangle I$ 与 $K$ 一定时，则贸易顺差越大，$\triangle Y$ 越大；反之，如贸易是逆差时，则$\triangle Y$ 要缩小。因此，一国越是扩大出口，减小进口，贸易顺差越大，对本国经济发展作用越大。由此，凯恩斯及其追随者的对外贸易乘数理论为超保护贸易政策提供了重要的理论根据。

4. 对凯恩斯主义的对外贸易乘数理论的评价

对外贸易乘数理论是代表当代垄断资本利益的理论，这个理论旨在通过奖出限入，增加对外贸易出超来解决国内经济停滞，摆脱周期性经济危机。但是，在资本主义制度下，要从根本上解决经济危机和就业问题是不可能的。

对外贸易乘数理论，在一定程度上分析了对外贸易与国民经济发展之间某些内在的相互依存关系，但其分析有局限性。

(1) 假定国内已经处在充分就业状态，这时出口继续增加意味着总需求的进一步增加，从而将出现过度需求，引起通货膨胀。这时，出口增加所引起的总需求增加与投资增加所引起的总需求增加有所不同。增加投资虽会引起通货膨胀，但过一段时期以后，将会形成新的生产能力，供给将增加，从而在一定程度上抵消过度需求。但是，出口所形成的过度需求本身并不能形成生产能力，只会引起通货膨胀。因此，在国内充分就业时，如果扩大出口，就应相应地增加进口，以避免出现因过度需求引起的通货膨胀。

(2) 从世界市场的角度出发，假定其他一切条件不变，这时，除非降低出口商品的价格，否则出口无法继续增加。但是如果降低出口商品的价格，那么私人企业会因利润率的下降而不愿扩大产量。所以，对外贸易乘数的作用只有在世界总进口值增加的条件下才能发生作用。这就是说，只有世界总进口值增加了，一国才能连续扩大出口，并通过出口来增加本国国民收入和国内就业。

(3) 不可否认，对外贸易顺差在一定条件下可以增加国民收入与就业，但如果为了追求贸易顺差，不加节制地实行“奖出限入”政策，势必导致关税、非关税壁垒盛行，使贸易障碍增加，发生各种贸易战，从而阻碍整个国际贸易的发展。

## 四、新贸易保护主义

20 世纪 70 年代中期以后，在国际贸易自由化的总趋势下，贸易保护主义重新抬头，出现了新贸易保护主义。

### （一）新贸易保护主义的主要特点

(1) 被保护的商品不断增加。被保护的商品从传统产品、农产品转向高级工业品和劳务部门。1977 年欧洲经济共同体对钢铁进口实行限制。1978 年，美国对进口钢铁采取“启动价格”。从 1977 年到 1979 年，美国、法国、意大利和英国限制彩电进口。进入 80 年代以来，美国对日本汽车实行进口限制，迫使日本实行汽车的“自愿出口限额”。此外，加强了劳务上的保护主义，如签证申请、投资条例、限制收入汇回等等。

(2) 限制进口措施的重点从关税壁垒转向非关税壁垒。战后以来，随着贸易自由化的进展，特别是经过世界贸易组织（原关贸总协定）主持下的多次多边贸易谈判，各国的关税水平下降到历史最低点。自 20 世纪 70 年代初资本主义世界经济危机以来，发达国家竞相采取非关税壁垒来限制进口，并将其作为限制进口的主要手段，以抵制关税下降所造成的不利影响。

(3)“奖出限入”措施的重点从限制进口转向鼓励出口。采用非关税壁垒措施限制进口，不仅满足不了扩大国外市场的需求，而且也容易受到其他国家的报复。因此，许多发达国家把“奖出限入”措施的重点从限制进口转向鼓励出口，并加强了从财政、组织和精神上促进出口的措施。

(4) 贸易保护制度日益系统化。战后，随着国家垄断资本主义的加强，发达资本主义国家加强了管理贸易。管理贸易是以国内贸易法规、法令和国际贸易条约与协定来约束贸易行为。管理贸易可分为国家管理贸易和国际管理贸易两种形式：国家管理贸易是一国政府针对本国对外贸易情况，通过新建成或改组对外贸易行政机构，颁布和执行贸易法规和条例，直接干预本国对外贸易，加强对外贸易管理，从而使管理合法化和系统化；国际管理贸易是几个国家之间通过建立和完善国际经济组织以及签订多边国际经济和贸易条约与协定等，协调彼此之间的国际经济贸易关系，共同遵循达成的国际经济贸易法律准则，在一定程度上加强国际贸易管理。

### （二）新贸易保护主义不断加强的原因

新贸易保护主义的出现与加强有着深厚的经济和政治根源。

(1) 20 世纪 80 年代以来，主要工业发达国家经济都处于低速发展状态，失业率较高。工业发达国家国民生产总值的年平均增长率，除个别年份，均处于低速增长，低于 1968—1977 年的 3.5%；而失业率却远远高于 1968—1977 年的 3.7%。

（2）工业发达国家的对外贸易发展不平衡，美国贸易逆差直线上升，美国成为新贸易保护主义的主要发源地。

（3）国际货币关系的失调。汇率长期失调影响了国际贸易的正常发展，带来了巨大的贸易保护压力。首先，浮动汇率迫使贸易商购买期货和“海琴”来保值，增加交易成本，又引起价格、投资效益和竞争地位的变化。其次，汇率的过高与过低均易给贸易保护主义带来压力。

（4）政治上的需要。高失业率、工会力量的加强、党派的斗争和维护政府形象的需要，大大加强了贸易保护主义的压力。如美国贸易保护主义的最大压力来自纺织工业部门。

（5）贸易政策的相互影响。随着世界经济相互依赖的加强，贸易政策的连锁反应也更敏感。美国采取了许多贸易保护措施，它反过来又遭到其他国家的报复，使得新贸易保护主义蔓延与扩张。

随着关贸总协定“乌拉圭回合”的结束，世界贸易组织的成立及其最后文件的生效与执行，新贸易保护主义受到抑制。

### （三）新贸易保护主义的影响

（1）保护的程度不断提高。在整个发达国家制成品的消费中，受限制商品从 1980 年的 20%提高到 1983 年的 30%。

（2）贸易限制推动价格上涨。歧视性的数量限制使被保护市场产生了价格提高的压力。首先，受限制最多的是那些成本低的国家和地区。其次，进口商品价格的提高成为同类产品生产厂商的主要“价格保护伞”。

（3）保护措施扭曲了贸易流向。数量限制影响了产品贸易的性质，改变了进口的地理方向。同时，为了打破出口数量的限制，出口国家努力在受限制的商品中扩大市场，从而扩大了数量固定下的贸易额。

（4）进口限制未能有效地维持就业。从实践看，进口限制对保护部门就业的作用有限。首先，即使是面向国际竞争激烈的产业，贸易对就业水平只起次要作用；其次，由于贸易转向，歧视性的限制对整个进口量仅有一定的限制作用。因此，以进口限制保护国内就业的程度，没有改善宏观经济环境带来的比重大。

（5）新贸易保护主义使发达国家付出了巨大代价。以农产品为例，发达国家对农业生产的支持和贸易政策，不仅限制了外国供应者，扭转了贸易流向，而且造成了诸如糖、肉类、谷物、奶制品等产品的大量剩余。为了削弱日益增加的储存成本，防止变质和浪费，发达国家采取了进口价格补贴，进行销售援助，按加工程度提高农产品进口壁垒，为此，发达国家付出了巨大代价。美国、日本和欧共体在农业援助方案和出口补贴方面共支付了420亿美元。

(6) 新贸易保护主义伤害了发展中国家和社会主义国家。首先，它们受到的非关税壁垒的影响程度超过发达国家。其次，贸易保护主义加重了发展中国家的债务负担。

## 第三节　自由贸易政策与理论

### 一、自由贸易政策的兴起

自由贸易政策在历史上多为经济强盛国家所采用，英国最早实行。18世纪后半期，英国开始进入产业革命，大机器工业逐渐代替了工场手工业，资本主义的现代工厂制度出现，生产力和经济迅速发展，竞争力大大加强。19世纪英国成为最强的工业国家，在国际经济中处于绝对优势地位，而其他落后国家则成为其原料供应地和商品销售市场。英国的地位被形容为“世界工厂”，马克思称其“是农业世界伟大的中心，是工业太阳，日益增多的生产谷物和棉花的卫星都围着它运转”。在英国“世界工厂”地位确立的状况下，它的商品已经不怕外国竞争，重商主义的保护贸易政策便成为英国经济发展和英国工业资产阶级对外扩张的严重阻碍。因此，英国新兴工业资产阶级要求废除以往的保护贸易政策，主张在世界市场上实行无限制的自由竞争和自由贸易政策。他们的主要理由是：第一，英国工业革命的发展与深化，必须从其他国家取得廉价工业原料和粮食，所以反对各种限制进口的保护措施；第二，英国最早完成工业革命，其产品具有强大的国际竞争力，不怕其他国家商品的竞争，自由贸易对其更为有利。

19世纪20年代，以伦敦和曼彻斯特为基地的英国工业资产阶级开展了一场大规模的自由贸易运动。运动的中心内容是废除谷物法。工业资产阶级经过不断的斗争，最后终于战胜了地主、贵族阶级，使自由贸易政策逐步取得胜利。它表现在：废除谷物法；关税大幅度降低；废除禁止出口的法令；废除航海法；取消特权公司；对殖民地的贸易不再垄断。

20 世纪 30 年代，英国因竞争能力下降，放弃了自由贸易政策。第二次世界大战后，随着世界经济重建与发展，尤其是国际分工的深化发展与国际资本移动的加强，在关税与贸易总协定主持下，出现了贸易自由化。

## 二、自由贸易政策理论的要点

18 世纪以来，随着英国和西欧各国资本主义的发展，重商主义的保护贸易政策已不能适应这些国家的经济与对外贸易发展的需要，于是，一些资产阶级思想家开始尝试从理论上说明自由贸易对经济发展的好处，由此产生了自由贸易理论。自由贸易理论起始于 18 世纪后半叶法国的重农主义，完成于古典派政治经济学，后来得到不断的丰富。自由贸易理论的要点如下：

(1) 自由贸易政策可以形成互相有利的国际分工。在自由贸易下，各国可以按照绝对利益（亚当·斯密）、比较利益（大卫·李嘉图）和要素丰缺（俄林）状况，专心生产其最有利和有利较大或不利较小的产品，促成各国的专业化。这种国际分工可以带来下列利益：第一，分工与专业化，可以增进各国各专业的特殊生产技能；第二，使生产要素（土地、劳动力与资本）得到最优化的配合；第三，可以节省社会劳动时间；第四，可以促进发明。故分工范围愈广、市场越大、生产要素配置越合理，获取的利益越多。

(2) 扩大国民真实收入。此论点由国际分工理论推演而来。自由贸易理论认为，在自由贸易环境下，每个国家都根据自己的条件发展最擅长于生产的部门，劳动力和资本就会得到正确的分配和运用。再通过贸易以较少的花费换回较多的东西，就能增加国民财富。

(3) 在自由贸易条件下，可进口廉价商品，减少国民消费开支。

(4) 自由贸易可以阻止垄断，加强竞争，提高经济效益。独占或垄断对国民经济发展不利。其原因是：独占或垄断会抬高物价，使被保护的企业不求改进，生产效率降低，长期独占或垄断会造成落后，削弱竞争能力。

(5) 自由贸易有利于提高利润率，促进资本积累。李嘉图认为，随着社会的发展，工人的名义工资会不断上涨，从而引起利润率的降低。他认为，要避免这种情况，并维持资本积累和工业扩张的可能性，唯一的办法就是自由贸易。他写道："如果由于对外贸易的扩张，或由于机器的改良，劳动者的食物和必需品能按降低的价格送上市场，利润就会提高。"

## 三、第二次世界大战后贸易自由化的主要表现

第二次世界大战后，随着资本主义世界经济的恢复和迅速发展，从 20 世

纪 50 年代到 70 年代初，发达资本主义国家的对外贸易政策中出现了贸易自由化。

（一）贸易自由化的主要表现

(1) 在关税与贸易总协定成员范围内大幅度地降低关税。从 1947 年以来，在关税与贸易总协定的主持下，举行了八轮多边贸易谈判。发达国各缔约方的平均进口最惠国待遇税率已从 50%左右下降到 5%左右。

(2) 经济地区贸易集团内部推行贸易自由化措施。如欧共体实行关税内盟，对内取消关税，对外通过谈判，达成关税减让的协议，导致关税大幅度下降。

(3) 通过普遍优惠制的实施，发达国家对来自发展中国家和地区的制成品和半制成品给予普遍的非歧视和非互惠的关税优惠。这是 1968 年在联合国贸易与发展会议第二届会议上通过普遍优惠制决议后实施的。

(4) 区域性经济贸易集团（如欧共体）给予发展中国家或其他有关国家优惠关税待遇。欧共体国家通过签订优惠贸易协定的方式，与欧洲自由贸易联盟诸国，非洲、加勒比海和太平洋地区的发展中国家（简称非加太国家）。地中海沿岸的一些国家，阿拉伯国家及东南亚国家联盟等削减双边贸易关税，如与非加太国家签订的《洛美协定》。

(5) 发达国家在不同程度上降低或撤销了非关税壁垒。第二次世界大战后初期，发达国家对许多商品实行严格的进口限制。随着经济的恢复和发展，发达资本主义国家放宽了进口数量限制，逐步放宽或取消外汇管制，实行货币自由兑换，促进贸易自由化的发展。

（二）贸易自由化的主要特点

(1) 二战后，美国成为资本主义世界强大的经济和贸易国家。为了进行对外经济扩张，美国积极主张削减关税，取消数量限制，成为贸易自由的积极推行者。

(2) 战后贸易自由化的经济基础十分雄厚。二战后，除去美国对外扩张，还有更重要的原因，如生产和资本的国际化、国际分工的纵深发展，西欧和日本经济的迅速恢复发展，跨国公司的大量出现等。它们反映了世界经济和生产力发展的内在要求。

(3) 战后贸易自由化是在国家垄断资本主义日益加强的条件下发展起来的，主要反映了垄断资本的利益。

(4) 各种国际组织起了主要作用。战后贸易自由化是通过 1947 年关税与贸易总协定和世界贸易组织在世界范围内进行的。此外，区域性关税同盟、自由贸易区、共同市场等地区性经济合作，也促进了贸易自由化的发展。

（5）各类型国家、贸易集团和各类商品贸易自由化的发展不平衡。①发达资本主义国家之间贸易自由化超过它们对发展中国家和社会主义国家的贸易自由化。②区域性经济集团内部的贸易自由化超过集团对外的贸易自由化。③商品上的贸易自由化范围也不一致。表现在：工业制成品上的贸易自由化超过农产品的贸易自由化；机器设备的贸易自由化超过工业消费品的贸易自由化等。

（6）战后贸易自由化促进了世界经济的高速发展。

### 四、对自由贸易政策和理论的评价

（1）自由贸易政策促进了英国经济和对外贸易的迅速发展，使英国经济跃居世界首位。1870 年，英国在世界工业生产中所占的比重为 32%，其煤、铁产量和棉花消费量，都各占世界总产量的一半左右。英国在世界贸易总额中的比重上升到近 1/4，几乎相当于法、德、美各国的总和，它拥有的商船吨位居世界第一位，约为荷、美、法、德、俄各国商船吨位的总和。伦敦成了国际金融中心，世界各国的公债和公司证券都送到这里来推销。

（2）自由贸易理论为自由贸易政策制造了舆论，成为论证自由贸易政策的有力武器。

（3）自由贸易理论存在以下问题：①自由贸易论者以各种利益掩盖英国资本自由对外扩张的实质。②李嘉图的所谓自由贸易能引起各国普享其利的国际分工，也掩盖了以英国为中心的国际分工形成和发展的实际状况。

## 关键名词

重商主义　保护幼稚工业贸易政策　凯恩斯主义　生产要素禀赋论

相互需求论　自由贸易政策　新贸易保护主义

## 复习思考题

1. 贸易政策包括哪些部分？
2. 重商主义对外贸易学说的理论观点和政策主张是什么？
3. 自由贸易政策的理论基础是什么？
4. 什么是对外贸易乘数理论？从何演变而来？
5. 20 世纪中期，贸易自山化有哪些主要表现？
6. 新贸易保护主义的主要特点是什么？

7. 你认为经济发展水平不同的国家是如何从国际贸易中获益的？

## 技能训练

1. 中国服装业利用海湾地区各国政策的差别开拓海湾市场

海湾地区在政治、经济、文化、商业等方面都有很多共同特点，因此可以把这一地区视为一个整体市场—海湾市场。它具有以下特点：

(1) 政治：以君主立宪为政体，且有浓厚的宗教色彩；

(2) 经济：以石油为主的单一经济。石油给这一地区带来了巨大的财富，单一经济模式使这一地区的吃、穿、用几乎全依赖进口。这一地区人口虽然不多，但购买力极强，阿拉伯长袍作为其民族服装，有着可观的市场；

(3) 商业：经营商业已成为海湾地区人们的主要经济活动，特别是该地区关税较低，一般只有4%。根据这一市场环境，中国纺织品企业不仅设计生产了阿拉伯人日常生活中所穿的便服，还设计生产了人们参加各种社交活动的礼服，又选择了商业信誉好的阿尔玛柯为代理商，利用其关税低的政策，以价廉物美的优势，占领并几乎垄断了海湾地区的“阿袍”市场。

思考：

(1) 贸易政策的差别是中国“阿袍”占领海湾市场的唯一因素吗？

(2) 调查并分析相关“阿袍”的国际贸易情况。

2. 以下是假设的各国粮食生产的投入产出情况（假设劳动是唯一的投入）

| 产品 | 大米 | 大米 | 小麦 | 小麦 |
| --- | --- | --- | --- | --- |
| 国家/投入产出 | 劳动投入 | 总产量/t | 劳动投入 | 总产量/t |
| 美国 | 10 | 120 | 10 | 150 |
| 中国 | 40 | 200 | 100 | 400 |
| 日本 | 10 | 50 | 10 | 20 |
| 泰国 | 40 | 100 | 5 | 10 |

(1) 哪一国拥有生产大米的绝对优势？哪一国最有生产大米的比较优势？

(2) 如果日本和美国进行粮食贸易，美国应该进口什么？出口什么？

3. 假设中国有100单位的资本，100单位的劳动；墨西哥有50单位的资本，40单位的劳动。又假设中墨两国只生产两种产品：钢铁和粮食。生产1t钢铁要用8单位资本和2单位劳动，而生产1t粮食要用2单位资本和1单位劳动。

(1) 根据H—O理论，如果两国发生贸易，中国应向墨西哥出口什么？并从墨西哥进口什么？

(2) 对墨西哥的资本拥有者和劳动拥有者来说，谁会更支持与中国的这种贸易？

(3) 由于大量的外来资本，使得中国的资本在短期内增长了1倍，那么，在国际价格不变的情况下，中国资本的增长会对中国粮食与钢铁产生什么影响？

# 第六章 关税措施

**学习目标**

通过本章学习，掌握关税概念、特点和作用、主要种类以及对国际贸易的影响，熟悉各种关税的主要内容、关税保护程度的确定以及我国现行的关税政策，能运用所学关税知识分析当今世界各国的关税政策。

**重点难点**

1. 关税的特点和作用
2. 反补贴税和反倾销税
3. 关税的保护程度

关税措施是最传统的贸易措施，从资本主义生产方式建立后到二战前，它一直是各国最主要的国际贸易措施。二战后，关税措施在国际贸易措施中的地位有所下降，但它仍然是市场经济条件下各国政府保护国内产业、调节对外经济关系的有效手段，而且是世界贸易组织允许的唯一合法的保护手段。

关税措施是贯彻一国贸易政策的基本措施。关税具有强制性、无偿性和预定性，这是它同其他税收的共同特征，关税又具有区别于其他国内税收的特征。关税征收的对象是进出口货物，其执行机构是海关，海关征税的依据是关税税则。关税还是当今各国保护贸易的重要措施。

## 第一节 关税概述

### 一、关税与海关

#### （一）关税概念

关税（Customs Duties；Tariff）是进出口商品经过一国关境时，由政府所设置的海关向进出口商所征收的一种税收。早在欧洲古希腊时代，就有征收关税的事出现。在封建时期，由于各国国内封建割据，关卡林立，征收内地关税，不仅使国内的商品生产和商品流通受到严重的束缚，而且还影响了对外贸易的发展。到了资本主义时期，一些国家确立了资本主义生产方式的统治后，资产阶级政府才废除了封建割据所形成的内地关税，实行统一的国境关税，即进出口货物统一在一国边境上一次征收关税，从而形成了近代的关税制度。

（二）海关与关境

海关是国家设立在关境上的国家行政管理机构，其职责是依照国家法令，对进出口货物、货币、金银、行李、邮件、运输工具等进行监督管理，征收关税，查禁走私，临时保管通关货物和编制进出口统计等。关境（Customs Territory），又称税境或关境域，是指海关法适用的领域。关境是一个国家的关税法令完全实施的境域。一般说来，关境与国境（Border）应是一致的，但有时又不一致，若国家境内设立经济特区，经济特区不属于关境范围之内，这时，关境就比国境小。若国家与邻国之间划出一个地带为海关监管区，这个区域可以在国境内，也可以在国境外，在境外的就要比国境大；若国家相互间缔结关税同盟，参加关税同盟国家的领土连成了一片，在整个关税同盟的国境范围内设立关境，这时的关境就比国境大，比如欧盟。

## 二、关税特点

关税和其他税收一样，是对国民收入分配和再分配的一种形式，是国家取得财政收入的一种手段。因此，关税与其他税赋一样，具有强制性、无偿性和预定性。强制性是指海关凭借国家权利依法征收，纳税人必须无条件服从；无偿性是指关税中海关代表国家单方面从纳税人方面征取，而国家不需要给予任何补偿；预定性是指关税由海关根据预先规定的法律与规章加以征收，海关与纳税人双方都不得变动。关税作为独特的税种，除了具有以上一般税收的特点之外，还具有以下特点：

（一）以进出关境的货物和物品为征税对象

关税的征税对象是进出关境的货物和物品。属于贸易性进出口的商品称为货物；属于入境旅客携带的、个人邮递的、运输工具服务人员携带的，以及用其他方式进口个人自用的非贸易性商品称为物品。关税不同于因商品交换或提供劳务取得收入而课征的流转税，也不同于因取得所得或拥有财产而课征的所得税或财产税，而是对特定货物和物品途经海关通道进出口而征的税。

（二）关税具有涉外统一性，执行统一的对外经济政策

关税是一个国家的重要税种。国家征收关税不单纯是为了满足政府财政上的需要，更重要的是利用关税来贯彻执行统一的对外经济政策，实现国家的政治经济目的。关税措施体现一国对外贸易政策，关税税则的制定、税率的分类和高低，直接影响到国际贸易的开展。随着世界经济一体化的发展，世界各国的经济联系越来越密切，贸易关系不仅反映各国间简单的经济关系，而且成为一种政治关系。这样关税政策、关税措施也往往和经济政策、外交政策紧密相关，具有涉外性。在我国现阶段，关税被用来争取实现平等互利的对外贸易，保护并促进国内工农业生产发展，为社会主义市场经济服务。

（三）关税是由海关机构代表国家征收的

关税由海关总署及所属机构具体管理和征收，征收关税是海关工作的一个重要组成部分。《中华人民共和国海关法》规定："中华人民共和国海关是国家的进出关境监督管理机关，海关依照本法和其他有关法律、法规，监督进出境的运输工具、货物、行李物品，征收关税和其他税费，查缉走私，并编制海关统计和其他海关业务。监督管理、征收关税和查缉走私是当前我国海关的三项基本任务。"

（四）关税是一种间接税

关税主要是针对进口商品征税，其税赋可以由进口商垫付，然后把它作为成本的一部分加在货价上，在货物出售后可收回这笔垫款。因此，关税最后转嫁给买方或消费者承担。

## 三、关税的作用

征收关税的作用主要有四个方面：一是增加本国的财政收入；二是保护本国的产业和国内市场；三是调节进出口货物结构；四是维护国家主权和经济利益。

（一）增加财政收入

关税是海关代表国家行使征税权，因此关税的收入是国家财政收入的来源之一。随着社会经济的发展，财政关税的意义已大为降低，由于其他税源的增加，关税收入在国家财政收入中的比重已经相对下降。另一方面，关税已被世界各国普遍作为限制外国货物进口、保护国内产业和国内市场的一种手段加以使用。

从世界大多数国家尤其是发达国家的税制结构分析，关税收入在整个财政收入中的比重不大，并呈下降趋势。但是，一些发展中国家，其中主要是

那些国内工业不发达、工商税源有限、国民经济主要依赖于某种或某几种初级资源产品出口，以及国内许多消费品主要依赖于进口的国家，征收进出口关税仍然是他们取得财政收入的重要渠道之一。我国关税收入是财政收入的重要组成部分，新中国成立以来，关税为经济建设提供了可观的财政资金。目前，发挥关税在筹集建设资金方面的作用，仍然是我国关税政策的一项重要内容。

（二）保护国内产业与市场

关税限制了外国货物的进入，尤其是高关税可以大大减少有关货物的进口数量，削弱以至消除进口产品的不利竞争，从而达到保护国内同类产业或相关产业的生产与市场。

一个国家采取什么样的关税政策，实行自由贸易还是采用保护关税政策，是由该国的经济发展水平、产业结构状况、国际贸易收支状况以及参与国际经济竞争的能力等多种因素决定的。国际上许多发展经济学家认为，自由贸易政策不适合发展中国家的情况。相反，这些国家为了顺利地发展民族经济，实现工业化，必须实行保护关税政策。我国作为发展中国家，一直十分重视利用关税保护本国“幼稚工业”，促进进口替代工业发展，关税在保护和促进本国工农业生产的发展方面发挥了重要作用。

（三）调节进出口货物结构

关税是国家的重要经济杠杆，通过税率的高低和关税的减免，可以影响进出口规模，调节国民经济活动。如可以通过调高某项产品的进口税和出口税，调节进口产品和出口产品生产企业的利润水平，有意识地引导各类产品的生产，调节进出口商品数量和结构，从而促进国内市场商品的供需平衡，保护国内市场的物价稳定等等。

（四）维护国家主权和经济利益

对进出口货物征收关税，表面上看似乎只是一个与对外贸易相联系的税收问题，其实，一国采取什么样的关税政策，直接关系到国与国之间的主权和经济利益。历史发展到今天，关税已成为各国政府维护本国政治、经济权益，乃至进行国际经济斗争的一个重要武器。我国根据平等互利和对等原则，通过关税复式税则等方式的运用，争取国际间的关税互惠，并反对他国对我国进行关税歧视，促进对外经济技术交往，扩大对外经济合作。

## 第二节　关税的主要种类

关税的种类繁多，按照不同的标准，主要可以分为以下几类：

### 一、按照征收的对象或商品的流向分类

（一）进口税（Import Duties）

进口税是指外国商品进入一国关境时，由该国海关根据海关税则对本国进口商征收的一种关税。进口税在外国商品直接进入关境时征收，或者外国商品从自由港、自由贸易区保税仓库等提出运往进口国的国内市场销售，在办理海关手续时征收。进口税一般由进口商交纳。

进口税一般分为最惠国税和普通税两种。最惠国税适用于与该国签订有最惠国待遇条款的贸易条约与协定的国家或地区所进口的货物。所谓最惠国待遇（Most-Favored Nation Treatment，MFNT），是指缔约国各方实行互惠，凡缔约国一方现在和将来给予任何第三方的一切特权、优惠和豁免，也同样给予对方。最惠国待遇的内容很广，但主要是关税待遇。最惠国税率是互惠的，且比普通税率低，有时甚至差别很大。例如，美国对进口玩具征税的普通税率为70%，而最惠国税率仅为6.8%。由于世界上大多数国家都加入了签订有多边最惠国待遇条约的关贸总协定（现由世界贸易组织继承其协定），或者通过个别谈判签订了双边最惠国待遇条约（如中美之间），因而这种关税税率实际上已成为正常的关税税率。普通税适用于未与该国订有最惠国待遇条约与协定，又不享受该国提供的优惠关税的国家。普通税率与最惠国税率差幅很大。普通税率是一国税率中的最高税率，一般比优惠税率高1～5倍，少数商品甚至高达10倍、20倍，目前，仅有个别国家对极少数（一般是未建交）国家的出口商品实行这种税率，大多数只是将其作为优惠税率减税的基础。因此，普通税率并不是普遍实施的税率。

通常所说的关税壁垒，实际上就是指对进口商品征收高额进口关税，以此提高它的成本，削弱其竞争能力。高额进口关税就像一堵高墙，把进口商品堵在一国关境之外，起到保护国内生产和国内市场的作用。一般说来，发达国家对原料所征收的进口税率最低甚至免税，半制成品的进口税率较高，工业制成品的税率最高。这种税率结构称为关税升级。其目的在于保护本国工业制成品在国内市场上的垄断地位。发展中国家对进口国内紧缺而又急需

的生活必需品和机器设备予以免税或低关税，而对国内能大量生产的商品或奢侈品则征收高关税。至于各类进口商品的进口税率为多少，要根据进口国本身的经济状况和对该进口商品的需求程度来确定。同时，由于各国之间政治、经济关系不同，对来自不同国家的同一种进口商品可实行不同税率。

（二）出口税（Export Duties）

出口税是出口国的海关在本国产品输往国外时，对本国出口商所征收的关税。征收出口税会提高本国货物在国外市场的销售价格，降低竞争能力，不利于扩大出口，因此目前很少有国家征收出口税。征收出口税的国家主要是发展中国家。征收出口税的目的一般有如下几个方面：

1. 增加本国的财政收入

有些国家（如拉丁美洲及非洲的一些国家）因国内财源不足，征收出口税以增加其国内财政收入。作为出口课税对象的商品，一般是本国资源丰富、出口量较大的商品，或者在世界市场上有独占性的出口商品。对这些商品征税，既不会过多地影响其在国外的销售量，又可以达到增加财政收入的目的。但出口税率不宜过高，否则，势必导致出口量的下降，缩小了财源，反而达不到多征税的目的。

2. 限制本国某些产品或自然资源的输出

通过征收出口税，限制本国某些产品或自然资源的输出，可能有多种原因：由于军事的原因，保存本国的战略物资不为敌对国家所用；由于经济的原因，保证本国市场供应，减少物资外流，防止资源短缺；或者利用关税调节出口量，以便在国际市场上争取有利的价格。例如，我国对钨矿砂、铅矿砂、锌矿砂、锡矿砂、钽矿砂、铜、铝、鳗鱼苗、蚕丝等征收出口税就是基于上述经济原因。

3. 作为政治或经济斗争的武器

例如，1975 年 1 月，几内亚政府对铝矾土及其副产品征收出口特别税，以反对跨国公司在几内亚低价购买这些产品。

综上所述，以增加财政收入而征收的出口税，它的税率一般不高，因为在世界市场激烈竞争下，出口税的征收往往会影响本国商品的出口。以保护本国生产为目的的出口税，通常是对于出口的原材料征税，其目的在于保护本国生产上的需要，增加国外产品的生产成本，以加强本国产品的竞争能力；或是以出口税为武器，反对跨国公司在当地低价收购初级产品，以保证国内市场的供应为目的的出口税；除了对某些出口原料征收外，还对某些本国生产不足而需要量较大的生活必需品征收，以抑制价格上涨。

(三) 过境税 (Transit Duties)

过境税又称“通过税”或“转口税”，是一国海关对通过其关境再转运第三国的外国货物所征收的关税。其目的主要是增加国家的财政收入。在资本原始积累时期，这种关税普遍流行于欧洲各国。19世纪后半期，由于交通运输业的发展，各国在货物方面发生了激烈的竞争。同时，过境货物对本国生产和市场没有影响，所征税率很低，财政意义不大。因此，各国相继废止过境税。1850年以后，在巴塞罗那签订的《自由过境公约》便包括有废除一切过境税的条款。二次世界大战后，大多数国家都不征过境税，仅仅在外国商品通过其领土时征收少量的准许费、印花费、登记费、统计费等。现在仍旧征收过境税的只有伊朗、委内瑞拉等少数几个国家。

## 二、按照征收关税的目的分类

(一) 财政关税 (Revenue Tariff)

财政关税又称收入关税，是指以增加国家的财政收入为主要目的而征收的关税。为了达到增加财政收入的目的，对于进口货物征收财政关税时，必须具备三个条件：①征税的进口货物必须是国内不能生产或无代用品而必须从国外进口的货物；②征税的进口货物，在国内必须有大量消费；③关税税率要适中或较低，税率过高，将阻碍进口，达不到增加财政收入的目的。

征收关税的最初目的主要是为了获得财政收入。财政关税在资本主义发展初期占有重要位置。由于当时经济不够发达，其他税源有限，财政关税便成为一国财政收入的重要组成部分。以美国为例，1805年美国联邦政府的财政收入中，关税收入约占90%～95%。随着资本主义经济的发展，发达国家的财政收入改为以直接税为主，关税作为财政收入的作用逐渐减弱。目前发达国家的关税仅占其财政收入的2%～3%。然而就发展中国家而言，由于国内经济不够发达，关税收入仍然是国家财政收入的13%左右，我国也达到了5%。财政关税的税率视国库的需要和影响贸易的数量而定，如果税率过高将减少或阻碍进口，反而达不到增加财政收入的目的。财政关税的征收对象也应是进口数量多、消费量大、税赋力强的商品，如烟、酒、茶、咖啡等，而不应是本国生活必需品和生产必需品，这样才能既有稳定税源，又不影响国内生产和人民生活。

(二) 保护关税 (Protective Tariff)

保护关税是指以保护本国工业或农业发展为主要目的而征收的关税，保护关税税率要高，越高越能达到保护之目的。有时税率高达100%以上，等于禁止进口，成为禁止关税。

保护关税的一个重要的问题是税率的确定，税率越高，越能保护本国生产和本国市场。保护关税可以通过提高税率来加重进口商品的成本负担，削弱其竞争力，从而限制外国商品进口和保护国内同类商品生产。另外，保护关税还可以通过调整关税税率的高低来控制进口商品的数量，以此调节国内价格，保证国内市场供求平衡，从而达到保护国内市场的目的。于是，在资本主义生产方式发展后，各资本主义国家为了保护本国的生产，纷纷使用保护关税作为自由竞争的防卫手段，保护本国的幼稚工业和竞争中的敏感商品。到了20世纪30年代大危机时，各国为了转嫁危机，竞相提高税率，使用了超保护关税。其税率之高超过了一般保护程度，保护对象也变成本国的成熟工业和衰退工业或垄断资本需要大量进口的商品，以保护其既得利益。一时间关税战狼烟四起，严重阻碍了国际贸易的发展。

### 三、按照差别待遇和特定的实施情况分类

#### （一）进口附加税（Import Surtaxes）

进口附加税是进口国海关对进口的外国商品在征收一般进口税外，还出于某种特定目的而额外加征的关税。进口附加税通常是一种特定的临时性措施。其目的主要有：应付国际收支危机，维持进出口平衡；防止国外货物低价倾销；对国外某个国家实行歧视或报复等。因此，进口附加税又称特别关税。

进口附加税是限制商品进口的重要手段，在特定时期有较大的作用。例如，1971年，美国出现了自1893年以来的首次贸易逆差，国际收支恶化，为了应付国际收支危机，维持进出口平衡，美国总统尼克松宣布自1971年8月15日起实行新经济政策，对外国商品的进口在征收一般进口税的基础上再加征10%的进口附加税，以限制进口。在1980年后的一段时间里，我国海关对汽车等高档消费品以及违反“统一归口、联合对外”规定引进的设备所征收的进口调节税，也是属于进口附加税。

进口附加税有时是对所有国家的商品征收。进口国除了对所有商品征收这种附加税以外，有时还针对个别商品征收进口附加税，以限制特定商品的进口。这种进口附加税主要有反补贴税和反倾销税两种。

1. 反补贴税（Anti-subsidy Duty）

反补贴税又称抵消税或补偿税。它是对于直接或间接接受任何奖金或补贴的外国货物进口所征收的一种进口附加税。征收反补贴税的目的在于增加

进口商品的成本，抵消进口商品所享受的补贴金额，削弱其竞争能力，使进口国家的同类商品能与之在市场上公平竞争，从而保护进口国的国内生产和市场。凡进口商品在生产、制造、加工、买卖、输出过程中所接受的直接或间接的补贴都构成征收反补贴税的理由。反补贴的税额一般应按接受补贴的水平征收。但目前各国的做法都或多或少超出这一水平。

(1) 补贴概念。世界贸易组织对于补贴概念作了规定，它包括三层含义：一是财政资助；二是由于某一成员国的领土范围内的政府或任何公共机构提供；三是由此而给予某种优惠。

按照世界贸易组织的反补贴协议，只有采取“财政资助”形式的措施或存在《1994年关贸总协定》第十六条所定义的价格支持，才构成补贴。协议还明确规定了一个相当于财政资助的措施类型的清单。这些措施包括直接资本转移（如赠与、贷款和资产投入）、潜在的资金或债务直接转移（如贷款担保）。财政资助还存在于下列情况：政府应征收的税款的豁免或未予征收（如税款赊欠之类的财政鼓励）；或者政府不是提供一般基础设施而是提供商品或服务，或收购产品或者政府委托或指示私人机构行使上述职能。

(2) 补贴的种类。世界贸易组织《补贴与反补贴协议》把补贴分为三类。一类是禁止使用的补贴。指在法律上或事实上仅向出口活动，或作为多种条件之一而向出口活动提供的有条件的补贴。第二类是可申诉的补贴。指在一定范围内允许实施，但如果在实施过程中对其他成员的经济贸易利益造成了严重损害，或产生了严重的歧视影响时，则受到损害和歧视影响的成员可对其补贴措施提出申诉。第三类是不可申诉的补贴。指补贴不具专向性，专向性指向特定行业或行业的部分提供的补贴。具体而言，不可申诉的补贴包括：对企业所进行的，或在企业合同基础上对高等教育或研究机构进行的研究活动的资助；对成员领土内落后地区，按地区发展的一般规划和适宜地区的非专向性资助；对依法律和规章，按照新的环境要素促进现有设备改造，对企业造成更大困难和财务负担给予的资助。

(3) 反补贴措施。反补贴措施主要有三类：

一是临时措施。如果反补贴调查当局初步肯定存在补贴，且对进口成员国国内产业造成实质性损害或严重威胁，为防止在调查期间继续造成损害，可采取临时措施。临时措施可采用临时反补贴税的形式，临时反补贴由初步确定的补贴额所交的现金或债券来担保。临时措施不得早于自发起调查之日以后的60天。实施临时措施应限定在尽量短的时期内，不得超过4个月。

二是补救承诺。如果在反补贴调查期间，出现下属情况，反倾销调查可停止或中止。第一，出口成员方政府同意取消补贴，或采取其他措施。第二，出口商同意修正其价格，使调查当局满意地认为补贴达成后，则反补贴调查应停止或中止。如果以后的情况表明不存在产业损害或损害威胁，补救承诺应自动取消。补救承诺可以由出口成员方提出要求，也可以由反补贴调查当局提出建议，但不能强迫出口商承担这一承诺，补救承诺的期限不得长于反补贴税所执行的期限。

三是反补贴税。如果反补贴调查最终裁定存在补贴和产业损害，进口成员当局便可决定对补贴进口产品征收反补贴税，但它不得超过经确认而存在的补贴额，且应无歧视的征收。但对于已撤回的补贴或作出补救承诺的进口商例外。反补贴税的执行期限只能以抵消补贴所造成的损害所必需时间为准，但执行期限不得长于5年。如调查当局通过调查确认有“充分理由”继续执行，可适当延长期限。

2. 反倾销税（Anti-dumping Duty）

（1）反倾销税概念及关贸总协定对反倾销的规定。反倾销税是对于进行反倾销的进口货物所征收的一种进口附加税。其目的在于抵制货物的倾销，保护本国产品的国内市场。

关贸总协定第六条对倾销作了确定。第一，用倾销的手段将一国产品以低于正常的价格挤入另一国市场时，如因此对某一缔约方领土内建立的某项工业造成重大损害或产生重大威胁，或者对某一国内工业的新建产业产生严重阻碍，这种倾向应受到谴责。第二，缔约方为了抵消或防止倾销，可以对倾销的产品征收数量不超过这一产品倾销差额的反倾销税。第三，“正常价格”是指相同产品在出口国用于国内消费时在正常情况下的可比价格。如果没有这种国内价格，则是相同产品在正常贸易下向第三国出口的最高可比价格；或产品在原产国的生产成本加合理的推销费用和利润。第四，不得因抵消倾销或出口补贴，而同时对它征收反倾销税和反补贴税。第五，为了稳定初级产品价格而建立的制度，即使它有时会使出口商品的售价低于相同产品在国内市场销售的可比价格，也不应认为造成重大损害。

（2）世界贸易组织《反倾销协议》对反倾销的有关规定。由于历史的原因，许多国家的产品出口价格极低，这给发达国家征收反倾销税提供了借口，特别是20世纪80年代起，发达国家广泛利用反倾销手段阻止外国商品进口，而且还借助反倾销调查故意拖延时间来阻止外国商品。针对上述情况，世界贸易组织达成了新的反倾销协议，对反倾销问题作了进一步规定。

首先，倾销的概念。“如果一个产品经一国出口到另一国的出口价格低于出口国正常贸易时用于消费的相同产品的可比价格，即低于该产品的正常价值进入另一国产业，此产业被视为倾销。”从此概念中明确得知，倾销的关键是是否低于“正常价值”。对于如何确定正常价值，该协定又进一步规定：如果该产品在出口国国内不销售或无法进行比较时，则可以采取以下方法进行比较。即“通过一个合适的第三国出口的相同产品可比价格（假定此价格具有代表性）进行比较而确定，或者将原产国的生产成本加上合理数额的管理、销售和一般费用以及利润。”此中涉及的生产成本，通常应根据接受调查的出口存有记录计算；管理、销售和一般费用以及利润应以与生产有关的实际数据及接受调查的出口国或生产商在正常贸易过程中相关产品的销售为依据。

其次，损害的含义。损害是指因倾销行为对一国国内产业的重大损害和对国内产业的重大损害威胁，或是对这种产业的建立构成严重损害。国内产业是指进口相同产品的全部生产商或者他们之中的那些生产商，其产品的生产在这些产品的整个国内生产中占主要部分。如两个或两个以上国家通过一体化具备单一的、统一的市场特点时，整个一体化区域的产业也被视为国内产业。

损害证据依据的基础。倾销产品的数量和倾销产品的结果对国内市场相同产品价格构成的影响；这些产品的进口对相同产品生产商的后续冲击程度。关于倾销商品的数量问题，应考虑倾销商品的进口是否大量激增。对价格的影响包括：冲击程度包括影响就业状况的所有有关的经济因素和指数，诸如销量实际或潜在的下降，利润、产量、市场份额、生产率、投资收益、生产设备利用率的下降，影响国内价格的因素；倾销幅度的大小；对现金流动、库存、就业、工资、增长率、提高资本或投资能力等方面实际的和潜在的副作用。

其三，反倾销调查。反倾销协议规定，一成员方在采取倾销措施之前须先进行反倾销调查，其目的是查实是否存在倾销、产业损害及两者的直接因果关系。反倾销调查由进口方政府当局执行，但反倾销调查的发起须由进口方境内据称受损害的产业或其代表所提交的书面请求而开始。反倾销申诉必须有实质性证据，否则申诉不能成立；对于损害或损害的威胁，要求有实际的证据表明损害或威胁事实存在。

其四，裁定倾销及损害存在后的反倾销措施。在初步或最终裁定进口货物存在倾销和损害之后，可采取临时反倾销措施或价格承诺或征收反倾销税。

临时反倾销措施。在反倾销调查认定存在倾销、产业损害及因果关系后，进口成员方当局可以采取临时反倾销措施，以防止在调查期间有关产业受到更严重的损害。临时反倾销措施可以采取征收临时税或担保方式，即支付现金和保证金，其数额相当于临时预计的反倾销税，但不得高于临时反倾销幅度。临时反倾销措施只能在开始调查之后的60天后采取，并且一般实施期一般不超过4个月，最长不得超过9个月。

价格承诺。在反倾销调查初步裁定存在倾销、产业损害及其因果关系后，如果出口商主动承诺提高有关货物的出口价格，或停止以倾销价格向投诉方成员市场出口，从而使进口成员反倾销调查对倾销有害结果影响的消除感到满意时，反倾销调查程序可以暂时中止或终止，而不采取临时措施或征收反倾销税。进口方反倾销调查当局可以向出口商提出价格承诺的建议，但不能强迫出口商达成价格承诺协议。

其五，对发展中国家的特殊待遇。在对发展中国家的特殊待遇方面，重申对发展中国家予以特别照顾，在反倾销措施将影响发展中国家的根本利益时，可考虑本协议的其他建设性补救措施。同时，还明确了某些具体的规定。例如，在反倾销调查中，若倾销幅度为2%以下，以及来自一国的倾销产品的数量不足进口国同类产品的3%，则应终止倾销调查，不征收反倾销税。

3. 报复关税（Retaliatory Tariff）

报复关税是指一国为报复他国对本国商品、船舶、企业、投资或知识产权等方面的不公正待遇而对从该国进口的商品所课征的进口附加税。一般来说，当他国取消上述不公正待遇时，报复关税也会相应取消。然而报复关税也易引起他国的反报复，最终导致关税战。一些国家通常在下列的情况征收报复关税：①他国对其商品征收歧视性的高关税或实行其他限制进口的措施；②他国对第三国给予较本国更为优惠的待遇；③他国实行出口津贴或商品倾销（见反倾销税）；④他国在原订的贸易条约或协定届满时，对该国提出不适当要求或实施不合理措施。例如，乌拉圭回合谈判期间，美国和欧盟就农产品补贴问题发生了激烈的争执，美国提出一个“零点方案”，要求欧盟10年内净补贴降为零，否则除向美国农产品增加补贴外，还要对欧盟进口商品征收200%的报复关税。欧盟也不甘示弱，扬言要反报复。双方剑拔弩张，若非最后相互妥协，就差点葬送了这一轮谈判的成果。

欧美双方就《外销公司法》的争执已经有30余年，世贸组织最终于2002年8月作出了要求美国废除此法的最终裁决。为增加对美国的压力，欧盟还早早拟定了一份价值40亿美元的报复清单，并于2004年5月获得世贸组织批准。但在受益于出口退税的美国大公司的游说下，美国国会迟迟不肯执行世贸组织裁决。在这种情况下，欧盟部长理事会才于2004年12月通过决议，定下2004年3月1日的“最后期限”。由于美国继续置欧盟的警告于不顾，欧盟的不满终于发作。从2004年3月1日开始，欧盟开始对自美国进口的1 600多种产品征收报复性关税。这是欧盟在世界贸易组织的授权下，首次对美国产品征收报复性关税。根据欧盟的贸易报复计划，除非美国废除为本国公司提供出口补贴的《外销公司法》，欧盟对从美国进口的珠宝、服装、木材、电子产品和部分农产品征收的报复性关税税率，将由2004年3月份的5%每月提高1个百分点，直至2005年3月提高到17%。据欧盟官员推算，欧盟实际对美国产品加征的关税，2004年3月份为1 660万美元，12月份增至4 640万美元，2004全年总计加征的报复性关税达到3.15亿美元。随着引发美欧贸易争端的《外销公司法》自2005年1月起被废除，欧盟宣布从2005年2月1日起结束针对美国产品征收的报复性关税，并退回在2005年1月所征收的税款。

4. 紧急关税（Emergency Tariff）

紧急关税是为消除外国商品在短期内大量进口对国内同类商品生产造成重大损害或重大威胁而征收的一种进口附加税。当外国某种商品迅速大量涌入一国市场，对进口国同类商品的生产构成重大损害或重大威胁时，一般正常关税难以达到抑制进口的目的，这时进口国便会再加征税率较高的进口附加税以限制进口，保护国内生产。例如，1972年5月，澳大利亚受到外国涤纶和锦纶大量进口的冲击，遂在征收每磅20澳分的正常关税外，又加征每磅48澳分的进口附加税。由于紧急关税是在紧急情况下征收的，是一种临时性关税，当紧急情况缓解后，紧急关税必须撤除，否则就会受到别国的关税报复。

5. 惩罚关税（Penalty Tariff）

惩罚关税是指出口国某种商品违反了它与进口国之间的协议，或者未按进口国海关规定办理进口手续时，由进口国海关向该进口商征收的一种临时性的进口附加税。这种关税具有惩罚或罚款性质。例如，1988年，日本半导体元件出口商因违反与美国达成的自动出口限制协定而被美国征收了100%的惩罚关税。

另外，惩罚关税有时还被用作贸易谈判的手段。例如，美国在与别国进行贸易谈判时，就经常扬言若谈判破裂就要向对方课征高额惩罚关税，以此逼迫对方让步。这一手段在美国经济政治实力鼎盛时期是非常有效的，然而，随着世界经济多极化、国际化等趋势的加强，这一手段日渐乏力，且越来越容易招致别国的报复。

（二）差价税（Variable Levy）

差价税又称差额税，是当本国生产的某种产品的国内价格高于同类进口商品的价格时，为削弱进口商品的竞争力，保护本国生产和国内市场，按国内价格与进口价格之间的差额征收的关税。征收差价税的目的是使该种进口商品的税后价格保持在一个预定的价格标准上，以稳定进口国内该种商品的市场价格。

对于征收差价税的商品，有的规定按价格差额征收，有的规定在征收一般关税以外另行征收，这种差价税实际上属于进口附加税。差价税没有固定的税率和税额，而是随着国内外价格差额的变动而变动，因此是一种滑动关税（sliding duty）。

差价税的典型表现是欧盟对进口农畜产品的做法。欧盟为了保护其农畜产品免受非成员国低价农产品的竞争，而对进口的农产品征收差价税。欧盟征收的差价税首先是以共同市场内部生产效率最低而价格最高的内地中心市场的价格为准，制定统一的目标价格（target price）；其次从目标价格中扣除从进境地运到内地中心市场的运费、保险费、杂费和销售费用，得到门槛价格（threshold price），或称闸门价格；最后若外国农产品抵达欧盟进境地的CIF（到岸价格）低于门槛价格，则按其间差额确定差价税率。实行差价税后，进口农产品的价格被抬至欧盟内部的最高价格，从而丧失了价格竞争优势。欧盟则借此有力地保护了其内部的农业生产。此外，对使用了部分农产品加工成的进口制成品，欧盟除征收工业品的进口税外，还对其所含农产品部分另征部分差价税，并把所征税款用作农业发展资金，资助和扶持内部农业的发展。因此，欧盟使用差价税实际上是其实现共同农业政策的一项重要措施，保护和促进了欧盟内部的农业生产。

（三）特惠税（Preferential Duties）

特惠税又称优惠税。它是指对从某个国家或地区进口的全部商品或部分商品，给予特别优惠的低关税或免税待遇。但它不适用于从非优惠国家或地区进口商品。特惠税有的是互惠的，有的是非互惠的。

特惠税开始于宗主国和殖民地附属国之间的贸易。第二次世界大战后，西欧共同市场与非洲、加勒比和太平洋地区一些发展中国家之间也在实行。

1. 宗主国与殖民地之间的特惠税

这是殖民主义的产物。英国、法国、葡萄牙、荷兰、比利时、美国等与殖民地附属国之间都实行过这种关税。目的在于保证宗主国在殖民地附属国市场上的优势。最有名的特惠税是英联邦（1932 年英联邦国家在渥太华会议上建立）的特惠税。它是英国确保获取廉价原料、食品和销售其工业品、垄断其殖民地附属国市场的有力工具。

2. 洛美协定国家之间的特惠税

它是欧盟向参加协定的非洲、加勒比和太平洋地区的发展中国家单方面提供的特惠税。洛美协定关于特惠税方面的规定主要有以下三点：第一，西欧共同市场国家将在免税不限量的条件下，接受这些发展中国家全部工业品和96%的农产品进入西欧共同市场，而不要求发展中国家给予“反向优惠”。那些没有享有免税待遇的农产品，是西欧共同市场农业政策所包括的农畜产品以及一些西欧共同市场能够生产的温带园艺品。第二，西欧共同市场对从这些国家进口的牛肉、甜酒和香蕉等作了特殊安排。对这些商品进口每年给予一定的免税进口配额，超过配额的进口要征收关税。第三，在原产地规定中，确立了“充分累积”制度，即来源于这些发展中国家或西欧共同市场国家的产品，如这项产品在这些发展中国家中的任何其他国家内进一步制作或加工时，将被视为原产国的产品。这项规定使这些国家以这种方式制作与加工的产品，仍享有特惠税的待遇。同时又规定，如果大量进口在西欧共同市场的某个经济区域或某个成员国内引起严重的混乱，西欧共同体市场保留采取保护措施的权利。目前仍在起作用的是2000年6月23日欧盟15国与非洲、加勒比海及太平洋地区77国（简称非加太集团）签订的《科托努协定》（前身为《洛美协定》）的特惠税。

（四）普遍优惠制关税（Generalized System of Preferences，GSP）

1. 普遍优惠制关税概念及特点

普遍优惠制关税简称普惠制，是发达国家单方面给予发展中国家出口制成品和半制成品的一种关税优惠待遇，它是发展中国家在联合国贸易与发展会议上进行长期斗争之后于1968年建立起来的一项制度。其目的是增加发展中国家或地区的外汇收入；加速发展中国家的经济增长率。普惠制的主要原则是发达国家承诺对从发展中国家或地区输入的商品，特别是制成品和半制成品，给予普遍的、非歧视的、非互惠的优惠关税待遇，即发展中国家享受普遍优惠关税。

普遍性、非歧视性和非互惠性是普惠制的三项基本原则。普遍性是指发达国家对所有发展中国家出口的制成品和半制成品给予普遍的关税优惠待遇；非歧视性是指应使所有发展中国家都无歧视、无例外地享受普惠制待遇；非互惠性即非对等性，是指发达国家应单方面给予发展中国家特殊的关税减让而不要求发展中国家对发达国家给予对等待遇。

普遍优惠制是发展中国家在联合国贸易与发展会议上长期斗争的成果。从1968年联合国第二届贸发会议通过普惠制决议至今，普惠制已在世界上实施了30余年。目前，全世界已有190多个发展中国家和地区享受普惠制待遇，给惠国则达到32个，它们分别为欧盟15国、瑞士、挪威、波兰、日本、新西兰、澳大利亚、美国、加拿大、捷克、斯洛伐克、俄罗斯、白俄罗斯、乌克兰、哈萨克斯坦、匈牙利、保加利亚和土耳其。除美国、匈牙利和保加利亚外，其余29个国家都给予中国出口的制成品、半制成品普惠制待遇，这对中国扩大出口、提高出口效益都有一定好处。

2. 普遍优惠制关税方案

对于不同给惠国，普惠制的具体执行方法不同。各发达国家（即给惠国）分别制定了各自的普惠制实施方案，而欧盟则作为一个国家集团给出共同的普惠制方案。目前全世界共有15个普惠制方案。从具体内容看，各方案不尽一致，但大多包括了给惠产品范围、受惠国家和地区、关税削减幅度、保护措施、原产地规则、附加条件以及给惠方案有效期等7个方面。

第一，受惠国地区名单。发展中国家能否成为普惠制方案的受惠国是由给惠国单方面确定的。因此，各普惠制方案大都有违普惠制的三项基本原则。各给惠国从各自的政治、经济利益出发，制定了不同的标准要求，限制受惠国家和地区的范围。例如，美国就曾以我国不是关贸总协定成员为由，拒绝把普惠制待遇给予我国的出口产品。

第二，给惠产品范围。一般农产品的给惠商品较少，工业制成品或半制成品只有列入普惠制方案的给惠商品清单，才能享受普惠制待遇。一些敏感性商品，如纺织品、服装、鞋类以及某些皮制品、石油制品等常被排除在给惠商品之外或受到一定数额的限制。例如，欧盟1994年12月31日颁布的对工业产品的新普惠制法规（该法规于1995年1月1日开始执行），将工业品按敏感程度分为五类，并分别给予不同的优惠税率。具体地说，对第一类最敏感产品，即所有的纺织品，征正常关税的85%；对第二类敏感产品，征正常关税的70%；对第三类半敏感产品，征正常关税的35%；对第四类不敏感产品，关税全免；而对第五类部分初级工业产品，将不给优惠税率，照征正常关税。又如美国的普惠制方案规定，纺织品协议下的纺织品和服装、手表、敏感性电子产品、敏感性钢铁产品、敏感性玻璃制品或半制成品及鞋类不能享受普惠制待遇。

第三，减税幅度。给惠商品的减税幅度取决于最惠国税率与普惠制税率之间的差额，即普惠制减税幅度＝最惠国税率－普惠制税率，并且减税幅度与给惠商品的敏感度密切相关。一般说来，农产品减税幅度小，工业品减税幅度大，甚至免税。例如，日本对给惠的农产品实行优惠关税，而对给惠的工业品除其中的“选择性产品”给予最惠国税率的50%优惠外，其余全都免税。

第四，保护措施。各给惠国为了保护本国生产和国内市场，从自身利益出发，均在各自的普惠制方案中制定了程度不同的保护措施。保护措施主要表现在例外条款、预定限额及毕业条款三个方面。

所谓例外条款（escape clause），是指当给惠国认为，从受惠国优惠进口的某项产品的数量增加到对其本国同类产品或有竞争关系的商品的生产造成或将造成严重损害时，给惠国保留对该产品完全取消或部分取消关税优惠待遇的权利。很明显，例外条款表明，发达国家给予发展中国家普惠制待遇的前提条件是其国内市场不会因给惠而受到干扰。如加拿大曾对橡胶鞋及彩电的进口引用例外条款，对来自受惠国的这两种商品停止使用普惠制税率，而恢复按最惠国税率征收进口税。给惠国常常引用例外条款对农产品进行保护。

所谓预定限额（prior limitation），是指给惠国根据本国和受惠国的经济发展水平及贸易状况，预先规定一定时期内（通常为一年）某项产品的关税优惠进口限额，达到这个额度后，就停止或取消给予的关税优惠待遇，而按最惠国税率征税。给惠国通常引用预定限额对工业产品的进口进行控制。

所谓毕业条款（graduation clause），是指给惠国以某些发展中国家或地区由于经济发展，其产品已能适应国际竞争而不再需要给予优惠待遇和帮助为由，单方面取消这些国家或产品的普惠制待遇。

毕业标准可分为国家毕业和产品毕业两种，由各给惠国自行具体确定。产品毕业也称为部分毕业，“国家——产品取消”或“国家——部门取消”。它规定，如果一个受惠国家的某种产品或某一部门的出口达到一定水平，这些产品将被从给惠方案中排除，但受惠国家的其他产品仍然能够享受普惠制待遇。美国在其部分毕业制度中规定，如果一个受惠国家的一种出口产品超过了一定的价值，或者超过了所有的受惠国家某一产品的普惠制出口总额的一定百分比（50%），那么下一年度这种产品就不再享有普惠制待遇。但是如果在以后，该受惠国此种产品的出口大量下降，并不排除恢复其优惠待遇的可能。欧洲联盟的部分毕业制度是以出口专门化指数结合发展指数为依据来实施的。出口专门化指数是根据受惠国在欧洲联盟某一特定部门的进口中所占有份额的比率来计算的。发展指数是将受惠国的人均收入和制成品出口按照欧洲联盟的同指标的百分比计算后相加得出的。当发展指数和出口专门化指数的搭配达到欧洲联盟的指标时，某部门就可能被取消普惠制资格。

国家毕业，也称为全部毕业。取消国家优惠的标准主要是根据国民收入指标来制定的。保加利亚和波兰把人均国民生产总值超过其本国的受惠国列入国家毕业名单。新西兰规定取消其人均国民生产总值达到新西兰70%以上的受惠国的优惠待遇。美国取消国家优惠的标准目前是人均国民生产总值11 400美元。

毕业条款是一项最敏感、最严格的保护措施。其实施会对相关国家的出口贸易产生很大的影响。具体地说，"已毕业"的国家和产品因为不能再享受优惠待遇，一方面不得不在进口国市场上与发达国家同类产品竞争，另一方面又面临其他发展中国家乘势取而代之打入进口国市场的严峻挑战。以亚洲"四小龙"为例，1987年它们享受美国普惠制的受惠额占美国所给全部受惠额的60%，达到美国规定的毕业标准。于是美国政府1988年1月29日宣布，亚洲"四小龙"已从不发达国家和地区中毕业，从1989年起取消其向美国出口商品所享受的普惠制待遇。这样，亚洲"四小龙"被迫在不享受普惠待遇的情况下同美国市场上的德国、日本等发达国家同类产品竞争。同时，泰国、马来西亚、印度尼西亚和菲律宾等国从中得益甚多，向美国市场扩大出口。

毕业条款同样也困扰着中国产品的出口。例如，近年来，随着中国经济的稳步发展，欧盟普惠制名单上的中国产品也越来越少。中国服装早在10年前就被欧盟取消了普惠制。2005年5月1日欧盟实现扩大之后，又有一大批中国出口产品从欧盟普惠制名单上"毕业"，其中包括乳、蛋制品、天然蜂蜜、塑料和橡胶制品、纸制品、电子消费类产品、光学器材、钟表及乐器等。根据欧委会起草的2006—2015年新普惠制方案，新的产品毕业标准为：如果某类产品向欧盟出口连续3年超过欧盟普惠制下进口同类产品总额的15%，则该产品被宣布为毕业，不再享受普惠制待遇；纺织品的毕业标准更低，为12.5%。目前，我国是欧盟普惠制的最大受益国。据商务部的统计，自1971年欧盟实施普惠制以来，"中国制造"的产品占了欧盟普惠制下进口产品的30%以上，而此次欧盟出台的新普惠制实施后，我国16大类50种产品将要"毕业"，其中纺织、家电等工业产品将从欧盟普惠名单中消失，而在工业制成品中将只剩下工艺品和收藏品继续享受普惠制待遇。可见，欧盟新普惠制方案的毕业条款会对中国向欧出口产生很大的消极影响。

第五，对原产地的规定。按照原产地标准的规定，产品必须全部产自受惠国或地区，或者规定产品中所包含的原料或零件经过高度加工后，发生了实质变化才能享受关税优惠待遇。

所谓发生实质性变化有两个标准：一是加工标准。欧盟、日本、挪威、瑞士采用这项标准。一般规定进口原料或零件的税目和利用这些原料或零件加工后的货物税目发生了变化，就可以认为已经经过高度加工，发生实质性的变化，该商品可享受关税优惠待遇。二是增值标准，又称百分率标准。澳大利亚、加拿大、美国等采用这个标准。它规定只有进口原料或零件的价值没有超过出口货物价值的百分比，这种变化才能作为实质性变化和享有关税优惠待遇。例如，加拿大规定进口原料或零件价格不得超过出口货物价值的40%作为已发生实质性的变化，才能享受关税优惠待遇。

在原产地规定中，除了原产地标准外，还有直接运输规则，即受惠货物必须由受惠国直接运到给惠国。由于地理上的原因或运输上的需要，受惠国产品可以通过邻国过境，但必须置于海关监管之下。

此外，受惠国必须向给惠国提交如原产地和托运的书面证明，才能享受优惠关税。一般来说，为了获得普惠制待遇，受惠产品必须获得普惠制原产地证书，国际上运用比较广泛的是FORM A原产地证书。目前，新的FORM A证书是从1996年1月1日开始生效的。原有的证书可以使用到1997年底。另外，从1994年5月开始，美国已经不再要求FORM A证书，只要求出口商应海关税务人员要求提交加工说明书即可。

第六，附加条件。根据普惠制的非互惠原则，普惠制应该是不附加条件的。但是，一些发达国家在其普惠制方案中往往规定一些附加条件，以达到其在多边领域里达不到的目的。

附加条件可以分为鼓励条件和取消条件两种。鼓励条件是指如果某受惠国符合特定的条件，给惠国可以给予其超过一般普惠制的待遇。例如欧洲联盟规定，如果遵循国际劳工组织第87、98、138号决议的要求，保障劳工权益，并且遵循国际森林组织有关管理森林资源标准的精神，其每类受惠产品可以享受20%的补充优惠税率。取消条件是指如果受惠国不符合特定条件，则将被取消或暂时取消普惠制待遇。例如美国规定，只有充分保护知识产权并符合劳工标准的国家才能享受普惠制待遇。

第七，普惠制的有效期。普惠制的实施期限为10年，经联合国贸易与发展会议全面审议后可延长。目前，正处于普惠制第四个实施期。

普惠制实施30多年来，确实对发展中国家的出口起了一定的积极作用。但由于各给惠国在提供关税优惠的同时，又制定了种种繁琐的规定和严厉的限制措施，使得建立普惠制的预期目标还没有真正达到，广大发展中国家尚需为此继续斗争。

## 四、按照征收方法和征收标准分类

### （一）从量税（Specific Duties）

从量税是以商品的重量、数量、容量、长度、面积为标准计征的关税。例如，美国对薄荷脑的进口征收从量税，普通税率为每磅 50 美分，最惠国税率为每磅 17 美分。

从量税额的计算公式：从量税额＝货物数量×每单位从量税

各国征收从量税，大部分以货物的重量为单位来征收，但各国对应纳税的货物重量计算方法各有不同，一般有以下三种：第一种为毛重法，又称总重量法，即根据货物内外包装的总重量计征其税额。第二种为半毛重法，这种办法可分为两种：一种为法定半毛重法，即从货物总毛重中扣除外包装的法定重量后，再计征其税额；另一种为实际半毛重法，即从货物总毛重中扣除外包装的法定重量后，再计算其税额。第三种为净重法。这种办法又有两种：一为法定净重法，即从货物总重量中扣除内外包装的法定重量后，再计算其税额；一为实际净重法，即从货物总重量中扣除内外包装的实际重量后，再计算其税额。

采用从量税计征关税有以下特点：

（1）手续简便。不需审定货物的规格、品质和价格，便于计算，可以节省大量征收费用。

（2）税负并不合理。同一税目的货物，不管质量好坏、价格高低，均按同一税率征税，税负相同。因而对质劣价廉进口物品的抑制作用比较大，不利于低档商品的进口，对防止外国商品低价倾销或低报进口价格有积极作用；对于质优价高的商品，税负相对减轻，关税的保护与财政收入作用相对减弱。

（3）不能随价格变动作出调整。当国内物价上涨时，税额不能随之变动，使税收相对减少，保护作用削弱；物价回落时，税负又相对增高，不仅影响财政收入，而且影响关税的调控作用。

（4）难以普遍采用。征收对象一般是谷物、棉花等大宗产品和标准产品，对某些商品如艺术品及贵重物品（古玩、字画、雕刻和宝石等）不便使用。

在工业生产还不十分发达，商品品种规格简单，税则分类也不太细的一个相当长时期内，不少国家对大多数商品使用过从量税。但二战后，随着严重通货膨胀的出现和工业制成品贸易比重的加大，征收从量税很难起到关税保护作用，各国纷纷放弃了完全按从量税计征关税的做法。目前，完全采用从量税的发达国家仅有瑞士一个。

（二）从价税（Ad Valorem Duties）

从价税是以进口商品的价格为标准计征一定比率关税，其税率表现为货物价格的百分率。

从价税的计算公式：从价税额＝货物总值×从价税率。例如，到2006年中国的汽车关税率为25%，如果进口一辆价值2万美元的汽车，关税税额为5 000美元。

从价税额与货物价格有直接关系。它与货物价格的涨落成正比，其税额随着货物价格的变动而变动，所以它的保护作用与价格有着密切的关系。在价格下跌的情况下，其税率不变，从价税额相应减少，因而保护关税作用有所下降。

在征收从价税时，确定完税价格很重要。所谓完税价格，是指经海关审定作为计征关税的货物价格。长期以来，世界各国往往采用不同的估价方法来确定完税价格，目前大致有以下三种：出口国离岸价格（FOB）、进口国到岸价格（CIF）和进口国的官方价格。如美国、加拿大等国采用离岸价格来估价，而西欧等国采用到岸价格作为完税价格，不少国家甚至故意抬高进口商品完税价格，以此增加进口商品成本，把海关估价变成一种阻碍进口的非关税壁垒措施。为了弥补各国确定完税价格的差异，且减少其作为非关税壁垒的消极作用，关贸总协定东京回合达成了《海关估价协议》，规定了六种应依次使用的海关估价方法。其中采用进口商品或相同商品的实际价格（actual value）作为估价的主要依据，即以进口国立法确定的某一时间或地点，在正常贸易过程中于充分竞争的条件下，某一商品或相同商品出售或兜售的价格为依据，而不能以臆断或虚构的价格为依据。当实际价格不能确定时，应以可确定的最接近实际价格的相当价格作为确定完税价格的依据。

征收从价税有以下特点：

（1）税负合理。同类商品质高价高，税额也高；质次价低，税额也低。加工程度高的商品和奢侈品价高，税额较高，相应的保护作用较大。

（2）物价上涨时，税款相应增加，财政收入和保护作用均不受影响。但在商品价格下跌或者别国蓄意对进口国进行低价倾销时，财政收入就会减少，保护作用也会明显减弱。

（3）各种商品均可适用。

（4）从价税税率按百分数表示，便于与别国进行比较。

（5）完税价格不易掌握，征税手续复杂，大大增加了海关的工作负荷。

由于从量税和从价税都存在一定的缺点，因此关税的征收方法在采用从量税或从价税的基础上，又产生了混合税和选择税，以弥补从量税、从价税的不足。目前单一使用从价税的国家并不太多，主要有阿尔及利亚、埃及、巴西和墨西哥等发展中国家。

（三）混合税（Mixed or Compound Duties）

混合税是指征税时同时使用从量、从价两种税率计征，以两种税额之和作为该种商品的关税税额。混合税额的计算公式：混合税额＝从量税额＋从价税额。

混合税按从量、从价的主次不同又可分为两种情况：一种是以从量税为主加征从价税，即在对每单位进口商品征税的基础上，再按其价格加征一定比例的从价税。例如，美国进口小提琴每把征税 1.25 美元，另加征 35%的从价税。另一种是以从价税为主加征从量税，即在按进口商品的价格征税的基础上，再按其数量单位加征一定数额的从量税。我国进口征税以从价税为主，1999 年起对部分商品征收混合税。例如，对于完税价格低于或等于 2 000 美元/台的录像机执行单一的从价税，普通税率是 130%，优惠税率是 45%（2002 年降到 36%）；但对完税价格高于 2 000 美元/台的录像机征收混合税，普通税率是每台 20 600 元人民币的从量税，再加征 6%的从价税；优惠税率是每台 7 000 元（2002 年降到 5 480 元）人民币的从量税，再加 3%的从价税。

（四）选择税（Alternative Duties）

选择税是指对某种商品同时制定从量和从价两种税率，征税时由海关选择其中一种征税，作为该种商品的应征关税额。一般是选择税额较高的一种税率征收，在物价上涨时使用从价税，物价下跌时使用从量税。有时，为了鼓励某种商品的进口，或给某出口国以优惠待遇，也选择税额较低的一种税率征收关税。

由于混合税和选择税结合使用了从量税和从价税，扬长避短，哪一种方法更有利，就使用哪一种方法，或以其为主征收关税，因而无论进口商品价格高低，都可起到一定的保护作用。目前，世界上大多数国家征税时都使用混合税，如主要发达国家美国、欧盟、加拿大、澳大利亚和日本等，以及一些发展中国家如印度、巴拿马等。

## 第三节　海关税则

### 一、海关税则的概念

海关税则（Customs Tariff），又称关税税则，是一国对进出口货物计征关税的规章和对进出口的应税与免税货物加以系统分类的一览表。海关税则是海关征税的依据，是关税制度的重要内容，是一国关税政策的具体体现。

海关税则一般包括两个部分：一部分是海关课征关税的规章条例及说明；另一部分是关税税率表。其中，关税税率表主要包括税则号列（tariff No. 或 heading No. 或 tariff item）、商品分类目录（description of goods）及税率（rate of duty）三部分。商品分类目录将种类繁多的商品或按加工程度，或按自然属性、功能和用途等分为不同的类。随着经济的发展，各国海关税则的商品分类越来越细，这不仅是由于商品日益增多而产生技术上的需要，更主要的是，各国开始利用海关税则更有针对性地限制有关商品进口和更有效地进行贸易谈判，将其作为实行贸易歧视的手段。

### 二、海关税则的分类

根据海关税率栏目的多少，海关税则可分为单式税则和复式税则。

（一）单式税则（single tariff）

又称一栏税则，是指一个税目只有一个税率，即对来自任何国家的商品均以同一税率征税，没有差别待遇。在垄断前资本主义时期，各国都实行单式税则。到垄断资本主义时期，资本主义国家为了实行关税上的差别与歧视待遇，或争取关税上的互惠，纷纷放弃单式税则而改行复式税则，现在只有少数发展中国家如委内瑞拉、巴拿马、乌干达、冈比亚等仍实行单式税则。

（二）复式税则（complex tariff）

又称多式税则，是指同一税目下设有两个或两个以上的税率，即对来自不同国家的进口商品按不同的税率征税，实行差别待遇。其中，普通税率是最高税率；特惠税率是最低税率；在两者之间，还有最惠国税率、协定税率和普惠制税率等。目前大多数国家都采用复式税则。这种税则有二栏、三栏及四栏不等。我国目前采用二栏税则，美国、加拿大等国实行三栏税则，而欧盟等国实行四栏税则。通常，对同一税目所设置的税率栏次越多，税则的灵活性和区别对待的特性越强，同时，表现出的歧视性也越强。

在单式税则或复式税则中，依据制定税则的权限又可分为自主税则（国定税则）和协定税则。

（三）自主税则

自主税则，又称国定税则，是指一国立法机构根据关税自主原则单独制定而不受对外签订的贸易条约或协定约束的一种税率。自主税则可分为自主单式税则和自主复式税则。前者为一国对一种货物自主地制定一个税率，这个税率适用于来自任何国家或地区的同一种货物；后者为一国对一种货物自主地制定两个或两个以上的税率，分别适用于来自不同国家或地区的同一种货物。

（四）协定税则

协定税则是指一国或地区通过贸易与关税谈判，以贸易条约和协定的方式确定的税率。这种税则是在本国原有的国定税则以外，另行规定一种税率。它是两国通过关税减让谈判的结果，因此要比国定税率低。协定税则不仅适用于该条约或协定的签字国，而且某些协定税率也适用于享有最惠国待遇的国家。对于没有减让关税的货物或不能享受最惠国待遇国家的货物，仍采用自主税则，这样形成的复式税则，叫做自主——协定税则或国定——协定税则。

此外，在单式税则或复式税则中，依据进出口商品流向的不同，还可分为进口货物税则和出口货物税则。

## 三、海关税则的商品分类

对海关税则中的商品进行系统分类，目的在于方便征税、纳税、统计和查找。

（一）《国际贸易标准分类》

国际贸易商品种类繁多，为了便于统计，1950 年，联合国统计委员会编制了《国际贸易标准分类》，并于 1960 年和 1974 年进行了修订。

《国际贸易标准分类》编制的原则是按加工程度将所有商品分为初级产品和工业制成品两大类，然后再逐步细分。在 1974 年的修订本里，它把全部商品共分为 10 大类、63 章、233 组、786 分组和 1924 个基本项目。0 到 4 为初级产品，5 到 8 为制成品。目录编号采用五位数，第一位数表示类，第二位数表示章，第三位数表示组，第四位数表示分组，第五位数表示项目。例如，活山羊的目录编号为 001.22，其含义是：0 类，00 章，001 组，001.2 分组、

001.22 项目。这个分类已为世界绝大多数国家所采用。

（二）《海关合作理事会税则商品分类目录》

为了减少各国海关在商品分类上的矛盾，统一税则目录开始出现并不断完善。1950 年，有关国家签署了《海关税则商品分类目录公约》，开始使用《海关合作理事会税则商品分类目录（customs cooperation council nomenclature，CCCN）》（原称《布鲁塞尔税则目录》（brussels tariff nomenclature，BTN））。该目录的分类原则是按商品的原料组成为主，结合商品的加工程度、制造阶段和商品的最终用途来划分。它把全部商品共分为 21 类（section）、99 章（chapter）、1015 项税目号（heading No）。1 到 24 章（前 4 类）为农畜产品，25 到 99 章为制成品。税目号采用四位数，前两位表示章、后两位表示该章下的税目号。例如，男用外衣的税号为 61.01，其含义是第 61 章第一项。根据《分类目录解释规则》的规定，税则目录中类、章、项三级税目号的排列及编制，各会员国不得随意变动；项下的细目以 A、B、C 排列，各会员国对这些细目的编制有一定的机动权。

这个税则目录制定后，被世界上绝大多数国家所采用。在向我国提供普惠制中，除加拿大外均采用这个税则目录。

（三）《商品名称及编码协调制度》

《海关合作理事会税则商品分类目录》在世界各国海关税则中得到了普遍使用。但与《国际贸易标准分类》的商品分类目录在国际上同时并存，虽然制定了相互对照表，但仍给很多工作带来不便。为了更进一步协调和统一这两种国际贸易分类体系，1970 年，海关合作理事会决定成立协调制度委员会和各国代表团组成的工作团，来研究探讨是否可能建立一个同时能满足海关税则、进出口统计、运输和生产等各部门需要的商品名称和编码的“协调制度”目录。60 个国家和 20 多个国际组织包括关贸总协定、联合国贸易与发展会议、国际标准化组织、国际商会、国际航运协会、国际航空协会和铁路国际运输组织等参加了研究工作。经过十多年的努力，终于制定了一套新型的、系统的和多用途的国际贸易商品分类体系《商品名称及编码协调制度》（The Harmonized Commodity Description and Coding System，简称 H.S.），简称《协调制度》（Harmonized System），并于 1988 年 1 月 1 日正式生效实施。截至 1991 年 10 月，已有 88 个国家在其税则中正式采用了《协调制度》目录。关贸总协定（现世界贸易组织）也是按《协调制度》目录统计的数据作为关税减让谈判的基础。我国自 1992 年 1 月 1 日起也正式实施了以《协调制度》为基础编制的新的《海关进出口税则》和《海关统计商品目录》。《商品名称及编码协调制度》的分类目录是以《海关合作理事会税则商品分类目录》为基础，以协调《国际贸易标准分类》为目标，并参照美国、加拿大和日本等国的海关税则编制而成。

《协调制度》基本上按商品的生产部类、自然属性、成分、用途、加工程度和制造阶段等进行编制，共有 21 类（section）、97 章（chapter），其中 1～24 章为农副产品，25～97 章为加工制成品，第 77 章的金属材料为空缺，是为新型材料的出现而留空的。在章下设有用四位数编码的项目（heading）1 241个，其中有 311 个没有细分目录，其余 930 个项目被分为3 246个一级子目（one-dash subheading），这些子目中又有 796 个被进一步分出2 258个二级子目（two-dash subheading），因此，在《协调制度》中共有5 019个税目。

《协调制度》的基础目都用六位数字编码。六位数中的前四位数是协调制度的项目号（即税目号），其中，前两位数表示商品所在的章，后两位表示该商品在章中所处的位置。项目以下，第五位数字为一级子目，表示该商品在项目中的位置，第六位数为二级子目，是一级子目的进一步细分。前四位与后两位之间用实点隔开。各国可以在子目之下增设分目（additional subheading）。例如，我国的海关税则在《协调制度》目录六位数编码的基础上，加列了 1 832 个七位数子目和 282 个八位数子目，共有6 250个税目。此外，为了使《协调制度》执行起来清楚、明确，《协调制度》有类、章的注释及项目和子目的注释，并在目录之首列有六条归类总规则，作为商品归类的指导。

## 四、通关手续

通关手续又称报关手续，是指出口商或进口商向海关申报出口或进口，接受海关的监管与检查，履行海关规定的手续。办完通关手续，结清应付的税款和其他费用，经海关同意，货物即可放行。通关手续通常包括申报、验货、征税和放行四个基本环节。

### （一）申报

货物抵达进口国口岸（港口、车站、机场）时，进口商向海关提交填写好的海关制定的进口报关单和与业务相关的其他单证。各国对应提交的其他与货物相关的单证要求虽然不尽相同，但大都要求提交提单、商业发票、海关发票、原产地证明书、进口许可证或配额证、品质商检证和卫生检疫证书等。

### （二）验货

海关按照法规法令或条例规定，依照进口商提交的有关单证，逐项核对有关单证与货物及其他方面的一致性，以确定是否放行。

（三）纳税

进口商申报后，经海关验货，便取得海关发放的载有进口税额的纳税证，必须按海关规定及时用本币纳税。若发现货物有缺失部分，可扣除部分进口税。

（四）放行

进口商结清进口税款后，海关准予货物放行。

## 第四节 关税的保护程度

关税的保护程度是指关税在保护本国生产和市场中所起作用的大小。

关税作为各个国家实施保护贸易政策的措施之一，由于各国进出口商品结构不同，保护的重点不同，导致即使同样的关税水平对不同国家国内生产和市场的保护作用也不一样。因此，需要有一套综合考核关税保护程度的指标体系。通常用关税水平名义保护率、有效保护率和关税结构等指标来综合衡量一国关税保护程度的大小。

### 一、关税水平

关税水平（tariff level）是指一个国家的平均进口税率。用关税水平可以大体衡量或比较一个国家进口税的保护程度，它也是一国参加贸易协定进行关税谈判时必须解决的问题。例如，在关贸总协定关税减让谈判中，就经常将关税水平作为比较各国关税高低及削减关税的指标。关税水平的计算，可以通过两种方法获得：简单平均法和加权平均法。

简单平均法是根据一国税则中的税率（法定税率）来计算的，即不管每个税目实际的进口数量，只按税则中的税目数求其税率的算术平均值。由于税则中很多高税率的税目是禁止性关税，有关商品很少或根本没有进口，而有些大量进口的商品是零税或免税，因此，这种计算方法将贸易中的重要税目和次要税目均以同样的分量计算，显然是不合理的。因为简单平均法不能如实反映一国关税水平，所以很少被使用。

加权平均法是用进口商品的数量或价格作为权数进行平均。按照统计口径或比较范围的不同，又可分为全额加权平均法和取样加权平均法两种。

（1）全额加权平均法，即按一个时期内所征收的进口关税总金额占所有进口商品价值总额的百分比计算。计算公式为：

$$关税水平=\frac{进口税款总额}{进口总值}\times 100\%$$

在这种计算方法中，如果一国税则中免税的项目较多，计算出来的数值就偏低，不易看出有税商品税率的高低。因此，另一种方法是按进口税额占有税商品进口总值的百分比计算，这种方法计算出的数值比上述方法高一些。计算公式为：

$$关税水平=\frac{进口税款总额}{有税商品进口总值}\times 100\%$$

这种方法避免了由于把免税项目计算在内导致的百分比较低，从而掩盖了有税商品实际水平的缺陷。但由于各国的税则并不相同，税则下的商品数目众多，也不尽相同，因而这种方法使各国关税水平的可比性相对减少。

(2) 取样加权平均法，即选取若干种有代表性的商品，按一定时期内这些商品的进口税总额占这些代表性商品进口总额的百分比计算。计算公式为：

$$关税水平=\frac{若干种有代表性商品进口税款总额}{若干种有代表性商品进口总值}\times 100\%$$

现举例说明：假定选取A、B、C三种代表性商品计算关税水平。

| | A | B | C |
|---|---|---|---|
| 进口值（万元） | 100 | 40 | 60 |
| 税率（%） | 10 | 20 | 30 |

则，$关税水平=\frac{100\times 10\%+40\times 20\%+60\times 30\%}{100+40+60}\times 100\%=18\%$

采用这种方法是为了根据不同商品类别进行更具体的比较。通常，各国选取同样的代表性商品进行加权平均，这样对各国的关税水平比较才成为可能。而且选用的商品品种越多，精确性越高，因此，这种方法比全额加权平均法更为简单和实用。在关贸总协定肯尼迪回合的关税减让谈判时，各国就使用联合国贸易与发展会议选取的504种有代表性的商品来计算和比较各国的关税水平。关税水平的数字虽能比较各国关税的高低，但还不能完全表示保护的程度。

## 二、名义保护率

根据世界银行的定义，对某一商品的名义保护率（Nominal Rate of Protection，NRP）是指由于实行保护而引起的国内市场价格超过国际市场价格的部分占国际市场价格的百分比。用公式表示为：

$$名义保护率=\frac{进口货物国内市价-自国外进口价}{自国外进口价}\times 100\%$$

或 $$名义保护率=\frac{进口货物国内市场价格-国际市场价格}{国际市场价格}\times 100\%$$

与关税水平衡量一国关税保护程度不同，名义保护率只是一国关税保护的名义水平，衡量的是一国对某一类商品的保护程度。名义关税保护率的高低不能反映出关税对一国生产和市场的实际保护程度。在理论上，国内外差价与国外价格之比等于关税税率，因而在不考虑汇率的情况下，名义保护率在数值上和关税税率相同。名义保护率的计算一般是把国内外价格都折成本国货币价格进行比较，因此受外汇兑换率的影响较大。

### 三、有效保护率

有效保护率（Effective Rate of Protection，ERP）又称实际保护率，是指各种保护措施对某类产品在生产过程中的净增值所产生的影响。它是征收关税所引起的一种产品国内加工增加值同国外加工增加值的差额占国外加工增加值的百分比。用公式表示为：

$$有效保护率=\frac{国内加工增值-国外加工增值}{国外加工增值}\times 100\%$$

或 $$ERP=\frac{V'-V}{V}\times 100\%$$

上式中，ERP 为有效保护率；$V'$为保护贸易条件下被保护产品生产过程的增值；$V$ 为自由贸易条件下该生产过程的增值。

因此，有效保护主要是反映关税制度对加工工业产品的保护程度。有效保护率计算的是某项加工工业中受全部关税制度影响而产生的增值比。其中，“国内加工增值”为成品国内市场价格—投入品费用；“国外加工增值”为自由贸易条件下的国外成品价格—投入品费用；“成品国内市场价格”为成品的到岸价格＋成品的进口关税；“投入品费用”为投入品的到岸价格＋投入品的进口关税。经过推导，有效保护率也可用下列公式计算：

$$ERP=\frac{t-a_i t_i}{1-a_i}$$

式中，$t$ 为进口最终产品的名义关税率；$a_i$ 为进口投入系数，即进口投入物在最终产品中所占的比重；$t_i$ 为进口投入物的名义关税率。

上式表明在加工行业，有效关税保护率为产品的名义关税率对国内单位产品“增值”部分的有效关税保护度。由此可看出，在投入品费用占成品费用的比例一定时，只有保证产品的有效关税保护率大于该产品的名义关税率，才能出现产品的名义关税率较低，但其实际保护能力却较高的状况，这是现在各国追求的一个关税“效率”目标。

名义保护与有效保护的区别在于：名义保护只考虑关税对某种成品的国内市场价格的影响；有效保护则着眼于生产过程的增值，考察整个关税制度对被保护商品在生产过程中的增加值所产生的影响，它不但注意了关税对某种成品的价格影响，也注意了投入品（原材料或中间产品）由于征收关税而增加的价格。有效保护理论认为，对生产被保护产品所消耗的投入品课征关税，会提高产出品的成本，减少产出品生产过程的增值，从而降低对产出品的保护。因此，一个与进口商品相竞争的行业中的企业，不仅要受到对进口商品征收关税的影响，而且要受到对所使用的原材料和中间产品征税的影响。

例如，在自由贸易条件下，1 千克棉纱的到岸价格折成人民币为 20 元，其投入原棉价格为 15 元，占其成品（棉纱）价格的 75%，余下的 5 元是国外加工增值额，即 $V=5$ 元。如果我国进口原棉在国内加工棉纱，原料投入系数同样是 75%时，依据对原棉和棉纱征收关税而引起的有效保护率如下：

(1) 设对棉纱进口征税 10%，原棉进口免税，则国内棉纱市价应为 $20\times110\%=22$ 元。其中原棉费用仍为 15 元，则国内加工增值额为 $V'=22-15=7$ 元。按上式计算，棉纱的有效保护率为

$$\text{ERP}=\frac{V'-V}{V}\times100\%=\frac{7-5}{5}\times100\%=\frac{2}{5}=40\%$$

即当最终产品的名义税率大于原材料的名义税率时，最终产品的有效保护率大于对其征收的名义税率。

(2) 对棉纱进口征税 10%，原材料原棉进口也征税 10%，那么，国内棉纱市价仍为 22 元，而其原料成本因原棉征税 10%而增加为 16.5 元，国内加工增值 $V'=22-16.5=5.5$ 元，则其有效保护率为

$$\text{ERP}=\frac{V'-V}{V}\times100\%=\frac{5.5-5}{5}\times100\%=\frac{0.5}{5}=10\%$$

即当最终产品的名义税率与原材料的名义税率相同时，最终产品的有效保护率等于对其征收的名义税率。

(3) 对棉纱进口征收 8%的关税，而对原棉进口征税 10%，则 $V'=20\times108\%-15\times110\%=5.1$ 元，有效保护率为

$$\text{ERP}=\frac{V'-V}{V}\times100\%=\frac{5.1-5}{5}\times100\%=\frac{0.1}{5}=2\%$$

若对棉纱免税，而对原棉进口征税 10%，则 $V'=20-15\times110\%=3.5$ 元，有效保护率为

$$\text{ERP}=\frac{V'-V}{V}\times100\%=\frac{3.5-5}{5}\times100\%=-30\%$$

即当最终产品的名义税率小于原材料的名义税率时，最终产品的有效保护率小于对其征收的名义税率，甚至会出现负保护。负保护的意义是指由于关税制度的作用，对原料征收的名义税率过高，使原料价格上涨的幅度超过最终产品征税后附加价值增加的部分，从而使国内加工增值低于国外加工增值。这意味着生产者虽然创造了价值，但由于不加区别地对进口成品和原材料征收关税，使这种价值降低，生产者无利可图，而鼓励了成品的进口。

### 四、关税结构

关税结构又称为关税税率结构，是指一国关税税则中各类商品关税税率之间高低的相互关系。世界各国因其国内经济和进出口商品的差异，关税结构也各不相同。尽管世界各国的关税结构不同，但普遍存在关税升级的现象。一般都表现为：资本品税率较低，消费品税率较高；生活必需品税率较低，奢侈品税率较高；本国不能生产的商品税率较低，本国能够生产的商品税率较高。其中一个突出的特征是关税税率随产品加工程度的逐渐深化而不断提高。制成品的关税税率高于中间产品的关税税率，中间产品的关税税率高于初级产品的关税税率。这种关税结构现象称为升级或阶梯关税结构（cascading tariff structure）。

用有效保护理论可以很好地解释关税结构中的关税升级现象。有效保护理论说明，原料和中间产品的进口税率与其制成品的进口税率相比越低，对有关的加工制造业最终产品的有效保护率则越高。关税升级，使得一国可对制成品征收比其所用的中间投入品更高的关税，这样，对该制成品的关税有效保护率将大于该国税则中所列该制成品的名义保护率。以发达国家为例，在 60 年代，发达国家平均名义保护率在第一加工阶段为 4.5%，在第二加工阶段为 7.9%，在第三加工阶段为 16.2%，在第四加工阶段为 22.2%，而有效保护率分别为 4.6%、22.2%、28.7%和 38.4%。由此可见，尽管发达国家的平均关税水平较低，但是，由于关税呈升级趋势，关税的有效保护程度一般都大于名义保护程度，且对制成品的实际保护最强。在关税减让谈判中，发达国家对发展中国家初级产品提供的优惠，远大于对制成品提供的优惠，缘由即出于此。这一分析告诉我们，在考察保护程度时，要把着眼点放在产

品生产过程的增值和分析关税对产品增值部分的影响上。投入品（原料、半制成品）的关税税率越低，关税对产出品的有效保护水平越高，反之，越低，甚至形成关税的负保护。关税应从原料、半制成品和制成品逐步由低到高，形成阶梯结构，并利用阶梯结构向不同行业和不同层次的产品提供不同的有效保护。

## 第五节 关税对国际贸易的影响

关税对国际贸易的影响是多方面的，各国关税水平的高低影响着国际贸易的兴衰，制约国际贸易的商品结构和地理分布，影响商品价格和市场，调节贸易差额与国际收支。

### 一、对世界贸易发展的影响

关税是在进出口商品的价格上额外增加的费用，它提高了价格，增加了消费者的税负。有些商品由于征税，减少了进出口流量，不利于国际贸易的开展。一般说来，在其他条件不变的情况下，世界市场上主要国家的关税税率的增减程度与国际贸易发展速度成正比关系。当世界各国普遍提高关税，加强关税壁垒时，国际贸易的发展速度趋向下降；反之，当各国普遍大幅度地降低关税时，国际贸易的发展速度将趋向加快。1929 年至 1933 年发生的世界经济危机期间，发达资本主义国家竞相提高关税，高筑关税壁垒限制外国进口商品，国际贸易下降了 2/3，这个时期，美国进口额从 44 亿美元下降到 13 亿美元，所有的国家对美国的出口都大幅度下降。第二次世界大战后，特别是在 50 年代至 70 年代初期间，发达资本主义国家推行贸易自由化政策。由于关税在世界范围内的大幅度降低，国际贸易自由化发展，从 1950 年到 1973 年，世界贸易额平均增长 10.3%，世界贸易量年平均增长率为 7.2%，发展速度大大快于战前。

### 二、对国际商品结构和地理方向的影响

关税在一定程度上影响着国际商品结构和地理方向的变化。战后以来，发达资本主义国家工业制成品进口关税的下降幅度超过农产品关税的下降幅度，发达国家之间的关税下降幅度超过它们对发展中国家的下降幅度，经济集团内部关税下降幅度超过其对集团外的下降幅度。这些特点，使国际工业

制成品贸易的增长超过农产品贸易，使发达国家之间的贸易量增长超过它们与发展中国家之间的贸易量，也使某些集团内部贸易的增长超过其对集团外的贸易增长。

## 三、对进出口国本身的经济贸易作用

关税对进出口国自身的经济贸易的作用主要表现在：在出口方面，通过低税、免税和退税来鼓励商品出口；在进口方面，通过税率的调整、减免来调节进口贸易。当今世界各国一般都不征收出口税，进口税对贸易的影响便尤为重要，主要表现在以下几个方面：①对于国内已能大量生产或有大量生产潜力的产品，规定较高的进口关税可以削弱外国产品的竞争能力，保护国内产品的市场及其竞争能力。②对于非必需的奢侈品规定极高关税以起到限制进口的目的，把有限的外汇节省下来进口别的急需或者重要的东西。③对国内急需但不能生产或生产不足的原料、半制成品、生活必需品及生产急需品规定较低的关税以鼓励进口，这样可以起到有利于本国经济发展和提高人民生活水平的作用。

## 四、对商品价格、生产和销售的影响

关税和商品价格、生产和销售有着密切的关系。一般来说，进口货物课征关税后，会导致进口国的国内价格上涨，进口数量下降，在一定条件下起到了保护国内生产和销售的作用。但关税的影响程度如何，还须看关税税率之高低。进、出口国价格的变化以及进、出口国各自的需求和供给弹性不同，关税的影响程度也有所不同。

通常进口关税税率越高，进口商品在国内市场价格也越高，限制进口的作用将越大。在征收关税的条件下，国内外价格变化对商品进口也有不同的影响，在进口国征收关税以后，会使国内价格和国外价格发生差异。如果这种价格差异大于关税税额，则输入该种商品仍有利可图，进口商将继续增加该商品的进口；反之，如果差异之数小于关税税额，则输入该商品时，进口商将蒙受损失，他将减少商品进口甚至不进口。这种价格差异，是由国内价格上涨与国外价格下跌造成的；在某种特定的情况下，也可能是单方面的，即由国内价格上涨或国外价格下跌所造成的。

关税对国内外价格涨落的影响，在一定条件下，还由于国内外各自的需求和供给情况的差异而有所不同。具体如下：

(1) 如进口国的国内供应量较大而弹性较强时，在征收关税后，进口的国内价格稍有上涨，国内供应就会有较大的增长。在这种情况下，进口国的国内价格上涨幅度会较小，而出口国的价格下跌的幅度会较大。因此，对本国不生产的商品征收进口税要比对国内容易增加产量的货物征收进口税所引起的价格上涨幅度更大。

（2）如出口国国内供给量较大而弹性较强时，在征收关税后，进口国家的国内价格上涨的幅度较大，而出口国的价格下降幅度较小。

（3）如进口国的需求量较大而弹性较强时，在征收关税后，则进口国的国内价格上升的幅度较小，而出口国的价格下降的幅度将较大。

（4）如出口国需求量较大而弹性较强时，在征收关税后，则进口国的价格下跌幅度较小，而进口国的国内价格上涨幅度较大。

虽然关税在一定程度上起着保护和促进进口国同类产品的生产和销售的作用，但如果关税税率长期偏高，保护期限过长，不仅会严重损害消费者利益，而且往往会阻碍这些产品技术改进和成本下降，削弱产品的竞争能力，最终反而影响其生产和销售的发展。

## 第六节　中国的关税政策

### 一、我国第一部独立自主的海关税则

1949 年 10 月 25 日，海关总署在北京宣告成立，使海关的历史从此掀开新的一页。1951 年 5 月 16 日公布实施的《海关进出口税则》是新中国第一部独立自主的海关税则。这部海关税则的特点是：第一，进出口合一。这是指同一商品的进口税号和出口税号采用同一分类目录中的相同税号，并对同一税号分别列出进口税率和出口税率。第二，复式税则制。在该税则中每个税号的税率有两栏，最低税率和普通税率。最低税率适用于同我国签订贸易条约或协定的国家。普通税率适用于没有同我国签订贸易条约或协定的国家。第三，从价税。计征关税的办法一律采用从价税。

### 二、1985 年的关税制度改革

1985 年，我国制定了《进出口关税条例》，1987 年 9 月进行修订，同时还修订了《海关进出口税则》。《进出口关税条例》是我国关税的基本立法，它包含了海关关税制度的基本内容：如海关税则、税率运用、完税价格的审

定、税款的交纳、退补、关税的减免及审批程序、申诉程序等。

根据关税条例，我国的海关总政策是："贯彻国家对外开放政策，体现鼓励出口和扩大必需品的进口，保护与促进国民经济的发展"。据此确定了制定关税税率的基本原则：对国内不能生产或不能满足供应的国计民生必需品给予免税或低税；原料的进口税率一般低于半制成品或制成品的税率；对国内不能生产或质量未过关的机器设备和仪器仪表的零件配件，其税率比整机低；对国内已能生产或非国计民生所必需的物品制定较高的税率；对国内生产需要保护的产品制定更高的税率；对绝大多数商品不征出口税，只对少数原料、材料和半成品征收出口税。

我国从 1985 年起采用布鲁塞尔关税目录，并根据我国具体情况加列子目和分目构成五级分类，共有税目2 098个。从 1992 年起改为实施《商品名称及编码协调制度》，根据《商品名称及编码协调制度》，税目有6 250个，比原来的2 089个增加了4 152个税目。两栏税率的水平分别是最低税率 2%～220%，分 24 级；普通税率为 8%～270%，分为 20 级。

## 三、税率下调及其意义

### （一）税率下调的情况

从 1985 年起，特别是 1986 年中国正式提出恢复关贸总协定缔约国地位以来，为加速我国对外贸易的发展，向国际惯例靠拢，我国政府多次大刀阔斧地削减进口关税税率。1985 年新税则出台时，把1 151个税目往下调整，调整面达当时税目的 55%。1986 年到 1990 年又先后对进口关税进行调整，把 83 个税号税率往下调整，140 个税号往上调整。

进入 20 世纪 90 年代后，又进行了五次税率下调。第一次：1992 年 1 月 1 日起，降低 255 种进口商品关税税率，并取消所有的进口商品调节税。第二次：1992 年 12 月起，降低2 898个税目进口关税税率，使我国关税算术平均税率降至 43.2%。第三次：1993 年 12 月起，降低3 371个税目进口商品关税，使我国关税算术平均税率降至 35%。第四次：1996 年 4 月起，降低4 900多个税目进口关税税率，使我国关税算术平均税率降至 23%。第五次：1997 年 10 月起，降低 4 874 个税目进口关税，占现行税目的 73%，使我国关税水平由 23%降至 17%，降税幅度达 26%，比 1992 年我国关税降低了 60.6%。此次降税后，我国税则中的最高税率由 120%降至 100%，税率在 30%以上的税目减少了 45%。

加入世贸组织以后，我国关税总水平连续 4 次下降。从 2002 年 1 月 1 日起，我国进口关税总水平由入世前的15.3%下降到12%；2003年，关税总水平又下降一个百分点，降至11%；2004年，我国关税总水平再次下降至10.4%。从2005年1月1日起，我国全面履行加入世贸组织的承诺，从2005年1月1日起，我国进一步降低进口关税，关税总水平由10.4%降低至9.9%，涉及降税的共900多个税目。2005年是我国履行加入世界贸易组织的关税减让承诺、较大幅度降税的最后一年，此后，按入世承诺需降税的税目数将大为减少。其中，农产品平均税率由15.6%降低到15.3%；工业品平均税率由9.5%降低到9.0%。

（二）关税下调的作用与意义

在计划经济时期，由于担心过多地进口商品会冲击国内生产，造成外汇收支不平衡，我国对进口贸易一直实行较为严格的行政控制，进口关税税率远远高于发展中国家平均水平。对外开放后，为了引进外国先进技术、设备和利用外资，我国在关税政策上实行了许多减免，但由于这种做法不统一、不规范，导致出现较大的贸易顺差，使我国在一些国际贸易谈判中处于被动地位。20世纪90年代以后，我国一次次主动降低关税，特别是入世后大幅度、大范围地降税，具有重大的作用和意义。主要表现为：

(1) 关税水平的降低充分表明了我国以更加开放的姿态参与国际分工合作的决心和信心。降低关税水平有利于我国适当增加进口，减少过大的贸易盈余，促进出口贸易健康、稳步地发展。从长远看，还有利于企业降低生产成本，提高产品质量；有利于充分利用国际、国内两种资源、两个市场，促进社会化扩大再生产的进行，实现有限资源的最佳配置；有利于引进世界上的先进产品和先进技术，促进我国产业结构和产业结构的调整，促进企业技术的进步。

(2) 是我国履行加入世界贸易组织承诺的一个重要步骤。根据我国在加入世界贸易组织时的承诺，我国的关税水平由2001年的14%降到2005年的约10%，其中工业品由13%降至约9.3%，农产品由19.9%降至约15.5%。农产品关税减让承诺的实施到2004年结束，98%的工业品关税减让到2005年结束，但汽车及汽车零部件的关税到2006年7月1日分别降至25%和10%(平均水平)，部分化工品的关税减让将到2008年结束。同时我国自加入世界贸易组织起即加入《信息技术协定》(ITA)，并在2005年底前逐步取消所有IT产品的关税。

(3) 促进我国外贸事业的发展，增加了我国的关税收入。与我国的关税税率不断下调形成强烈对照的是，我国的进出口总额不断上升。我国的关税收入不仅没有因税率的一再降低而减少，反而快速增长。这都说明，下调税率有效促进了我国对外贸易的发展，增加了我国的关税收入，符合我国经济发展的需要。此外，一次次降税还给我国消费者带来显而易见的实惠。

## 关键名词

| | | | | |
|---|---|---|---|---|
| 关税 | 进口税 | 进口附加税 | 反倾销税 | 反补贴税 |
| 报复关税 | 紧急关税 | 惩罚关税 | 特惠税 | 普遍优惠制税 |
| 复式税则 | 通关手续 | 原产地规则 | 加工标准 | 增殖标准 |

## 复习思考题

1. 关税的主要特点是什么？关税有哪些主要种类？
2. 反倾销与反补贴有什么不同？
3. 什么是海关税则？它包括哪两个部分？可分为几类？
4. 简述入世前我国进行的关税减让过程。入世后，我国关税水平如何？

# 第七章　非关税措施

**学习目标**

通过本章学习，掌握非关税壁垒概念、特点、主要种类和对国际贸易的影响，熟悉各种非关税壁垒措施的主要内容，特别是新型非关税壁垒的表现形式，能运用所学知识分析当今国际贸易非关税壁垒案例并能提出相应的应对措施。

**重点难点**

1. 非关税壁垒的概念和特点
2. 进口配额制
3. 新型非关税壁垒措施

非关税措施是贯彻国际贸易政策的又一重要手段。它在 20 世纪 30 年代大危机以后逐渐发展起来。第二次世界大战后初期，由于贸易自由化的实行，非关税壁垒措施有所放松，但是 20 世纪 70 年代中期开始，以非关税壁垒为主的新贸易保护主义又呈加强之势。非关税壁垒对于国际贸易带来了明显影响，已成为当前国际贸易中的主要障碍，对发展中国家尤其不利。非关税壁垒问题越来越引起世界各国的普遍关注，并成为各国保护贸易政策的重要手段。

## 第一节　非关税措施的概述

### 一、非关税措施的发展过程及趋势加强的主要表现

#### （一）非关税措施的发展过程

非关税措施（Non-Tariff Barriers，NTBs）是相对关税措施而言的，它是指除关税以外各种限制进口的措施。非关税壁垒可以分为直接和间接两大

类。直接的非关税壁垒措施也称直接的数量限制，是由进口国直接对进口商品的数量或金额加以限制，或迫使出口国直接限制商品的出口。这类措施有：进口配额制、进口许可证制和“自动”出口限制等。间接的非关税壁垒措施是对进口商品制定严格的条例或规定，间接地限制商品进口，如苛刻复杂的技术标准、进口最低限价、卫生安全检验和严格的社会标准等。自从GATT第六轮“肯尼迪”开启非关税壁垒谈判以来，已经有越来越多的多边协议来约束直接的非关税壁垒，所以表面看起来更合法的间接非关税壁垒业已成为各国限制进口措施的主流。

非关税措施在资本主义的发展初期就已出现，到20世纪30年代经济危机时期，随着资本主义市场问题的尖锐化，才广泛盛行。20世纪30年代大危机使商品价格暴跌，仅仅通过大幅度提高关税的办法已经无法有效地阻止外国商品进入本国市场。于是，进口配额、进口许可证和外汇管理等非关税措施便在许多国家广泛地采用。

二战后初期，由于贸易自由化的实行，非关税措施曾经有所放松。但是自20世纪70年代中期开始以非关税措施为主的新贸易保护主义又呈加强趋势。为了抵消由于关税大幅度下降所造成的不利影响，发达资本主义国家广泛采取各种非关税措施，限制商品进口，出现了以非关税措施为主，关税措施为辅的新贸易保护主义。

（二）非关税措施加强的主要表现

当前，非关税措施呈日益加强的趋势，主要表现为：第一，非关税措施的项目日益增多。据统计，在20世纪60年代末非关税措施共计850多项，到70年代末为900多项，到80年代末，据世界银行统计，非关税措施达2 500多项。第二，非关税措施的实施范围不断扩大，从纺织品、鞋类逐步扩大到汽车、钢材、农产品、电器和电子产品等大量的商品。第三，受到非关税措施限制的国家增多。随着非关税措施的加强，受到非关税措施限制和损害的国家和地区也日益增多，不仅包括发展中国家，而且包括发达国家。第四，歧视性日益加深，针对不同的国家，实施限制程度不同的措施。

## 二、非关税措施的主要特点

非关税措施与关税措施均能起到限制进口的作用，非关税措施与关税措施相比，又具有以下几个特点：

（一）非关税措施比关税措施更能达到限制进口的目的

关税措施是通过征收高额关税，提高进口商品的成本和价格，削弱其竞争能力，间接地影响到进口量，达到限制进口的目的。但出口国采用出口补贴、商品倾销等办法降低出口商品成本和价格，关税往往难以有效地阻止进口。而很多非关税措施，如进口配额、许可证、自动出口限制等均能直接控制进口数量，从而达到减少进口的目的。

（二）非关税措施比关税措施具有更大的灵活性和针对性

一般来说，各国关税税率的制定，必须通过立法程序，如果调整或更改税率，需要经过较繁琐的法律程序和手续，这种法律程序和手续往往难以适应紧急限制的情况。同时，关税税率一般受到多边或双边贸易协定的约束。因此，关税税率很难做出灵活性的调整。而在制定和实施非关税措施上，通常采取行政程序，手续简便迅速，并能随时针对某国、某种商品采取相应的限制措施，较快地达到限制进口的目的。因而非关税壁垒比关税壁垒具有更大的灵活性。

作为世贸组织成员，各国政府变动关税税率（主要是提高税率）必须和贸易伙伴国协商，否则会因违背世贸组织规则而受到制裁，所以具有相对的稳定性。另一方面，在需要紧急限制进口时又往往难以及时调节。同时，关税的最惠国待遇原则是 WTO 的主要原则之一，歧视性的国别关税不仅不符合世贸组织的基本原则，而且容易导致别国报复。例如，2001 年日本限制香菇和大葱等商品的进口，表面上看起来是对所有国家一视同仁，但是日本这些进口商品的主要出口地是中国，所以其针对性与歧视性就不言而喻了。

（三）非关税措施比关税措施更具有隐蔽性和歧视性

一般说来，关税税率确定以后，往往以法律形式公布于众，依法执行，它较有透明度，出口商比较容易把握有关商品的税率。按照 WTO 关于关税透明性原则的要求，关税的税率必须公开透明，便于查阅，任何国家的出口商都可以了解。但一些非关税措施往往不公开，或者规定极为繁琐复杂的标准和手续，而且经常变化，出口商往往难以预测和无法适应。因而非关税壁垒比关税壁垒更具有隐蔽性。

## 第二节 非关税措施的主要种类

传统的非关税措施可以分为直接的非关税措施和间接的非关税措施两种。另外，随着贸易保护主义抬头，传统国际贸易壁垒受限，以及社会进步和人们物质生活水平的日益提高，传统的非关税壁垒大多逐渐被分化、细化、弱化，国际贸易中出现了多种形式的新型非关税壁垒措施。

## 一、直接的非关税措施

### （一）进口配额制

进口配额制（Import Quotas System）又称进口限额，是一国政府对一定时期内（如一季度、半年或一年）某种商品的进口数量或金额规定一定的限额，在规定的限额以内商品可以进口，超过限额就不准进口，或不完全禁止进口，但要征收较高的关税或罚款。进口配额制主要有以下两种：

1. 绝对配额（Absolute Quotas）

绝对配额是指在一定时期内，对某种商品的进口数量或金额规定一个最高额，达到这个数额后，便不准进口。这种进口配额在实施中又可分为以下两种：

（1）全球配额。全球配额属于世界范围的绝对配额，对于来自任何国家和地区的货物一律适用。主管当局通常按进口商申请的先后或过去某一时期的进口实绩批给一定的额度，直至总额发完为止，超过这个总额就不准进口。由于全球配额对进口商品的原产国别或地区不加限定，因此配额公布后，进口商纷纷争夺配额，在限额的分配和利用上，难以贯彻国别政策。

（2）国别配额。国别配额是在总额配额内按国别和地区分配的配额，超过配额规定的便不准进口。为了区分来自不同国家的商品，在商品进口时进口商必须提交原产地证明书。实行国别配额可以使进口国家根据与有关国家的政治经济关系分配给不同的配额，使非关税措施的针对性和歧视性得到充分的体现。一般来说，国别配额又可分为自主配额和协议配额。

①自主配额又称单边配额，是指在一定时期内，由进口国家完全自主地单方面强制规定从某个国家或某个地区进口某种商品的配额，而不必征得对方出口国的同意。由于自主配额由进口国单方面决定，因此，各国和地区在所得配额上往往有所差异，进口国可利用这种配额贯彻国别政策。②协议配额又称双边配额，它是由进口国和出口国政府或民间团体之间，通过谈判协商所确定的配额。由于协议配额是由进出口双方协商确定的，因此它的使用会得到出口国家的谅解和配合，不会引起对方的反感与报复，往往容易执行。

2. 关税配额（Tariff Quotas）

关税配额是指对商品进口的绝对数额不加限制，而对在一定时期内，在规定的配额以内的进口商品，给予低税、减税或免税待遇，对超过配额的进口商品则征收较高的关税、附加税或罚款。例如，澳大利亚从 1979 年起对来自中国的呢绒实施关税配额，年度配额是全毛精纺 200 万平方米，混纺呢绒 150 万平方米，超过上述配额就要征收高关税。韩国对大米、玉米等 67 种（2001 年减至 60 种）农产品实行关税配额管理，对其中的部分产品征收很高的配额外关税，其税率一般在 200%以上。另外，韩国的配额管理还缺乏足够的透明度，影响了中国相关产品的对韩出口。日本关税配额的分配采取“事前分配方式”，且管理程序复杂。例如，日方以经验不足为由拖延公布配额分配结果，影响了贸易的正常开展，而且日方仅公布获得配额的企业名单，并不标明各企业获得的配额数量，配额申请人无法通过横向比较，评估分配结果的公正性，配额外税率也设置过高。

关税配额按商品的进口来源可分为全球性关税配额和国别关税配额。按征收的目的可分为优惠性关税配额和非优惠性关税配额。前者是对关税配额内进口的货物，给予较大幅度的关税减让，甚至免税，而对超过配额的进口货物则征收原来的最惠国税率。后者是在关税配额内仍征收原来的进口税，但对超过配额的进口货物，就征收极高的附加税或罚款。

目前，配额在世界各国普遍使用。对发达国家来讲，一方面配额主要是针对从发展中国家进口的一些劳动密集型商品和敏感性商品；另一方面配额也作为实行贸易歧视政策的手段。而对发展中国家来说，配额的使用主要是为了限制非必需品及与本国产品相竞争的工业品的输入，节约外汇开支，发展民族经济。但无论从什么角度出发，配额的使用都与世界贸易组织的取消数量限制原则相违背。随着世界经济的发展，配额的使用终究会放宽直至完全取消。

#### （二）“自动”出口配额制

##### 1.“自动”出口配额制的含义

“自动”出口配额制（“Voluntary”Export Quotas）又称“自动”出口限制，简称“自限”，也是一种限制进口的手段。所谓“自动”出口配额是指出口国在进口国的要求或压力下，“自动”规定在某一时期内该国某种商品出口的配额，在限定的配额内自行控制出口，超过配额即禁止出口。

“自动”出口配额制是二次世界大战后出现的非关税措施。它实际上是进口配额制的变种，但在形式上略有不同。绝对进口配额是由进口国家直接控制进口配额来限制商品的进口，而“自动”出口配额是由出口国家直接控制这些商品对指定国家的出口。但是，对进口国家来说，“自动”出口配额与绝对进口配额一样，起到了限制商品进口的作用。

2.“自动”出口配额制的特点

“自动”出口配额制的显著特点之一就是带有明显的强制性。进口国为了保护国内竞争力弱的行业，往往以同类商品大量进口会使其有关工业部门受到严重损害，造成所谓的“市场混乱”为理由，要求出口国自己控制出口，使有关国家的出口“有秩序的增长”，如果出口国不“自动”控制该商品的出口数量，进口国将单方面强制实行更为严厉的限制进口措施。在这种情况下，一些出口国家为了避免出现对自己更为不利的情况，不得不被迫实行“自动”出口限制配额。出口国企业可以通过转移生产国别来回避“自动”出口配额。例如，在美国要求日本对汽车实行“自动”出口限额后，日本大量的汽车制造公司到美国本土设厂生产，使“自动”出口限额失效。20 世纪 60 年代中期，美国迫使香港实行纺织品“自动”出口限额，因为当时新加坡向美国出口纺织品还不受配额限制，造成香港纺织品企业纷纷去新加坡投资设厂，后来新加坡也被迫规定出口限额时，这些公司又转移到不受配额限制的泰国和马来西亚投资设立子公司，继续向美国出口。

目前，国际贸易中的钢铁产品、农产品、汽车产品、电子产品、鞋类、机械工具等均实行“自动”配额制，由于非关税措施作用不断加强，这种“自动”配额制仍有继续发展的趋势。

3.“自动”出口配额制的分类

“自动”出口配额制一般有两种形式：

（1）非协定的“自动”出口配额。即不受国际协定的约束，而是出口国迫于进口国的压力，单方面规定出口配额，限制商品出口。这种配额有的是由政府有关机构规定配额，出口商必须向有关机构申请配额，领取出口授权书或出口许可证才能出口。有的是由本国大的出口厂商或协会“自动”控制出口，以控制恶性竞争。

（2）协定的“自动”出口配额。即双方通过谈判签订“自限协定”或有秩序的销售安排。在协定中规定有效期内的某些商品的出口配额，出口国应根据此配额实行出口许可证或出口配额签证制，自行限制这些商品的出口。进口国则根据海关统计进行检查，“自动”出口配额大多数属于这一种。《纺织品服装协定》就是发达国家为阻止来自发展中国家日益增长的纺织品进口而采取的一种有秩序的销售安排，它到 2005 年全面中止，从而实现了纺织品贸易的自由化。

4.“自限协定”

目前，发达国家主要是通过“自限协定”来限制其他国家的商品出口。“自限协定”的内容日趋复杂，各种协定内容不尽相同，一般包括以下几个方面。

(1) 配额水平 (Quota Level)。即规定有效期内各年度“自动”出口的限额。通常是以签约前一年的实际出口量为基础，商定第一年限额，并确定其他各年度的增长率。

(2) “自动”限制出口的商品分类和细目。早期“自动”限制商品的品种较少，分类较笼统。70 年代以来，品种增多，分类也日趋复杂。如 1974—1977 年的日美纺织品协定中，将日输美的棉、化纤、毛三大类纺织品共分成六组 243 项，按组分别规定各自限额，对组内“特别项目”又规定个别限额。

(3) 限额的融通。即各种受限商品的限额相互之间适用的权限与数额问题，主要有两种融通做法：①水平融通。是指同一年度内组与组、项与项之间在一定百分率内的融通使用。这种替换率一般在 1%～15%之间，有些品种禁止移用。②垂直融通。是指同组同项水平在上下年度间的融通，即在协定中规定留用额 (carry-over) 和预用额 (carry-in)。留用额指当年未用完的配额拨入下年度使用的额度，预用额是指当年配额不足而预先使用下年度的额度。留用额和预用额的规定一般都有一些限制条件。例如，留用额不得超过实际余额，某些项目的留用额只限于同类项目使用，某些特定商品规定较低的留用额，甚至禁止使用留用额；预用额必须在下年度配额中扣除。预用额不得超过 5%。

(4) 保护条款。指协定规定进口国方面有权通过一定的程序，限制或停止进口某些造成“市场混乱”或使进口国市场厂商受损害的商品。这实际上扩大了进口国限制进口的权限，发达国家在对外签订“自动”限制协定时，都力求订入这项条款。

5. 多边纤维协定 (Multi-fabric Agreement, MFA) 多边纤维协定，也称国际纺织品贸易协议，是关贸总协定下的一项多边纺织品和服装贸易协定，是世界主要的纺织品出口国与进口国就纺织品的贸易所达成的协议。通过协议由纺织品出口国自动地约束其纺织品的出口，以达到进口国的数量限制。因此，它是一种数量控制措施的体现，却又以出口国“自动”限制的形式出现，它是多边协定配额的典型表现。MFA 的宗旨是，通过发达国家暂时地限制纺织品进口，或由发展中国家自动地限制其纺织品出口，为发达国家对其国内竞争力遭到削弱的纺织品进行调整提供机会，而作所谓有秩序的销售安排，以免“市场扰乱”，其实质就是发达国家限制来自发展中国家的纺织品进口。

多边纤维协定于 1973 年 12 月由 42 个国家和地区订立，中国于 1984 年加入。它的实施，助长了西方新贸易保护主义的盛行，在数量限制的约束下，抑制了发展中国家的对外贸易。特别是在工业化初期的发展中国家，劳动密集的纺织服装往往是其走向国际市场的第一步。在发展中国家的强烈要求和共同努力下，纺织和服装终于被关贸总协定纳入"乌拉圭回合"的谈判议题。最终达成了用10年时间分三阶段逐步实现纺织品和服装贸易自由化的协议，到2005年，纺织品贸易结束了长达30多年的数量限制。

(三) 进口许可证制度

1. 进口许可证含义

进口许可证（Import License）是指为实施进口许可证制度需向有关管理机构递交申请书或其他单证（海关要求的单证除外），作为进口到该国海关管辖地区的先决条件的行政管理手续。

2. 进口许可证的分类

进口许可证制度可分为两种：

一种为自动许可证制。它是一种程序，通常用于两种目的：一是为统计目的，为海关当局提供出口货物情况的基础；二是被用于监督目的，即一个政府可以知道可能损害国内工业的大量重要产品的进口情况，这种监督制度又称为事先保障制度，有些政府使用自动许可证就是为此目的。

另一种为非自动许可证制。基本上用来管理现行的进口限制。非自动许可证制的透明度很低，因为许可证手续的管理是一种纯粹的行政管理手段。在发放和分配许可证时，推迟在申请上盖章可阻止外国货物的进口，尽管没有关税，没有数量限制，但却成为极为有效的障碍。

进口许可证制度作为一种有效的限制进口的措施，在二战前就被一些国家采用，战后初期大多数国家仍继续使用进口许可证制度。发达国家通过繁琐复杂的申请进口许可证的程序和手续，阻碍商品的进口。发展中国家为了保护和促进民族经济的发展，也实行了进口许可证制度，以便限制奢侈品及本国能够生产的工业品的进口。进口许可证制是与WTO的基本原则相违背的，如果这种做法运用不当，不仅会妨碍贸易的公平竞争，还容易导致对出口国实行歧视性待遇。而且特种许可证的发放如果没有法律保障，就很容易成为进口国有关机构腐败的温床。所以WTO要求，如果有关成员国因特殊情况要采用进口许可证制，也要使用公开一般许可证，并且发放程序要透明。

(四) 外汇管制

1. 外汇管制的含义

外汇管制（Foreign Exchange Control）是一国政府通过法令对外汇收支、结算、买卖和使用所采取的限制性措施。主要目的是集中外汇的使用，防止外汇投机，限制资本的流出和流入，稳定货币汇率，改善或平衡国际收支。

在外汇管制下，进口商必须向外汇管制机构（比如我国的外汇管理局）指定的银行购买外汇；携带本国货币出入国境也受到严格的限制。政府通过控制外汇的供应数量来掌握进口商品的种类、数量和来源国别，从而起到限制进口的作用。

2. 外汇管制的种类

一般来说，外汇管制有三种：

第一种是数量性外汇管制。数量性外汇管制是指国家外汇管理机关对外汇买卖的数量实行限制和分配。其目的是通过限制外汇买卖的数量、集中外汇收入、控制外汇支出、实行外汇分配，以达到限制进口商品品种、数量和出口国别的目的。

第二种是成本性外汇管制。成本性外汇管制是指国家外汇管理机构对外汇买卖实行复汇率制，利用外汇买卖成本的差异来间接影响不同商品的进出口。复汇率制是指一国货币的汇率有两个或两个以上。国家外汇管理机构利用汇率差别可以做到限制和鼓励某些商品的进口或出口。一般来说，对于国内需要而又供应不足或不生产的重要原料、机器设备和生活必需品的进口及缺乏国际竞争力但又要扩大出口的某些商品，给予较为优惠的汇率；对于国内可大量供应和非常重要的原料、机器设备的进口及一般商品的出口等适用一般汇率；而对于奢侈品和非必需品的进口则适用最不利的汇率。

第三种是混合性外汇管制。混合性外汇管制是指同时采用数量性和成本性的外汇管制，对外汇实行更为严格的控制，以影响商品的进出口。

外汇管制是 1931 年世界经济危机爆发后的产物。由于国际收支长期失衡，黄金外汇储备短缺，二战后期，许多国家不得不继续实行外汇管制。随着世界经济的复苏，国际收支状况的改善，外汇管制在 50 年代后半期有所放宽，但近年来又有所加强。许多发展中国家为了维护国际收支的平衡，调节进出口，促进经济发展，也纷纷实行外汇管制。一般来说，现在实行外汇管制的国家，要么本国金融体系还不健全，不能马上实现货币自由兑换，例如 20 世纪 90 年代后期的中国；要么频繁经历金融危机，国际收支长期失衡，不得已而实行进口外汇管制，例如一些拉美国家。

## 二、间接的非关税措施

### （一）歧视性政府采购

1. 歧视性政府采购的含义

歧视性政府采购（Discriminatory Government Procurement Policy）是一国政府通过制定法令和政策，规定各级政府在采购公共物品时，必须优先购买本国产品的做法。由此导致对外国商品的歧视和限制，并打击进口商的积极性。商品的最终消费由私人消费和公共消费两部分构成，而各国庞大的政府办公机构是商品销售的主要对象之一。通过对政府采购制定一些有利于本国产品不利于进口产品的差别措施，就可以缩小进口商品的市场，从而起到限制外国商品的进口，节省外汇支出，支持国内生产，保护国内市场等作用。事实上，每个国家都有有益于购买国货的某种立法或传统。在像美国这样的联邦制国家，这样的规定可扩及到州或地方的购买要求。美国与政府采购有关、影响进口的主要法规是 1933 年的《购买美国货法案》。这一法规要求政府购买美国货，除非货物不用于美国、美国没有足够的质量满意的货物，或者国货不符合公众利益或产生不合理的成本。

2. 歧视性政府采购的内容与作用

政府采购是由国家机构（包括中央和地方各级政府部门以及国有企业）以公开招标的方式从国内、国外市场上购买货物、服务和工程建筑的行为。政府采购的产品包括日用品、办公设施，也包括建筑、能源交通等公共基础设施。

由于政府是各国经济中最大的货物与服务采购者，因而，政府采购在各国经济发展中起着很重要的作用。据欧盟估算，政府采购的金额占其成员国内生产总值的 15%，比发展中国家的比重还要高。在原先的关贸总协定条文中，政府采购不受国民待遇和最惠国待遇义务的限制，因而在 1979 年前，各国的政府采购市场基本是封闭的，是不对外开放的。许多传统的大市场政府采购对外国货物与服务者是封闭的，各国采购时往往倾向于本国的货物与服务提供者。这种状况引起国际上越来越大的关注，在乌拉圭回合谈判后期达成了《政府采购协议》，为全球政府采购明确了方向。WTO 的《政府采购协议》是一个诸边协议，只有签署了该协议的成员方受协议规则的约束。协议规定，协议的签署方必须保持政府采购的透明度，并给其他成员在参与政府采购方面同等的待遇。但在实践中，一些 WTO 成员往往以不太透明的采购程序阻碍外国产品公平地参与采购。

（二）歧视性国内税

歧视性国内税（Internal Taxes）是指通过对外国商品征收较高的国内税来限制外国商品的进口。由于消费者在购买外国进口商品时要支付较高的国内税，因而会影响到他们对外国商品的购买，从而起到限制外国商品进口的作用，这种措施在欧洲国家实行较为普遍。

对进口产品征收高于国内产品的税费，通过构成对进口产品的不公平限制，这是与WTO的国民待遇相违背的。但是由于国内税的制定和执行通常不受贸易条约和多边协定的限制，而且有些国家地方政府亦有设税的权限，所以更能起到限制进口的目的。例如，美国和日本进口酒精饮料的消费税都高于本国同类产品。

（三）进口最低限价

进口最低限价（Minimum Price）就是一国政府规定某种进口商品的最低价格。凡进口货物低于规定的最低价格，则征收进口附加税或禁止进口，以达到限制低价商品进口的目的。例如，1985年智利对绸坯布进口规定每公斤的最低限价为52美元，低于此限价，将征收进口附加税。20世纪70年代，美国曾实行所谓的“启动价格制”来限制欧洲国家和日本的低价钢材和钢制品的进口。启动价格是以当时世界上效率最高的钢材生产者的生产成本为基础计算出来的最低限价，当进口价格低于这一限价时，便自动引发对该商品征收进口附加税或罚金。

（四）进口押金制度

进口押金制度（Advanced Deposit）又称进口存款制，是指政府为了控制某些商品的进口，或为了在一段时间内控制全国的进口量，规定进口商在进口商品以前，必须预先按进口金额的一定比例，在规定的时间内到指定的银行无息存放一笔现金的制度。进口押金制的实行，无形中增加了进口商的资金负担，影响了资金周转，或由此造成进口成本过高，从而起到限制进口的作用。例如，第二次世界大战后，意大利政府曾规定某些商品不管从任何国家进口，必须先向中央银行交纳相当于进口值半数的现款押金，并无息冻结6个月。据估计，这项措施相当于征收5%以上的进口附加税。芬兰、新西兰和巴西等国也实行这种措施。

（五）专断的海关估价

1. 专断的海关估价的含义

海关估价是指海关按照规定对申报进口的商品价格进行审核，以确定或估计其完税价格。专断的海关估价（arbitrary measures for customs valuation）措施是指有些国家根据国内某些特殊规定，违背《海关估价协议》，提高某些进口货物的海关估价，增加进口货物的关税负担，来阻碍商品的进口。

2. 海关估价的方法

海关估价是以所确定的进口货物的价格为依据，计算出应付进口关税额。

根据世界贸易组织的规定，海关对进口货物的估价，应以进口货物或相同货物的实际价格，作为计算关税的依据。而不能采用武断或虚构的估价以提高计征从价税。然而，仍有一些国家利用海关估价变相地提高进口商品价格，达到征收高关税、限制进口的目的。为此，世界贸易组织达成的《海关估价协议》，规定对进口货物的估价主要有以下几种方法。

(1) 海关完税价格应是货物的成交价格。在确定海关估价时，应在进口货物实付或应付的价格中加入除购货佣金外的佣金和经纪费，以及按有关货物成本对待的容器费用、包装材料和劳务费用等等。

(2) 以与被估货物同时或大约同时向同一进口国出口销售的相同货物的成交价格为基础。相同货物是指在所有方面都相同的货物，包括物理性质、质量和信誉。表面上的微小差别可不考虑。

(3) 以与被估货物同时或大约同时向同一进口国出口销售的类似货物的成交价格为基础。类似货物是指虽然不是在所有方面都相同，但具有类似特性和类似组成材料，从而能起到同样效用且在商业上可以互换的货物，同时还要考虑货物的品质、信誉和现有的商标等因素。

(4) 扣除法。即以进口货物或相同或类似货物在进口国国内市场的售价为基础，扣除销售佣金、利润、进口国国内发生的运保费以及关税和其他国内税收作为海关完税价格。

(5) 估算价格。它包括生产进口货物的原材料、制造加工费、利润和一般费用，以及影响价格的其他费用，即估算价格是重新计算生产成本和产品费用的最终价格。

#### (六) 通关环节壁垒

通关环节壁垒是指，进口国有关当局在进口商办理通关手续时，要求提供非常复杂或难以获得的资料，甚至商业秘密资料，从而增加进口产品的成本，影响其顺利进入进口国市场；或者通关程序耗时冗长，使得应季的进口产品（如应季服装、农产品等）失去贸易机会；或者对进口产品征收不合理的海关税费等。例如，1982 年 10 月法国政府宣布，凡录像机进口都必须经过一个叫普瓦蒂埃的口岸。普瓦蒂埃是一个名不见经传的内地小镇，离最近的港口有数百英里。该镇的海关人员很少，大批录像机被海关人员搬出箱子，查看使用说明书是否为法文，结果极大地延迟了过关的时间。加上要求在该口岸过关的消息是在一个不为人注意的小报上公布的，许多日本出口商根本不知道这条消息，还是把货物运到了原来的口岸，然后不得不再转运到普瓦蒂埃，损失无法计量。这样就达到了限制进口日本录像机的目的。

（七）进口禁令

进口禁令（Import Prohibition）是指超出 WTO 规则相关例外条款（如 GATT 第 20 条规定的一般例外、第 21 条规定的安全例外等）规定而实施的限制或禁止进口的措施。美国《1962 年贸易拓展法》授权总统在某些产品对美国出口达到一定数量，或在特定情况下可能威胁到国家安全时，可采取必要的措施限制该种产品的进口。此外，该法还规定，美国产业可以出于国家安全需要，向有关部门申请禁止同类产品的进口，而且该类产品进口禁令可以无限期使用；美国产业根据该条件提出申请时，不需要提供本产业受损害的证据。虽然该法对确定某种产品的进口是否对国家安全造成威胁时应考虑的因素作出了规定，但由于标准不明确，以致总统和商务部等行政部门在实际操作中享有很大的自由裁量权。

（八）直接生产补贴

直接生产补贴（Subsidies）是政府对进口竞争部门给予补贴，使之能以同类进口产品的相同价格在国内市场销售，以达到排挤或减少此类产品进口的目的。与出口补贴不同的是，出口补贴一般只是补给出口部门，是为了提高本国产品在国际市场的竞争力。WTO 的《补贴与反补贴措施协议》对成员国使用补贴确立了比较严格的标准，将补贴分为禁止的补贴、可申诉的补贴和不可申诉的补贴。其中禁止的补贴包括进口替代补贴。

在农产品补贴方面，WTO《农业协议》对农业国内支持制定了基本规则。如一成员对农产品的国内支持不符合《农业协议》的规定，就构成对进口产品的贸易壁垒。《农业协议》根据各种国内支持措施的贸易扭曲程度将其分为三类，即绿箱措施、蓝箱措施和黄箱措施。绿箱措施是指由政府提供的、其费用不转嫁给消费者，且对生产者不具有价格支持作用的政府服务计划，主要包括政府的一般服务、用于粮食安全目的的公共储备补贴等措施。这些措施对农产品贸易不会产生或仅产生微小的扭曲影响，成员方无须承担约束和削减义务。蓝箱措施是指按固定面积和产量给予补贴（如休耕补贴）、按基期生产水平的 85％或 85％以下给予的补贴和按固定牲畜头数给予的补贴。这些补贴通常是农产品限产计划的组成成员方无须承担削减义务。黄箱措施是指政府对农产品的直接价格干预和补贴，包括对种子、肥料和灌溉等农业投入品的补贴、对农产品营销贷款的补贴等。黄箱措施对农产品贸易产生扭曲影响，成员方须承担约束和削减的义务。《农业协议》要求各成员方用综合支持量来计算其黄箱措施的货币价值，并以此为尺度，逐步予以削减。但对于发展中国家，部分黄箱措施也被列入免于削减的范围，主要包括农业投资补贴、对低收入或资源贫乏地区生产者提供的农业投入品补贴和为鼓励生产者不生产违禁麻醉作物而提供的支持等。实践中，一些国家未能依照规则逐步削减黄箱措施，而仍维持着较高水平的补贴，从而构成贸易壁垒。

## 三、新型非关税壁垒措施

乌拉圭回合谈判的结果是关税壁垒进一步削弱，传统的非关税壁垒也受到众多诸边协议的约束。各国在保护环境、维持生物多样性和维护本国人民生命安全的名义下，实施或加强了一系列新的非关税壁垒措施，其中主要包括技术壁垒、环境壁垒、社会壁垒和反倾销措施等。

### （一）技术性贸易壁垒

1. 技术性贸易壁垒的含义

技术性贸易壁垒是指进口国对外国进口商品，制定强制性和非强制性的苛刻繁琐的技术法规、标准以及检验商品的合格评定程序，从而提高产品进口的要求，增加进口难度，最终达到限制进口的目的。这类壁垒以技术面目出现，属于人为的、技巧性的，而不是实质上的、自然科学意义上的技术。

世界贸易组织1994年《技术性贸易壁垒协议》（WTO/TBT协议）承认了技术性贸易措施存在的合理性和必要性，允许各国可以基于维护国家安全、人类安全与健康、动植物安全与健康、环境保护和防止欺诈行为等正当理由而采取技术性贸易措施。

根据《TBT协议》，技术性贸易措施可分为三类，即技术法规、标准和合格评定程序，并把符合《技术性贸易壁垒协议》原则的技术法规、标准和合格评定程序视为合理的、允许的，不构成贸易壁垒，而把不符合《TBT协议》原则的技术法规、标准作为贸易壁垒，要求消除。

2. 技术性贸易壁垒的主要措施

各国贸易技术壁垒主要有以下几种：

(1) 严格、繁杂的技术法规和技术标准。技术法规所包含的内容主要涉及劳动安全、环境保护、卫生与健康和节约能源与材料等。目前，工业发达国家颁布的技术法规种类繁多。尤其是近几十年来，随着贸易战的加剧，许多工业发达国家打着保护本国消费者安全和健康、保护劳工合法权益的旗号，制定了许多有关安全卫生方面的法律，来限制商品进口。

随着竞争的加剧，工业发达国家对于许多产品规定了极为严格的技术标准，有意识地利用这些标准作为竞争的手段，把标准中的技术差异作为贸易保护主义的措施。有些标准的规定甚至是经过精心策划的，专门用以针对某个国家的出口产品。技术标准不仅在条文上可以对外国产品规定许多限制，而且在标准的实施上也可以设置重重障碍，以限制进口和销售。其具体体现在以下几个方面。①充分利用各国技术标准、法规的差异性设置障碍。日本的法规和标准中只有极少数是与国际标准一致的，当外国产品进入日本市场时，不仅要求符合国际标准，还要求与日本的标准相吻合。如化妆品，要与日本的化妆品成分标准（JSCL）、添加剂标准（JSFA）和药理标准（JP）的要求一致。只要有其中一项指标不合格，日方就可以以质量不达标为由拒之门外。②技术标准要求严格，让发展中国家很难达到。发达国家凭借其经济、技术优势，制定出非常严格苛刻的标准，有的标准甚至让发展中国家望尘莫及。欧共体各国由于普遍经济、技术实力较高，因而各国的技术标准水平较高，法规较严，尤其是对产品的环境标准要求，让一般发展中国家的产品望尘莫及。以欧盟进口的肉类食品为例，不但要求检验农药的残留量，还要求检验出口国生产厂家的卫生条件；此外，欧盟理事会92—5EEC指令还对工作间温度、肉制品配方及容器、包装等作出了严格的规定。③有些标准经过精心设计和研究，是专门针对某些进口国家或商品而制定的，可以专门用来对某些国家的产品形成技术壁垒。美国为了阻止墨西哥的土豆输入，对土豆的标准规定有成熟性、个头大小等指标，这就给墨西哥种植的土豆销往美国造成了困难，因为要销往美国的土豆不能太熟就得收获，否则易烂，这样又难以符合成熟性的要求。法国禁止含有葡萄糖的果汁进口，这一规定的意图就在于抵制美国货物，因为美国出口的果汁普遍含有葡萄糖这一添加剂。我国是打火机的生产和出口大国，产品出口包括欧盟、美国在内的30多个国家和地区。2001年，仅浙江省出口打火机就达9.13亿只，出口金额1.29亿美元，占全国打火机出口的49.9%。1994年以来，欧盟各国逐步通过了规定进口廉价打火机，特别是出口价在2欧元以下的打火机必须要有防止儿童开启的安全保险装置的CR法案，这给我国的打火机出口制造了巨大的障碍。如德国禁止在国内使用车门从前往后开的汽车，而这种汽车正是意大利菲亚特500型汽车的式样。法国规定，进口的玩具、电子游戏机、家用电冰箱、煤气仪表、搬运车辆、塔式起重机等，必须符合法国生产和销售的技术标准，否则禁止在法国市场上出售。

（2）复杂的合格评定程序。许多国家规定对影响人身安全和健康的产品实行强制性认证。这些产品如果未经政府授权的机构进行认证，未佩戴特定的认证标志，则不准在市场上销售。例如，美国为了对商品的安全性能进行认证，设立了代号UL的“保险商实验室”，外国商品必须通过UL认证后才能顺利地进入美国市场。IS09000系列标准在美国被等效采纳，美国标准协会（ANSI）开展了对第三方认证体系的认可、质量注册机构的认可（即厂家声明的认可）和实验室计划的认可。外国进口商向美国市场销售某些产品时须向某些认证机构申请认可。其中保险商实验室联合公司（UL）、美国石油协会（API）是著名的认证机构。

（3）商品标签的规定。标签是商品上必要的文字、图形和符号。许多国家为了保护消费者的利益，要求尽量向消费者提供产品质量和使用方法的信息，因而，对进口商品，特别是对消费品标签作了严格的规定。而这些规定在一定程度上增加了出口商的商品成本，削弱了商品的竞争能力。如加拿大规定进口食品和食用的消费品必须以法文和英文标用品名，并在商品的明显地方标明商品的重量、名称和出口国生产者或加拿大进口商的名称及地址。又如法国一家公司生产的童装出口奥地利，因未注明洗涤标志，到奥地利国境时被海关卡住，不但商品进不了奥地利，还要支付海关的存货费用。自1987年以来，我国每年被美国海关扣留的食品中约有25%是由于不符合“美国食品标签法”的规定。美国FDA规定，从1995年6月1日起，凡是出口到美国的鱼类及其制品，都必须贴上有美方标明来自非污染水域的标签，而食品中农兽药残留量须按照世界卫生组织规定的限量进行检查和控制。除了多数肉类及家禽由美国农业部（LSDA）管理外，所有食品进口至美国，必须经FDA按照前述法规进行检验，对进口食品的管理除市场抽样外，主要在口岸检验，要查验进口货物是否贴上所需要的特殊标志或标签，而且贴标志或者标签的方法是否符合海关要求，是否符合政府其他有关部门法律条例规定的特殊要求。不合要求的将被扣留，然后以改进、退回或销毁三种方式处理。

又如，法国是世界上鲜贝的进口大国，1994年，法国宣布了鲜贝区别性标签的新规定（French Government Order NOR MERP9300051 A），根据该规定，出口到法国的鲜贝不能再使用“coquilles st. jacques”（扇贝），而只能使用“petoncle”（扇贝）的标签。尽管秘鲁等国出口到法国的鲜贝（即被法国称之为petoncle的鲜贝）无论从大小、外观、材质或用途等方面均与被法国称为“saint jacques”的鲜贝无异，但“petoncle”在法国消费者心目中代表着低质低价。因此，法国政府此举的出台，必将对秘鲁等国鲜贝的出口市场销售造成明显的负面影响。故而，法国政府有关鲜贝标签的法令，不仅违反了多年以来的商业惯例，同时也违反了GATT1994的第22条，贸易技术壁垒协议（TBT）的14.4条和争端解决程序（DSU）的第4条。

(二) 环境贸易壁垒

1. 环境贸易壁垒的含义

环境贸易壁垒(Environment Trade Barrier)又称绿色贸易壁垒，是近年来国际上出现的一种非关税壁垒。它是指国际贸易中某些发达国家借口保护环境，对外国商品制定过分高于国际公认或绝大多数国家所不能接受的环境保护标准，或实行比本国商品的环保标准更高的双重标准，从而限制或禁止外国商品的进口，以达到贸易保护的目的。

2. 环境贸易壁垒的措施

目前，各国尤其是发达国家实施的环境贸易壁垒措施主要有以下几种:

(1) 苛刻的绿色标准。发达国家在保护环境的名义下，通过立法手段，制定严格的强制性技术标准，限制国外商品进口。这些标准都是根据发达国家生产和技术水平制定的，发展中国家是很难达到的。这种貌似公正、实则不平等的环保技术标准，势必导致发展中国家产品被排斥在发达国家市场之外。其中比较著名的是ISO14000环境管理系列标准，这是国际标准化组织(ISO)发布的序列号为14000的一系列用于规范各类组织的环境管理的标准。虽然ISO14000通过国际协调，在一定程度上消除了由于环保而造成的贸易冲突，协调了环境与贸易的关系。但是，人们也普遍担心，ISO14000将成为发达国家限制发展中国家市场准入的一个口舌，成为一种变相的贸易保护主义，原因是：由于经济、技术信息等方面的原因，发展中国家实施ISO14000的速度以及规模滞后，这将影响到发展中国家产品市场准入和竞争力；由于产业结构的不同，发展中国家高污染行业较多，而这些行业实施ISO14000需要的环保投入很大，这在短期内将影响发展中国家企业的竞争力；由于发展中国家的企业规模普遍较小，销售额较低，缺乏雄厚的资金和高素质的人员，而实施ISO14000费用昂贵，企业一般无力承担因实施ISO14000的高昂费用；由于制定ISO14000系列标准的各技术工作组均是发达国家，它们在制定标准时往往只考虑自身利益而忽视发展中国家的国情，给发展中国家的企业提出了超出实际情况的要求。

(2) 复杂苛刻的动植物卫生检疫措施。根据WTO《实施卫生与植物卫生措施协议》(以下简称SPS协议)的有关规定，WTO成员有权采取如下措施，保护人类、动植物的生命和健康：保护WTO成员领土的动物或植物的生命或健康免受虫害或病害、带病有机体或致病有机体的传入以及繁殖或传播所产生的风险；保护WTO成员领土内的人类或动物的生命或健康免受食品、饮料或饲料中添加剂、污染物、毒素或致病有机体所产生的风险；保护

WTO成员领土的动物或植物的生命或健康免受动物、植物或动植物携带的病害或虫害的传入、繁殖或传播所产生的风险；防止或控制WTO成员领土内有害生物的传入、繁殖或传播所产生的其他损害。上述措施总称为SPS措施，具体包括：所有相关的法律、法令、法规、要求和程序，特别是最终产品标准；工序和生产方法；检验、检疫、检查、出证和批准程序；各种检疫处理，包括与动物或植物运输有关的或与在运输过程中为维持动植物所需物质有关的要求；有关统计方法、抽样程序和风险评估方法的规定；与食品安全直接有关的包装和标签要求等。

根据《SPS协议》，WTO成员制定和实施SPS措施必须遵循科学性原则、等效性原则、与国际标准协调一致原则、透明度原则、SPS措施的一致性原则、对贸易影响最小原则和动植物疫情区域化原则等。缺乏科学依据，不符合上述原则的SPS措施均构成贸易壁垒。例如，某国仅以从来自另一国的个别批次中检测出不符合《SPS协议》的污染物为由，全面禁止从该国进口，由于违反了《SPS协议》关于SPS措施要基于必要且对贸易影响最小的原则，从而构成了贸易壁垒。又如，某国以另一国的个别农场或地区发生动植物疫情为由，全面禁止从该国进口所有的动植物及其产品，违反了《SPS协议》的区域化原则，构成了贸易的变相限制；某国对进口的三文鱼的检疫要求严于对本国产品的检疫要求，或严于进口的可能感染了与三文鱼的进口相同疾病的其他鱼类的检疫要求，从而限制或禁止三文鱼的进口，违反了《SPS协议》的一致性原则，构成了贸易壁垒。

例如，日本对进口农产品、畜产品以及食品类的检疫防疫制度非常严格，对于入境农产品，首先由农林水产省下属的动物检疫所和植物防疫所从动植物病虫害角度进行检疫。同时，由于农产品中很大部分用作食品，在接受动植物检疫之后，还要由日本厚生劳动省下属的检疫所对具有食品性质的农产品从食品角度进行卫生防疫检查等，2002年1月至7月日本厚生省对中国蔬菜共检验7001批次，其中仅有36件农药残留超标，只占总检验量的0.5%。质优价廉的中国蔬菜，对日本本土蔬菜市场形成强大的冲击，于是，日方采取分批检验的办法，导致进口通关放慢。由于蔬菜保鲜期短，繁琐的检验手续使菜质下降，而且检验费从原来的每批次5万日元抬升至80万日元。高额费用迫使日本进口商陆续取消对华订单，达到了利用技术壁垒实现贸易保护的目的。

(3) 绿色包装要求。绿色包装制度要求节约资源，减少废弃物，用后易于回收再用或者再生，易于自然分解。2000年9月25日，欧盟通报了其关于电气和电子设备废物回收或处置的指令草案。指令要求供应商建立废物处理工厂，处置回收的废旧电器，或者供应商向地方回收商按比例支付“寿命终结费”。这个指令草案一出台，立即引起以东盟为代表的发展中国家的强烈反对，成为20～23次TBT委员会会议上争论的焦点。英国制定了包装材料重新使用的计划，要求2000年前使包装废弃物的50%～75%重新使用。日本也分别于1991、1992年发布并强制推行《回收条例》、《废弃物清除条件修正案》。美国规定了废弃物处理的减量、重复利用、再生和焚化填埋5项优先顺序指标。这些“绿色包装”法规，虽然有利于环境保护，但却为发达国家制造“绿色壁垒”提供了可能，由此引起的贸易摩擦不断。例如，丹麦以保护环境为名，要求所有进口的啤酒、矿泉水和软性饮料一律使用可再装的容器，否则拒绝进口。此举受到欧共体其他国家的起诉。最后丹麦虽然胜诉，但欧共体仍指责其违反自由贸易原则。又如美国的环保法规中规定，对一些天然材料生产的包装物，要进行卫生和动植物检疫，以防止动植物病虫害的进入，而我国的出口产品包装往往不注重这方面的要求，加之包装材料较差，部分出口商品的包装还大量使用了木材、稻草等材料，不仅外观粗陋，而且常常因为其中含有病虫害而一再受到美国的责难和限制，甚至经常因为通不过动植物检疫而影响有关产品的出口。

（4）绿色环境标志。它是一种在产品或其包装上的图形，表明该产品不但质量符合标准，而且在生产、使用、消费和处理过程中符合环保要求，对生态环境和人类健康均无损害。发展中国家产品要进入发达国家市场，必须取得这种“绿色通行证”，但是其中花费的时间和费用使许多中小型企业望而却步。1978年，德国率先推出“蓝色天使”计划，以一种画着蓝色天使的标签作为产品达到一定生态环境标准的标志。发达国家纷纷仿效，美国于1988年开始实行环境标志制度，有36个州联合立法，在塑料制品、包装袋和容器上使用绿色标志，甚至还率先使用“再生标志”，说明它可重复回收、再生使用。欧共体于1993年7月正式推出欧洲环境标志。凡有此标志者，可在欧共体成员国自由通行，各国可自由申请。目前，美国、德国、日本、加拿大、挪威、瑞典、法国、芬兰和澳大利亚等发达国家都已建立了环境标志制度，并趋向于协调一致，相互承认。它犹如无形的层层屏障，使发展中国家产品进入发达国家市场步履维艰，甚至受到巨大冲击。

（5）环境成本。新贸易保护主义者认为，任何产品都应将环境和资源费用计入成本，且应以国际环境标准为准进行计算。如果忽视环境质量或降低环境标准，其出口产品实际上就具有了不公平的比较优势或环境补贴，形成了对高环境标准生产产品的不公平竞争。发展中国家在出口贸易中未计算绿色成本，是在进行环境倾销。因而，应通过反倾销、反补贴措施来均衡不同环境标准下的成本差异。很明显，这是经过精心设计和构筑的环境贸易壁垒。

环境壁垒是某些发达国家用来对发展中国家进口商品加以限制的一种手段。但是对于保护资源、环境和人类健康而言，它值得人们高度重视并应逐步适应。

（三）社会壁垒

社会壁垒（Social Trade Barriers）是指以劳动者劳动环境和生存权利为借口采取的贸易保护措施。社会壁垒由社会条款而来，社会条款并不是一个单独的法律文件，而是对国际公约中有关社会保障、劳动者待遇、劳工权利、劳动标准等方面规定的总称，它与公民权利和政治权利相辅相成。目前，在社会壁垒方面颇为引人注目的标准是 SA8000（Social Accountability 8000），该标准是于 1997 年 8 月由美国 CEPAA（Council on Economic Priorities Accreditation Agency）所制定的国际标准。制定 SA8000 标准的宗旨是为了保护人类基本权益。SA8000 标准的要素引自国际劳工组织（ILO）关于禁止强迫劳动、结社自由的有关公约及其他相关准则、人类权益的全球声明和联合国关于儿童权益的公约。该标准内容涵括了童工、强迫性劳工、安全与卫生、组织工会的自由与集体谈判的权利、歧视、工作时间、薪酬与管理系统等重要议题。SA8000 的标准取自于国际工会组织协会、国际人权宣言和关于儿童权利的联合国公约。欧洲在推行 SA8000 上走在前列，美国紧随其后。欧美地区的采购商对该标准已相当熟悉。目前，虽然 SA8000 尚未转化为 ISO 标准，但它已得到国际认可，更为重要的是，该标准正在激起全球企业界的广泛关注和热情。很显然，企业经认证机构全面、独立的审核后，颁发的社会责任认证证书，将是对该企业道德行为和社会责任管理能力最为有效的认可。SA8000 将是未来国际竞争中企业获得成功的一个重要组成部分。当前全球很多大的采购集团非常青睐有 SA8000 认证企业的产品，这迫使很多企业投入巨大人力、物力和财力去申请与维护这一认证体系，这无疑会大大增加成本。特别是发展中国家，劳工成本是其最大的比较优势，社会壁垒将大大削弱发展中国家在劳动力成本方面的比较优势。

（四）反倾销措施壁垒

1995 年 7 月 1 日生效的世界贸易组织《反倾销协议》，是反倾销的主要行为准则，也是各成员国制定或修改国内反倾销法律的依据。《反倾销协议》规定，欲实施反倾销措施的成员方须遵守三个条件：一是确定倾销事实的存在；

二是确定对其国内产业造成了实质损害或实质损害的威胁，或对建立国内相关产业造成了实质阻碍；三是确定倾销和损害之间事实上存在因果关系。界定倾销的要素在于外国商品价格与正常价格之间差距的大小。按照世界贸易组织规定，倾销幅度不超过出口价格的2%或者倾销产品进口量占同类产品进口的比例不超过3%，都是可以忽略不计的。反倾销措施壁垒是指滥用WTO所允许的合理的反倾销手段，以达到限制外国产品进口的目的。

反倾销措施的下述特点使其成为限制进口的另一有效手段。

(1) 反倾销是得到WTO协议认可的。WTO《多边货物贸易协定》中的《反倾销措施协议》使反倾销制度在WTO框架下取得了合法地位，相应地，维护公平竞争就成为实行贸易保护的一个有力的借口。

(2) 实施反倾销行动所要求的利益损害（指倾销行为对进口国国内产业造成的损害或损害威胁）认定，要比采取GATT 1994第19条项下的保障措施所要求的利益损害（指进口激增对进口国国内产业造成的损害或损害威胁）认定更为简单。采取保障措施的前提是认定进口对国内产业造成严重损害，而对反倾销措施来说，损害认定标准较低，有造成实际损害的举证就足够了。

(3) 反倾销可以针对个别国家。WTO并不要求反倾销行动必须对所有出口国同时进行。

(4) 反倾销和自动出口限制具有互补效应。反倾销的威胁会使出口国更容易接受自动出口限制。

(5) 反倾销限制进口的效果显著且迅速。无论案件结果如何，单是反倾销调查本身就具有限制进口的作用。出口商将承受应诉和管理成本，同时还面临不确定性的风险。

从美国的反倾销法律程序，可以清楚地看到反倾销限制进口的作用。

(1) 案件审理的周期长。美国厂商提出投诉后20天内由商务部确定是否立案调查，45天内由国际贸易委员会举行听证会，就该项商品是否对美国国内产业造成实质性损害或造成威胁作出初步裁决。投诉后160天内由商务部确定“公平价格”，并对低于“公平价格”的幅度向进口商征收保证金（原告或商务部可提出延长50天）。商务部初裁后75天举行听证会，进行终裁（被告可要求延长60天）。商务部终裁后，案件又回到国际贸易委员会，由后者在45天内举行听证会，就产业损害问题进行终裁。终裁7天后在《联邦纪事报》上公布结果并开征反倾销税。可见，自投诉到国际贸易委员终裁，案件审理时间可长达287天，若原告和被告分别要求延长，则可长达397天。如此漫长的审理程序不仅使应诉企业必须付出高昂的费用，而且使之面临巨大的时间成本。

（2）占压资金。自商务部初裁之日起，海关根据初裁确定的低于“公平价格”的幅度向进口商征收保证金。反倾销税以商务部终裁的低于“公平价格”的幅度为准，进口商所交保证金多退少补。国际贸易委员会的终裁是在9个月之后，而进口商在起诉方投诉后160天内就必须交纳保证金，即使被告最后获得胜诉，这中间的时间差也会使进口商付出巨大的资金成本。

（3）反倾销税具有回溯性。进口商须交纳的反倾销税可能高于保证金数额，因为只要起诉方请求，商务部就会对案件进行年度复审，以确定实际应缴的税额。若税额高于保证金，进口商将收到一份账单，效力可以追溯到进口之后两年内应缴的追加税款。

（4）程序复杂，案件的最终结果难以预料。整个审理过程可能需要3次听证会、4次裁决，虽然除国际贸易委员会初裁外，其余3次裁决中只要有一次裁决否定倾销或损害，被告就能胜诉，但审理程序复杂，牵涉因素很多，结果很难预料。

上面几项因素综合起来，还会对被诉国家及其他国家潜在的出口商构成巨大的心理压力，使他们对美国市场望而却步。

反倾销措施壁垒的另一关键问题，是在正常价格的认定上对所谓“非市场经济”国家实行差别待遇。

按照《反倾销协议》，界定倾销的要素在于外国商品价格与正常价格之间差距的大小。正常价格的确定方法有三种：①出口产品在出口国市场上有可比价格的，以该可比价格为正常价格；②出口产品在出口国市场上无可比价格的，以第三国的可比价格为正常价格；③当出口产品无可比价格时，以相同或类似产品的生产成本加合理费用、利润为正常价格。如果被视为非市场经济国家，即便该出口产品在国内市场有可比价格，但进口国仍然选用参照国。由于参照国的人力成本一般大大高于出口国的人力成本，出口产品很容易被裁定为倾销。

那么，如何评定一国是不是市场经济国家呢？各国都有自己的标准。美国商务部所指的“非市场经济国家”是指不按市场成本和价格规律进行运作的国家。它对市场经济有六个具体标准：一是货币的可兑换程度；二是劳资双方进行工资谈判的自由程度；三是设立合资企业或外资企业的自由程度；四是政府对生产方式的所有和控制程度；五是政府对资源分配、企业的产出和价格决策的控制程度，要求该产业的产品数量和价格决策没有政府介入，所有重要的产品投入都是以市场价格支付的；六是商务部认为合适的其他判断因素。此外，美国商务部还特别关心出口国的出口管理。一是在法律上，政府是否对该企业的出口活动进行控制。包括：①对各个企业的经营和出口许可有关的限制规定；②任何对企业减少控制的立法；③政府其他任何减少对企业控制的措施。二是在事实上，政府是否对该企业的出口活动进行控制，商务部通常要考虑以下因素：①出口价格是否由政府确定或须政府同意；②出口商是否有权协商合同条款并签订合同或其他协议；③出口商在选择管理层时是否不受政府限制而有自主权；④出口商在分配利润和弥补亏损上是否有独立的决定权。

欧盟于1998年颁布的905.98号法令，规定了五条判定市场经济地位的标准：一是市场供求决定价格、成本和投入等；二是企业有符合国际财会标准的基础会计账簿；三是企业生产成本与金融状况，不受前非市场经济体制的歪曲，企业有向国外转移利润或资本的自由，有决定出口价格和出口数量的自由，有开展商业活动的自由；四是确保破产法及财产法适用于企业；五是汇率变化由市场供求决定。

由此可以看出，美国与欧盟提出的市场经济标准有一定的区别，美国直接提出国家的市场经济标准问题，而欧盟主要是讲企业和行业的市场经济标准问题。这些标准构成了一个体系，不是单独使用的。欧美等国不是只根据某一条来下判断，而是将围绕所有这些标准的调查结果加起来，判断企业或产业是否达到市场经济的临界水平，得出和认定该国或该行业、企业是否已经具有市场经济条件的结论。

到目前为止，我国仍然不被大多数发达国家承认为市场经济国家，企业只能以个案形式由进口国认定是否符合市场经济条件，加大了企业的出口成本。所以，行业协会和政府有必要发挥各自的优势，争取使大多数发达国家承认我国的市场经济地位，进而取得更公平的出口待遇。

## 第三节　非关税措施对国际贸易的影响

### 一、对国际贸易发展的影响

非关税措施对国际贸易的发展起着重大的阻碍作用。在其他条件不变的情况下，世界性非关税措施的加强程度与国际贸易的发展速度成反比关系。当非关税措施趋向加强，实行非关税措施的国家进口商品的数量将要减少，而且由于相互影响、相互作用的结果，国际贸易的发展速度将趋向加快。例如，在二战后的20多年间，随着经济的复苏、繁荣，各主要资本主义国家纷纷亮出自由贸易的招牌，一方面降低关税幅度，另一方面放宽或取消进口数量限制等非关税措施，结果促进了国际贸易额年均增长10.3%，国际贸易量年均增长率为7.2%，明显高于战前的增长率。但随着上世纪70年代末发达国家经济危机的出现，国际市场竞争日趋激烈，各国又相继制定非关税措施，使1973－1979年间的国际贸易平均增长率仅为4.5%，1980－1983年间降为3%。由此可见，非关税措施的加强或削弱将阻碍或促进国际贸易的发展。

## 二、对国际贸易商品结构和地理方向的影响

非关税措施还在一定程度上影响国际贸易商品结构和一些国家的对外贸易的地理方向。第二次世界大战以后，特别是上世纪70年代以来，不断加强的非关税措施对农产品贸易的影响程度超过技术密集型产品贸易；发展中国家或地区对外贸易受到发达国家的影响程度超过发达国家之间的贸易。这种差异决定了国际贸易商品结构和地理方向的变化，并阻碍和损害了发展中国家对外贸易的发展。

## 三、对进口国的影响

非关税措施直接或间接地限制了进口商品的数量，从而使进口商品的价格上升。在削弱进口商品市场竞争力的同时，对本国经济也有很大的影响。

在一定条件下，进口数量限制对价格的影响程度是不同的：进口国的国内需求量愈大，外国商品进口限制程度愈大，其国内市场价格上涨的幅度将愈大；进口国国内需求弹性愈大或国内供给弹性愈大，其国内市场价格上涨的幅度愈小。由于国内价格上涨，使得进口国消费者的指数增加，蒙受损失，而有关厂商特别是垄断组织从中获得高额利润。由于非关税措施的加强，必然加大进口商品的成本，因此，一方面大大削弱了进口商的竞争能力，影响了进口商品的销售，从而保护了本国的同类产业的生产和市场；另一方面，在追求利润动机的驱使下，本国厂商会调整产品结构，扩大生产规模，在一定程度上起到保护促进本国有关产品的生产发展的作用。

## 四、对出口国的影响

对出口国来说，进口国采取各种非关税措施将直接影响出口国的商品出口数量和价格，造成出口商品增长率下降或出口数量减少，出口价格也随之

下跌，严重影响出口国的国际收支和生产发展。由于各国的经济结构和出口商品的结构不同，各种出口商品的供给弹性不同，其出口商受到的非关税措施的影响也不同，通常是发展中国家或地区出口商品的供给弹性较小，发达国家出口商品的供给弹性较大，因而发展中国家或地区蒙受的非关税措施限制的损失超过发达国家。

## 关键名词

| | | | |
|---|---|---|---|
| 绝对配额 | 关税配额 | “自动”配额制 | 进口许可证 |
| 外汇管制 | 歧视性政府采购 | 歧视性国内税 | 进口最低限价 |
| 进口押金制 | 歧视性海关估价 | 技术性贸易壁垒 | 环境贸易壁垒 |
| 社会壁垒 | 反倾销措施壁垒 | 通关环节壁垒 | SA8000 |

## 复习思考题

1. 什么是非关税壁垒？非关税壁垒有何特点？
2. 非关税措施对国际贸易有何影响？
3. 环境贸易壁垒措施有哪些？我国应采取什么样的对策？
4. 新型国际贸易壁垒有哪些形式？试在当今国际贸易领域搜集相应案例并进行分析。

# 第八章　鼓励出口与出口管制措施

**学习目标**

通过本章学习，掌握各国政府为了鼓励出口所采取的措施；了解许多国家特别是发达国家，出于政治、经济、军事或外交的需要，对出口实行管制，所采取的措施；了解经济特区的作用和各种形式的经济特区。

**重点难点**

各种鼓励出口的措施

## 第一节　鼓励出口措施

许多国家在利用关税和非关税措施限制与调节外国商品进口的同时，还采取各种鼓励出口的措施，扩大商品的出口。鼓励出口的做法很多，包括经济、行政、组织等方面的措施，涉及到经济、政治、法律等方面，下面介绍一些主要的鼓励出口的措施。

### 一、出口信贷

#### （一）出口信贷的概念

出口信贷（Export Credit）是一个国家为了鼓励商品的出口，增强商品的竞争能力，通过本国银行对本国出口厂商或国外的进口厂商或银行提供贷款。

出口信贷主要用于出口成套设备、船舶、飞机等交易金额大、从生产到交货需要较长时间的产品。进口商一时难以支付巨额的货款，而出口商要垫付大数额的款项，也不利于资金的周转。这样，由出口国的银行提供出口信贷，如贷给进口商，进口商可以用这笔贷款购买出口国的商品，或贷给本国的出口商，出口商可以用这笔资金生产出口产品。

#### （二）出口信贷的种类

1. 根据时间的长短，可分为短期信贷、中期信贷和长期信贷短期信贷（Short-term Credit）通常指180天以内的信贷，有的国家规定期限为一年。主要适用于原料、消费品、小型机器设备的出口。

中期信贷（Medium-term Credit）通常指1～5年的信贷。主要适用于中型机器设备。

长期信贷（Long-term Credit）通常指5～10年甚至更长期限的信贷。主要适用于大型成套设备、船舶、飞机等。

2. 根据对象的不同、资金使用的形式不同，可分为买方信贷和卖方信贷

买方信贷（Buyer's Credit）是指出口国银行直接向外国的进口厂商（即买方）或进口方银行提供的贷款。其附加条件是贷款必须用于购买出口国的商品，因而起到促进商品出口的作用，这就是所谓的约束性贷款（Tied Loan）。它可分为两种形式：一是出口国银行贷款给进口厂商；二是出口国银行贷款给进口方银行。

卖方信贷（Supplier's Credit）是出口国银行向出口厂商（即卖方）提供的贷款。这种贷款合同由出口厂商与出口国银行签订。进口商与出口商达成的买卖合同采用延期付款的方式。卖方信贷尽管可以加速出口厂商的资金周转，不至于长期占用大笔资金，但进口厂商多要求以延期付款的方式来支付货款，这意味着买方要在相当一段时间后才能付清货款，对卖方来说，收款时间长，风险较大。

（三）出口信贷的主要特点

（1）出口信贷必须联系出口项目，即贷款必须全部或大部分用于购买提供贷款国家的出口商品。

（2）出口信贷利率低于国际金融市场贷款的利率，其利差由出口国政府给予补贴。

（3）出口信贷的贷款金额通常只占买卖合同金额的85%，其余10%～20%由进口商先支付现汇。

（4）出口信贷的发放与出口信贷保险或担保相结合，以避免或减少信贷风险。

为了做好出口信贷，发达资本主义国家一般都设立专门银行，办理此项业务，除对成套设备、大型交通工具等商品的出口提供国家出口信贷外，还向本国私人商业银行提供低利率贷款或给予贷款补贴，以资助它们的出口信贷业务。

## 二、出口信贷国家担保制

### （一）出口信贷国家担保制的概念

出口信贷国家担保制（Export Credit Guarantee System）是指国家为了扩大出口，对于本国出口信贷机构或商业银行向外国进口商或银行提供的信贷，由国家设立的专门机构出面担保，当外国债务人拒绝付款时，这个国家机构即按照承保的数额给予补偿。

### （二）担保的项目与金额

通常商业保险不承保的出口风险项目，都可以向担保机构进行投保。一般分两类：

（1）政治风险。如进口国发生革命、暴乱、战争、政治禁运、冻结而造成的损失。可以补偿的承保金额一般为合同的85%～95%。

（2）经济风险。如因进口厂商或贷款银行破产、倒闭、无力偿付、货币贬值或通货膨胀等原因造成的损失，可以给予补偿，承保金额为合同的70%～80%；为了扩大出口，有时对某些项目的承保金额可达100%。

### （三）担保对象

（1）对出口厂商的担保。出口厂商出口商品时提供的短期信贷或中长期信贷可向国家担保机构申请担保。有些国家的担保机构本身不向出口商提供出口信贷，但它可以为出口厂商取得出口信贷提供有利条件，采用保险金额抵押方式“授权书”。

（2）对银行的直接担保。通常银行所提供的出口信贷均可申请担保，这是担保机构直接对供款银行承担的一种责任。

### （四）担保的期限和费用

根据出口信贷的期限，担保期可分为短期和中长期。

短期信贷担保一般为6个月，最长不超过一年，承保范围包括出口厂商所有短期信贷交易。为了简化手续，有的国家对短期信贷采用综合担保（Comprehensive Guarantee）的方式。出口商品只要一年办一次投保，就可承保在这期间的一切海外短期信贷交易。一旦外国债务人拒付时，即可得到补偿。

中长期信贷担保通常为2～15年，最长可达20年。由于这种信贷金额大、时间长，所以采取逐年审批的特殊担保方式。承保时间可以从出口合同成立之日起直到最后一笔款项付清为止，也可以从货物装运直到最后一次付款为止。

为了减轻出口厂商和银行的负担，担保机构所收取的费用一般不高。保险费率根据出口担保的项目内容、金额大小、期限长短和输往国家的不同而有所不同。此外，各国对保险费率的规定也不一样，如英国一般为0.25%～0.75%，德国为1%～1.5%。

### 三、出口补贴

出口补贴（Export Subsidies）又称出口津贴，是一国政府为了降低出口商品的价格，加强其在国外市场上的竞争能力，在出口某种商品时给予出口厂商的现金补贴或财政上的优惠待遇。

#### （一）出口补贴的方式

出口补贴的方式有两种：

1. 直接补贴（Direct Subsidies）

直接补贴是指出口某种商品时，直接付给出口厂商的现金补贴。

2. 间接补贴（Indirect Subsidies）

间接补贴是指政府对某些出口商品给予财政上的优惠。如政府退还或减免出口商品的直接税、超额退还间接税、提供比国内销售货物更优惠的运费等。

#### （二）禁止使用出口补贴的情况

长期以来，各国对出口补贴问题争论不休，为此，乌拉圭回合谈判中达成的《补贴与反补贴协议》将补贴分为禁止使用的补贴、可申诉的补贴和不可申诉的补贴，并规定除农产品外任何出口产品的下列补贴，均属于禁止使用的出口补贴：

（1）政府根据出口实绩对某一公司或生产企业提供直接补贴；

（2）外汇留成制度或任何包含有奖励出口的类似做法；

（3）政府对出口货物的国内运输和运费提供了比国内货物更为优惠的条件；

（4）政府为出口产品生产所需的产品和劳务提供优惠的条件；

（5）政府为出口企业的产品，全部或部分免除、退还或延迟交纳直接税或社会福利税；

（6）政府对出口产品或出口经营，在征收直接税的基础上，给予出口企业的特别减让超过对国内消费的产品所给予的减让；

（7）出口产品生产和销售的间接税的免除和退还，超过用于国内消费的同类产品的生产和销售的间接税的免除和退还；

(8) 对于被结合到出口产品上的货物的先期积累间接税给予免除、退还或延期支付，仍属于出口补贴之列；

(9) 退还已结合到出口产品上的进口产品的进口税；

(10) 政府或由政府控制的机构所提供的出口信贷担保或保险的费率水平极低，导致该机构不能弥补其长期经营费用或造成亏本；

(11) 各国政府或政府控制的机构以低于国际资本市场利率提供出口信贷，或政府代为支付信贷费用；

(12) 公共利益的目的而开支的项目，构成了总协定第 16 条意义上的出口补贴。

## 四、商品倾销

商品倾销（Dumping）是指出口国家的出口厂商以低于国内市场价格，甚至低于商品生产成本的价格，在国外市场抛售商品，以占领国外市场。

按照倾销的具体目的和时间的不同，商品倾销可分为以下几种：

(1) 偶然性倾销（Sporadic Dumping），这种倾销通常是因为销售旺季已过，或公司改营其他业务，将在国内不能售出的“剩余货物”以低价向国外市场抛售。这种倾销会对进口国的同类生产造成不利影响，但由于时间短暂，通常进口国很少采取反倾销措施。

(2) 间歇性或掠夺性倾销（Intermittent or Predatory Dumping），这种倾销是以低于国内价格甚至低于成本价格，在某一国外市场上倾销商品，以打垮竞争对手，垄断市场，然后再提高价格，弥补低价时的损失。这种倾销严重损害进口国的利益，往往会遭到进口国反倾销税的抵制或其他报复。

(3) 长期性倾销（Long-run Dumping），这种倾销是长期以低于国内的价格在国外市场出售商品。这种倾销具有持续性、长期性的特点。其出口价格至少应高于边际成本，否则商品出口将会长期亏损，因此倾销者常采用规模经济扩大生产，降低出口成本，有时还可以通过获取政府补贴进行这种倾销。

资本主义国家的大企业倾销商品可能会使利润暂时减少甚至亏本。它们一般采用以下办法取得补偿：①在贸易壁垒的保护下，用维持国内市场上的垄断高价或压低工人的工资等办法，榨取高额利润，以补偿出口亏损；②国家提供出口补贴以补偿该企业倾销时的亏损；③大企业在国外市场进行倾销，打垮了国外竞争者，占领了国外市场后，再抬高价格，获取高额利润，弥补过去的损失。

长期以来，发达资本主义国家的大企业利用商品倾销，争夺国外市场，这就加剧了它们在世界市场上的矛盾。

## 五、外汇倾销

### （一）外汇倾销的含义

外汇倾销（Exchange Dumping）是出口企业利用本国货币对外币贬值的机会，争夺国外市场的特殊手段。当一国货币贬值后，出口商品以外国货币表示的价格降低，提高了该商品的竞争能力，从而扩大了出口。

以美国为例，美元对日元由原来的1美元＝140日元降到1美元＝110日元。假定原来一件10美元的美国商品输往日本时，在日本市场售价为1 400日元，现在这种商品价格按新汇率应为1 100日元，这时美国出口所得是1 100日元，按新汇率计仍然换回10美元，并没有因为美元贬值而受到损失，这对美国出口商是很有利的。在这种情况下，美国出口商可以采取三种处理方法：①按1 400日元在日本市场上出售，按新汇率计算每件商品可多得2.7美元，提高了利润；②适当降低价格，使它维持在1 100日元～1 400日元之间，既提高了利润，又扩大了商品出口；③把价格降到1 100日元，加强价格竞争，促进更多的商品出口。至于采取何种方法，要取决于美国出口商的销售意图和市场竞争情况。

在货币贬值后，货币贬值的国家进口商品的价格却上涨了，从而削弱了进口商品的竞争力。因此，货币贬值起到了促进出口和限制进口的双重作用。

### （二）外汇倾销的条件

外汇倾销不能无限制和无条件地进行，只有具备以下两个条件才能起到扩大出口的作用。

1. 货币贬值的程度大于国内物价上涨的程度

货币贬值必然引起一国国内物价的上涨。当国内物价上涨程度赶上或超过货币贬值的程度，对外贬值与对内贬值差距也随之消失。外汇倾销的条件也就不存在了。但是，国内价格与出口价格的上涨总要有一个过程，并不是本国货币一贬值，国内物价立即相应上涨。在一定时期内它总是落后于货币对外贬值的程度，因此，垄断组织就可以获得外汇倾销的利益。

2. 其他国家不同时实行同等程度的货币贬值和采取其他报复性措施

如果其他国家也实行同幅度的贬值，那么两国货币贬值幅度就相互抵消，汇价仍然处于贬值前的水平，而得不到货币对外贬值的利益。如果外国采取提高关税等其他限制进口的报复性措施，也会起到抵消的作用。

### 六、其他措施

（一）出口退税

出口退税是指国家为了增强出口商品的竞争力和扩大出口，由该国税务等行政机构将商品所含的间接税退还给出口商，使出口商品以不含税的价格进入国际市场，参与国际市场竞争的一种措施。

（二）外汇分红

外汇分红是指政府允许出口厂商从其所得的出口外汇收入中提取一定百分比的外汇用于进口，鼓励其出口积极性。

（三）出口奖励证制

政府在出口商出口某种商品以后发给一种奖励证，持有该证可以进口一定数量的外国商品，或将该证在市场上自由转让或出售，从中获利。

（四）复汇率制

政府规定不同的出口商品适用不同的汇率，以促进某些商品的出口。

（五）进出口连锁制

政府规定进出口商必须履行一定的出口义务，方可获得一定的输入权利，或获得一定的进口权利的进口商必须承担一定的出口义务。通过进出口相联系的办法，达到有进有出、以进带出或以出许进的方式，扩大出口。

## 第二节　出口管制措施

出口管制是指国家通过法令和行政措施对本国的出口贸易所实行的管理与控制。许多国家特别是发达国家，为了达到一定的政治、军事和经济的目的，往往对某些商品尤其是战略物资与技术产品实行管制、限制或禁止出口。

### 一、出口管制商品

出口管制的商品主要分为以下几类：

（1）战略物资及其有关的先进技术资料。如武器、军事设备、军用飞机、军舰、先进的电子计算机及有关技术资料等。大多数国家对上述产品实行特种出口许可证制，严格控制出口甚至禁止出口。

（2）国内生产需要的原材料、半制成品及国内短缺的物资。

（3）某些古董、艺术品、黄金、白银等特殊商品。大多数国家对这类商品实行出口许可证制，控制出口。

(4) 为对某国实行制裁而禁止向其出口。冷战时期，美国控制对前苏联的粮食出口；伊拉克入侵科威特时禁止向伊拉克出口商品。

(5) 为了缓和与进口国在贸易上的摩擦，在进口国的要求或压力下，“自动”控制出口商品，如发展中国家根据纺织品“自限协定”自行控制出口。

(6) 为了有计划安排生产和统一对外而实行出口许可证制的商品。

(7) 象牙、犀牛角、虎骨等珍稀动物药材、珍奇动物及其制品。

## 二、出口管制的形式

### (一) 单方面管制

单方面管制是指一国根据本国的出口管制法案，设立专门的执行机构对本国某些商品出口进行审批和颁发出口许可证，实行出口管制。例如，美国政府根据国会通过的有关出口管制法等在美国商务部设立贸易管制局，专门办理出口管制的具体事务，美国绝大部分受出口管制的商品的出口许可证都在该局办理。

### (二) 多边出口管制

多边出口管制是指几个国家政府，通过一定的方式建立国际性的多边出口管制机构，商讨和编制多边出口管制货单和出口管制国别，规定出口管制的办法等，以协调彼此的出口管制政策和措施，达到共同的政治和经济目的。

## 三、出口管制的机构和措施

一般说来，资本主义国家有关机构根据出口管制的有关法案，制定管制货单（Commodity Control List）和输往国别分组管制表（Export Control Country Group），然后采用出口许可证制办理出口申报手续。现以美国为例加以说明。

美国出口管制由总统指令美国商务部执行，商务部设立贸易管理局具体办理出口管制工作，对不同国别实行出口差别待遇和歧视政策。

### (一) 制定出口管制货单和输往国别分组管制表

贸易管理局根据有关法案和规定，制定出口管制货单和输往国别分组管制表。在管制货单内列有各种需要管制的商品名称、商品分类号码、商品单位及其所需的出口许可证类别等。在输往国别分组管制表中，把有关输往国家或地区分成八组，进行宽严程度不同的出口管制。例如把朝鲜、越南等国家列为Z组，管制全部商业性出口。Z组的所有出口都必须领取特种出口许可证；把原苏联和除波兰、罗马尼亚、原南斯拉夫以外的东欧国家列为Y组，1972年2月美国商务部宣布把中国出口由Z组划为Y组。对Y组国家输出的非战略物资可按一般出口许可证输出，但对于所谓战略物资，则需要按特种出口许可证出口。1981年把中国由Y组划为P组，到1983年从P组划入V组，对该组的出口管制比对Y组、P组更为放宽。

（二）申请出口许可证

美国出口商出口受管制的商品，必须向商务部贸易管理局申请出口许可证。美国的出口许可证可以分为两类：

1. 一般许可证（General License）

根据上述管制货单和输往国别分组管制表，如属于一般许可证项下的商品，即按一般出口许可证的程序办理出口。这类商品的出口管理很松。为了便于出口，规定出口商出口这类商品，不必向商务部贸易管理局提出申请，只要在出口报关单上填明管制货单上该商品的一般许可证编号，经海关核实，就作为办妥出口许可证手续。

2. 有效许可证（Validated License）

根据管制货单和输往国别分组管制表，如属于该种许可证项下的出口商品，出口商必须向商务部贸易管理局申请有效许可证。出口商在许可证上按管制货单的项目填写商品名称、数量、商品管制编号，并详细说明输出商品的最终用途。如再出口，须注明再出口国家名称和输往目的地。此外，还要附上其他有关证件一起送上审批，经批准后，方能出口。

在其他证件中与买方有关的证件，主要有两种：①进口证明书。即对于一些极为重要的战略物资，进口商必须提交这种证件，以证明这种商品确实输往该进口国，进口商除了要提供进口证明书外，还必须向美国出口商提出交货证明书，证明这些货物确实输往所批准的目的地。其目的在于防止这些商品转移到美国禁止输出的国家去。②最后承销人和买主的交易说明书。即对于某些设备，规定进口商必须在说明书中填写该项设备的安装地点及其所生产的产品，必须允许卖方定期进行检查等，以及美国对这些设备和产品的用途进行监督。

总之，出口管制是发达资本主义国家对外实行差别待遇和歧视政策的重要工具。20世纪70年代以来，一些发达资本主义国家的出口管制有所放松，但随着国家对外政策的需要，其出口管制将出现时紧时松的变化。

## 第三节　经济特区

经济特区是指在一个国家（或地区）交通便利的地方（港口码头、飞机场附近及铁路交通枢纽），在关境以外划出一定范围，对外采取特殊的开放政策，采取减免关税、提供良好的基础设施等优惠办法，发展出口贸易和转口贸易；或吸收外资、引进技术、发展外向型工业及其他事业，以增加本国就业、扩大出口、赚取外汇，达到发展经济的目的的区域。经济特区可以分为以下几类：

### 一、贸易型经济特区

贸易型经济特区是划在关境以外的，准许外国商品豁免关税、自由进出口的自由港和自由贸易区，一般设在一个港口的港区或邻近港口的地区，其主要目的是为对外贸易提供各种方便。它一般分为两种形式：

（一）自由港和自由贸易区

（1）自由港（Free Port）。港内对进出口的绝大部分商品免除关税，商品可在港内自由改装、加工、拣选、长期储存或销售。外国商品只在进入所在国海关管辖区时才纳税。自由港的主要特点是：它必须是港口或港口的一部分；其开发目标和营运功能与港口本身的集散作用密切结合；组织与管理工作比较复杂。

（2）自由贸易区（Free Trade Zone）。指划在关境以外，准许外国商品豁免关税、自由进出口的地区，一般设在一个港口的港区或邻近港口的地区。它实际上是采取自由港政策的关税隔离区。自由贸易区的主要特点是：自由贸易区从自由港发展而来，其主要目的是方便转口国对进口货物进行简单加工，并以转口邻近国家和地区为主要对象，自由贸易区多设在经济发达国家。

（二）保税区

有些国家如日本、荷兰等，没有设立自由港或自由贸易区，但实行保税区制度。保税区（Bonded Area）又称保税仓库区，是海关所设置的或经海关批准注册、受海关监督的特定地区和仓库。外国商品存入保税区内可以暂时不缴纳进口税；如再出口，不缴纳出口税；如要运进所在国的国内市场，则需办理报关手续，缴纳进口税。运入区内的外国商品可以进行储存、改装、分类、混合、展览、加工和制造等。此外，有的保税区还允许在区内经营金融、保险、房地产、展览和旅游业务。因此，保税区和保税仓库起到自由港和自由贸易区的作用。

保税区或保税仓库的存储期限，各国的规定不同，有的几个月，有的可长达2～3年。逾期不取者，海关可以进行拍卖，所得货款除抵偿仓租、关税和其他杂费外，余数归还货主。

## 二、工贸型经济特区

工贸型经济特区是以优惠条件吸引外国直接投资、生产以出口为主的制成品的经济特区，主要有出口加工区、自由边境区等。

### （一）出口加工区

出口加工区（Export Zone）是一个国家或地区在其港口或邻近港口、国际机场的地方，划出一定的范围，提供基础设施以及免税等优惠待遇，吸引外国投资，发展出口加工工业的特殊区域。它沿用了自由港和自由贸易区的一些做法，但又与自由港或自由贸易区有所不同。一般来说，自由港和自由贸易区以发展转口贸易，取得商业方面的收益为主，因而是面向商业的；而出口加工区，以取得工业方面的收益为主，因而是面向工业的。出口加工区既提供了自由贸易区的某些优惠待遇，又提供了发展工业所必需的基础设施，是自由贸易区与工业区的一种结合体。

出口加工区一般可以分为两种类型：一是综合性出口加工区，即在区内可以经营多种出口加工业务；二是专业性出口加工区，即在区内只准经营某些特定出口加工产品。目前世界各地的出口加工区，大部分是综合性出口加工区。

### （二）自由边境区与过境区

自由边境区（Free Perimeter）通常设在边境地区，按照出口加工区的优惠措施，吸引国内外厂商投资，以开发边境地区的经济。凡是区内使用的机器、设备、原料和消费品，都可以免税或减税进口，但商品从边境运入海关管辖区，必须照章纳税。外国货物可以在区内进行储存、展览、混合、包装、加工和制造等活动。

过境区（Transit Zone）是沿海国家为便利邻国的进出口货物，开辟某些海港、河港或边境作为过境区，过境区可简化海关手续，免征关税或只征小额的过境费用。过境货一般可在边境区作短期储存和重新包装，但不得加工。

## 三、科技型经济特区

科技型经济特区（Science&Technology Development Special Zone）是以科技为先导，以生产技术密集型和知识密集型的出口产品为主的经济特区。它是在出口加工区的基础上形成和发展起来的，实际上是一种高级形式的出口加工区，目前还在进一步发展中。它一般是以高等院校和科研机构为依托，通过提供比出口加工区更优惠的政策，使生产要素自由流动的条件更趋完善。其目的在于加强国际经济的广泛合作，以扩大贸易为基础，以制造业为中心，以科研开发为先导，发挥各行各业的整体功能效益，进而促进本国的科技发展和国民经济现代化，赶超世界先进水平。我国台湾省的新竹科学工业园区和新加坡的肯特岗科学工业园就是典型的科技型经济特区。

## 四、综合经济特区

综合经济特区（Comprehensive Special Economic Zone）是在贸易型和工贸型两种形式的经济特区的基础上发展起来的，兼有两种职能，既提供了自由贸易区的某些措施，又提供了发展工业生产的必需基础设施，是二者的结合体。在这种区域中还可以发展商业、金融、旅游等各种事业。我国设立的经济特区即属此类。

### 关键名词

出口信贷　出口信贷国家担保制　出口补贴　商品倾销　外汇倾销
出口管制　经济特区　保税区　自由贸易区　出口加工区

### 复习思考题

1. 有哪些鼓励出口的措施？
2. 什么是出口信贷？它可分为哪两种？两者有什么区别？
3. 商品倾销与外汇倾销有什么区别？
4. 为什么要实行出口管制？它有哪些形式？
5. 经济特区有什么作用？它有哪些形式？

# 第九章　世界贸易组织

**学习目标**

通过本章学习，掌握世界贸易组织的基本知识、运行机制和世界贸易组织协议的构成；熟悉我国加入世界贸易组织的权利和义务以及我国加入世界贸易组织对我国经济发展的深远影响；了解世界贸易组织产生的历史背景和意义以及世界贸易组织的局限性；学会在经济活动中特别是对外贸易活动中按世界贸易组织规则办事，以适应经济全球化的发展趋势。

**重点难点**

1. 世界贸易组织的原则
2. 我国加入世界贸易组织的权利和义务

随着经济全球化的趋势加快，科学技术的不断发展，国际贸易高速增长，国际投资日趋活跃，跨国公司迅速发展，原有的关税与贸易总协定已不能适应世界贸易发展的需要。根据乌拉圭回合达成的协议，世界贸易组织应运而生，这标志着全球多边贸易体制正式形成。世界贸易组织将进一步推行全球贸易自由化，把国际贸易中不断面临的新问题纳入制度化、规范化的轨道。

中国加入世贸组织是双赢的，中国享受世界贸易组织成员的权利，也积极履行义务，为世界贸易做出自己应有的贡献。

## 第一节　世界贸易组织概述

世界贸易组织（World Trade Organization，缩写为 WTO）成立于 1995 年 1 月 1 日，其前身是关税与贸易总协定（General Agreement on Tariff and Trade，缩写为 GATT）。到 2005 年 12 月 15 日香港会议时为止，世界贸易组织现有成员 150 个，另有约 30 个国家和地区正在申请加入。其总部设在瑞士日内瓦，它是世界上最大的多边贸易组织，其成员的贸易量占世界贸易的

95%以上。世界贸易组织与世界银行、国际货币基金组织被并称为当今世界经济体制的“三大支柱”。

## 一、世界贸易组织的产生

世界贸易组织是根据乌拉圭回合多边贸易谈判达成的《建立世界贸易组织协议》而建立的，它取代了1947年的关贸总协定，并将乌拉圭回合多边谈判达成的一整套协定和协议的条款作为国际法规则，成为对各成员之间在经济贸易关系方面的权利和义务进行监督、管理和履行的正式国际经济贸易组织。

第二次世界大战即将结束之时，美国与盟国的代表在美国的布雷顿森林城举行了布雷顿森林会议，讨论创立一种新的世界贸易体系。根据这次会议的决议，决定建立三个旨在鼓励自由贸易和经济发展的主要机构：国际货币基金组织（IMF）、国际复兴开发银行（世界银行，IBRO）以及国际贸易组织。其后，国际货币基金组织和复兴开发银行都相继建立。由于美国国会没有批准美国加入国际贸易组织，致使国际贸易组织没有建立。但于1947年在日内瓦举行的第二次国际贸易组织筹备会议上通过了《国际贸易组织宪章》草案，参加会议的代表根据这项草案的有关关税条文编成一个文件，称为关税与贸易总协定，并经过谈判达成一项临时适用议定书作为总协定的组成部分，于1947年10月30日在日内瓦由23个国家签署，并于1948年1月1日正式生效。

关贸总协定原为一个“临时规则”。它的主要职能是谈判减让关税，但在它主持的多轮谈判中尤其是乌拉圭谈判中涉及的议题广泛，不仅包括了传统的货物贸易问题，还涉及知识产权保护和服务贸易以及环境等新议题，这样，关贸总协定如何有效地贯彻乌拉圭回合多边谈判协议均显示出其“先天”的不足，因此，有必要在其基础上创建一个正式的国际贸易组织来协调、监督和执行新一轮多边贸易谈判的成果。根据1990年初意大利提出的建立世界贸易组织的倡议，以及同年7月欧共体的提案，随后又得到美国和加拿大的支持，经过乌拉圭回合的谈判，于1991年12月形成了一份《关于建立多边贸易组织的协议》的草案，并成为同年底《邓克尔最后案文》的一部分。后经过两年的修改、完善和磋商，最终于1993年11月形成了目前的《多边贸易组织协议》(后易名为世界贸易组织)。该协议于1994年4月15日在马拉喀什部长会议上获得通过。

## 二、世界贸易组织的特点

世界贸易组织是在关贸总协定的基础上建立的，并形成了一整套较为完备的国际法律规则，它与关贸总协定相比较，主要有以下的特点：

### （一）世界贸易组织是正式的国际法人

关贸总协定从法律上来说，并不是一个组织，只是一项临时生效的契约，是缔约方调整对外贸易政策和措施以及国际经济关系方面的重要法律准则。但是，随着形式的发展，在关贸总协定的基础上形成了一个临时性国际经济组织。世界贸易组织的成立，改变了关贸总协定临时适用和非正式性的状况，根据其协定，建立起一整套的组织机构，成为具有法人地位的正式国际组织。从法律地位上看，它与国际货币基金组织、世界银行具有同等的地位，都是国际法主体。

### （二）适用范围明显扩大

关贸总协定的多边贸易体制及其所制定的一整套国际贸易规则，仅适用于货物贸易。世界贸易组织的多边贸易体制，不仅包括已有的货物贸易规则，而且还包括服务贸易的国际规则、与贸易有关的知识产权的国际规则和与贸易有关的国际投资措施规则，这一整套国际规则涉及货物贸易、服务贸易、知识产权保护和投资措施等领域，表明世界贸易组织所管辖的内容更为广泛。

### （三）争端解决机制更加有效

关贸总协定原有的争端解决机制存在着一些缺陷，例如，争端解决的时间拖得很长，专家小组的权限很小，监督后续行动不力等。因此，这种争端解决机制不甚健全。世界贸易组织所实施的综合争端解决机制是一套较为完善的机制。它建立了综合争端解决机制的各种程序，并加强了对实施裁决的监督，它对许多问题的解决、解决的期限等都订有明确的条款，使得争端解决机制更强有力、运作更有效。争端协议允许当事方进行交叉报复，这是原来关贸总协定所没有的。

### （四）建立贸易审议机制

在乌拉圭回合中，为了加强关贸总协定对缔约方的监督，使他们能正常管理贸易政策和惯例，以及它们对多边贸易体制职能的影响，人们提议建立贸易政策审议机制。贸易审议机制协议于 1989 年 4 月 12 日临时生效。它不但促进了政策透明度的提高，而且有利于缔约方之间关系的改善。

### （五）加强了全球经济政策的协调

以往，关贸总协定与国际货币基金组织和世界银行之间的关系不够密切，在解决诸如世界贸易失衡、债务危机、国际收支逆差等问题上配合不够。而世界贸易组织的建立，有利于加强与这些国际组织的联系，使国际经济领域内三足鼎立的局面真正形成。国际经济三大组织的联系和合作将会得到进一步加强，同时也会推动国际贸易的进一步发展。

## 三、世界贸易组织成立以来所取得的成果

### （一）落实乌拉圭回合协议内容，继续谈判框架协定

世界贸易组织成员除按照已达成的关税减让表减让关税外，还有43个成员方在1997年3月26日同意从1997年7月1日开始到2000年逐步取消信息技术产品的关税，它们涉及的贸易额约为6 000亿美元。7国集团和欧盟同意对465种药品实施零关税待遇。

世界贸易组织就农产品、服务贸易两个关键领域进行谈判，已达成4个重要的协议：即自然人流动协议；基础电信服务协议；减让信息技术产品关税协议；多边金融协议。

### （二）解决成员之间贸易争端

截止到2003年，世界贸易组织成员根据《关于争端解决规则与程序的谅解》提出磋商请求共301起，其中146起通过专家小组审理、48起以上诉机构报告的方式得到解决。

### （三）举行高层会议，帮助最不发达国家成员解决贸易发展问题

1997年10月，世界贸易组织、联合国贸易与发展会议、国际货币基金组织、联合国开发计划署和世界银行就最不发达国家的贸易发展举行高层会议，探讨帮助解决最不发达国家的市场准入、与贸易有关的技术援助、训练和智力建设等问题。9个世界贸易组织成员宣布主动改进从最不发达国家进口的市场准入措施，如削减产品进口限制、拓展已有的关税减让表，重点放在纺织品和农产品领域，要大量简化附加条件等。世界贸易组织其他成员也表示要采取相应的行动。

### （四）举行部长级会议，解决多边贸易体制发展中的问题

1996年12月9日至13日，在新加坡召开世界贸易组织首届部长级会议，会议成立了3个工作组（贸易与投资、贸易与竞争政策、政府采购透明度），发表了针对信息技术产品贸易自由化的新加坡《部长宣言》。

1998年5月18日至5月20日，世界贸易组织在日内瓦举行第二届部长级会议和多边贸易体制50周年大庆，会议主要围绕乌拉圭回合各项协议的执行情况、下届部长会议议程以及发动新一轮多边贸易谈判的准备工作等展开

讨论，会议通过了《部长宣言》。

1999 年 11 月 30 日至 12 月 3 日，在美国西雅图举行了世界贸易组织第三届部长级会议。根据乌拉圭回合协议以及各方在部长级会议前所达成的共识，新一轮多边贸易谈判的议程包括“既定议程”和“新议题”。

2001 年 11 月 9 日至 13 日，在卡塔尔首都多哈举行了第四届部长级会议，会议上接受中国为世界贸易组织的正式成员，使得中国长达 15 年的“复关”和“入世”得以完成。会议同时决定启动新一轮多边贸易谈判——多哈回合，将世界贸易组织推动的自由贸易再向前推动一步。

2003 年 9 月 10 日至 14 日，世界贸易组织第五届部长级会议在墨西哥坎昆举行，会议一是就建立酒类地理标识国际登记制度达成共识，二是决定是否就新加坡议题进行谈判，三是对多哈回合进行中期评估。

2005 年 12 月 13 日至 18 日，世界贸易组织第六届部长会议将在中国香港召开，会议通过了《部长宣言》，根据宣言，发达成员国和部分发展成员国，2006 年前向最不发达国家所有产品提供负关税、免配额的市场准入，发达成员 2006 年取消棉花出口补贴；2013 年底前级消农产品的出口补贴。香港会议为结束多哈回合谈判制定了路线图，路线图为推动多哈谈判取得重要进展提供了机会。

## 四、世界贸易组织的局限性

### （一）世界贸易组织在实施乌拉圭回合所达成的贸易协议方面不平衡

发达国家极力推动那些与其利益密切的协议的实施，而对发展中国家贸易利益攸关的协议，采取拖延的态度。

### （二）贸易大国操纵世界贸易组织决策过程的现象仍然存在

在美、欧等发达国家的坚持下，一些与贸易无关的议题被强行纳入多边贸易体系。

### （三）世界贸易组织成员还不够广泛

世界贸易组织接纳新成员的进程，因政治因素的干扰和捞取经济实惠的意图而放慢，目前包括俄罗斯、越南等国在内的 30 多个加入方还在进行加入世界贸易组织谈判。因此，当务之急是增强世界贸易组织的代表性和广泛性。

### （四）区域主义对以世界贸易组织为基础的多边贸易体系构成了严重挑战

各种优惠区域贸易安排空前增加。迄今，全球已有各种优惠区域协议 163 个，这些区域协议在促进内部贸易自由化的同时，也带来了严重的区域贸易保护主义，给以非歧视原则为基础的多边贸易体系带来了严重挑战。

## 五、世界贸易组织的法律框架

世界贸易组织的法律框架，是以乌拉圭回合谈判达成的于 1994 年 4 月 15 日在马拉喀什签署的文件为基础的，由《建立世界贸易组织协定》及其四个附件组成。

《建立世界贸易组织协定》由序言和 16 条正文组成，它主要是对世界贸易组织的宗旨、目标、组织机构、加入和退出、决策机制等作了规定。

四个附件是有关协调多边贸易关系和贸易争端解决、贸易竞争规则的实质性规定。附件一分 A、B、C 三个子类。

附件一 A 是关于货物贸易的实质性规定。它共有 13 个协议。它们是：《1994 年关税与贸易总协定》、《农业协议》、《实施卫生与植物卫生措施协议》、《纺织品与服装协议》、《技术性贸易壁垒协议》、《与贸易有关的投资措施协议》、《反倾销协议》、《海关估价协议》、《装运前检验协议》、《原产地规则协议》、《进口许可程序协议》、《补贴与反补贴协议》、《保障措施协议》等。

附件一 B 是关于服务贸易的规定。它共有 5 个协议。它们是：《服务贸易总协定》、《服务贸易总协定》第二议定书——金融服务、《服务贸易总协定》第三议定书——自然人流动、《服务贸易总协定》第四议定书——基础电信、《服务贸易总协定》第五议定书——金融服务等。

附件一 C 是《关于与贸易有关的知识产权协定》。

附件二是《关于争端解决规则与程序的谅解》。

附件三是《贸易政策审议机制》。

附件四共有五个协议：《政府采购协议》、《民用航空器贸易协定》、《国际奶制品协议》、《国际牛肉协议》，其中《国际奶制品协议》、《国际牛肉协议》已于 1997 年 12 月 31 日终止，1997 年 4 月 15 日又达成《基础电信协议》，并于 1998 年 2 月 15 日生效。

附件一、附件二、附件三作为多边贸易协定，所有成员都必须接受。附件四属于诸边贸易协定，仅对签署方有约束力，成员可以自由选择参加。

除此之外，世界贸易组织的法律框架还包括马拉喀什部长会议所形成的一系列决定、宣言和谅解。

## 第二节 《建立世界贸易组织协议》的主要内容

### 一、世界贸易组织的宗旨、目标和职能

#### （一）世界贸易组织的宗旨

世界贸易组织的宗旨是：提高生活水平，保证充分就业，大幅度和稳定地增加实际收入和有效需求，扩大货物和服务的生产与贸易，按照可持续发展的目的，最优运用世界资源，保护环境，并以不同经济发展水平下各自需要的方式，加强采取各种相应的措施；积极努力，确保发展中国家，尤其是最不发达国家在国际贸易增长中获得与其经济发展需要相称的份额。

#### （二）世界贸易组织的目标

世界贸易组织的目标是：建立一个完整的、更具活力和永久性的多边贸易体制，以巩固原来的关贸总协定为贸易自由化所作的努力和乌拉圭回合多边贸易谈判的所有成果。为实现这些目标，各成员应通过互惠互利的安排，切实降低关税和其他贸易壁垒，在国际贸易中消除歧视性待遇。

#### （三）世界贸易组织的职能

世界贸易组织的职能主要有三点：①制定和规范国际多边贸易规则；②组织多边贸易谈判；③解决成员国之间的贸易争端。

### 二、世界贸易组织的机构

#### （一）部长会议

部长会议是世界贸易组织的最高权力机构和决策机构。部长会议由各成员方的部长组成，至少每两年召开一次会议，有权对该组织管辖的重大问题作出决定。

#### （二）总理事会

总理事会是部长会议下设的一个机构，在部长会议休会期间由全体成员代表组成并代行其职能。负责监督各项协议和部长会议所作决定的贯彻执行，总理事会下设若干附属机构分管有关协议和有关事宜。

#### （三）分理事会

分理事会是总理事会的附属机构。货物贸易理事会，负责 1994 年关贸总协定和各项货物贸易协议的贯彻执行；服务贸易理事会，监督执行服务贸易

总协定的贯彻执行；知识产权理事会，监督与贸易有关的知识产权协议的贯彻执行。分理事会由所有成员方代表组成。

（四）委员会

在三个分理事会下可按需要设立相应的附属机构，以处理有关方面的专门问题和监督相关协议的执行。

（五）诸边协议委员会

世界贸易组织有四个诸边协议，即关于民用航空器、政府采购、奶制品和牛肉的诸边协议，每个协议都建立了自己的管理机构，须向总理事会报告工作。

（六）争端解决与上诉机构

争端解决机构主要负责世界贸易组织成员间的贸易争端，是一个常设机构。在争端解决机构中设立专家小组。争端解决机构具有司法裁决权。

上诉机构也是一常设机构，由 7 人组成，代表世界贸易组织各成员，任期 4 年，是国际贸易法律方面公认的权威。

（七）秘书处

根据《建立世界贸易组织协定》第 6 条，世界贸易组织设立了由总干事领导的秘书处。总干事由部长级会议任命，部长级会议明确总干事的权利、职责、服务条件和任期，总干事再任命秘书处人员并确定其职责和服务条件。总干事和秘书处工作人员必须独立行使职责，不得寻求或接受世界贸易组织之外任何政府或任何其他权力机关的指示。

## 三、世界贸易组织的成员

（一）世界贸易组织的创始成员

根据《建立世界贸易组织的协议》，凡具备以下条件，即可成为该组织的创始成员：①世界贸易组织生效时，已是关贸总协定的缔约方；②签署参加一揽子接受乌拉圭回合所有协议；③在乌拉圭回合中做出关税减让以及服务贸易的减让。

（二）新参加世界贸易组织的成员

凡在世界贸易组织协议生效后，任何国家或在对外商业关系上拥有充分自主权的单独关税区，可以向世界贸易组织提出加入申请，进行全面谈判，按谈妥的条件加入该组织，成为一般成员。其加入须经部长会议 2/3 以上多数表决通过。

世界贸易组织允许单独关税区与国家一样，独立自行申请加入，这在国际法上是个先例。在关贸总协定中，单独关税地区本身无权自行其是，必须经有关主权国家同意和推荐，方可成为成员方。

（三）退出

任何成员方可以退出世界贸易组织。退出从递交退出通知被总干事接受6个月后生效。

## 四、世界贸易组织的决策方式

世界贸易组织的决策方式仍沿袭关贸总协定“完全协商一致同意”的原则。如果在作出决定的会议上没有成员正式反对拟议的决定，则有关机构应认为提交其考虑的有关事宜被一致通过。当某一决定不能以“一致同意”的方式通过时，应采用投票的方式作出决定。在部长会议和总理事会会议中，每个成员享有一票的投票权。当欧盟行使投票权时，其拥有的票数为其成员的数量。部长会议和总理事会的决定应由多数成员通过。

部长会议和总理事会拥有《建立世界贸易组织协议》和多边贸易协议解释的专门权利，采用解释的决定以成员方3/4投票为准。诸边贸易协议解释的决定，受其协议的约束。

对有关条款的修订，须经2/3多数票通过；豁免某一成员所应承担的义务，须经3/4以上多数通过；但对有的义务规定的“过渡期”内（如5年）可暂不履行，在过渡期后如要继续豁免，就须“一致同意”才行。

## 五、关于有关条款的修改

对世界贸易组织协定及世界贸易组织范围的有关协议条款作出修改时，要以一致同意方式作出决定。但如果部长会议未能在限定的时间内达成一致，则将由2/3多数成员决定是否接受修订。下列条款的修改必须采用完全一致通过的方式作出决定方能生效：世界贸易组织协定关于世界贸易组织机构的规定，1994年关贸总协定最惠国待遇与关税减让的规定，服务贸易总协定最惠国待遇的规定，与贸易有关的知识产权协议最惠国待遇的规定；必须由2/3多数成员通过修改的有：除服务贸易总协定最惠国待遇以外的服务贸易总协定第一、第二、第三部分及其相应附录，服务贸易总协定第四、第五、第六部分及其相应附录。

关于贸易争端解决的规则和程序的谅解，即除服务贸易总协定最惠国待遇原则以外服务贸易总协定的基本原则、具体承诺、逐步自由化、组织机构条款的规定的修改均需2/3多数成员通过；贸易政策审议机制所作修改必须由完全一致方式通过。部长会议通过后对所有成员有效。对诸边贸易协议（The Plurilateral Trade Agreements）有关条款的修改，经任何成员的要求可以对某一协议进行增加或删除，但须经该协议成员完全一致通过；而对该协议条款的修改须由该协议本身管辖。

**六、特定成员间互不适用问题**

据世界贸易组织协定第 13 条第 1 款规定，一成员在另一方成为世界贸易组织的成员时不同意对其实施世界贸易组织协定，则世界贸易组织协定及附件 1 和附件 2 所列的多边贸易协议在两个成员间互不适用。据 1947 年关贸总协定第 35 条提出互不适用的原关贸总协定成员，在其成为世界贸易组织成员时可以引用第 13 条第 1 款，并应在世界贸易组织协定对这些成员生效时互不适用。对诸边贸易协议，各成员间的互不适用应遵守这些协议本身的规定。经任何成员的申请，部长会议可以审查在特定情况下成员间互不适用的执行情况，并提出适当的建议。

## 第三节　世界贸易组织的运行机制

**一、世界贸易组织的基本原则**

（一）非歧视原则

这条原则是世界贸易组织最为重要的原则，是世界贸易组织的基石。它是针对歧视待遇的一项缔约原则，它要求缔约双方在实施某种优惠和限制措施时，不要对缔约方实施歧视待遇。在世界贸易组织中非歧视原则是以最惠国待遇条款和国民待遇条款来体现的。

1. 最惠国待遇条款

最惠国待遇条款对于任何两个或多个缔约方来说，缔约的一方现在或将来给予任何第三方在贸易上的特权、优惠和豁免，也同样给予对方或其他缔约方。也就是说对一方优惠，对各方都优惠。对所有的伙伴平等对待，给一个贸易伙伴机会，必须要给其他贸易伙伴同样的机会。最惠国待遇具体可分为无条件最惠国待遇、有条件最惠国待遇、互惠式最惠国待遇和非互惠式最惠国待遇。无条件的最惠国待遇是指缔约国一方现在和将来给予任何第三方的一切优惠待遇，不得以任何政治或经济要求为先决条件，立即无条件地、无补偿地、自动地给予缔约对方。有条件最惠国待遇是指如果给予第三国的优惠是有条件的，则另一方必须提供同样的补偿才能享受这种优惠待遇。世界贸易组织的最惠国待遇条款是多边的、无条件的。它要求每一缔约方在进出口方面应该以相等的方式对待所有其他缔约方，而不应采取其他附加条件的歧视待遇。这种最惠国待遇实施不得以任何政治或经济要求为先决条件。最惠国待遇原则体现在货物贸易、服务贸易及与贸易有关的知识产权协议中。

2. 国民待遇条款

国民待遇条款是指缔约方一方保证缔约方另一方的公民、企业和船舶在本国境内享受与本国公民、企业和船舶同等的待遇。世界贸易组织的国民待遇条款要求每一成员对任何其他成员的产品进入其国内市场时，在国内税费等经济权利方面应与本国产品享受同等待遇，不应受到歧视。关贸总协定第三条规定："一缔约国领土的产品输入到另一缔约国领土时，不应对它直接或间接征收高于对相同的国内产品所直接或间接征收的内地税或其他内地费用"，以保证进口产品与本国产品在国内市场上以同等的条件进行竞争。国民待遇条款，要求一旦某种商品经过海关进入一成员的国内市场，其各种待遇不能低于国内生产的相应产品。也就是说，在缴纳海关关税后，进口产品在销售、购买、运输和分配等所适用的法律法规方面均应与国内产品一视同仁。如果对进口产品征收高于国内产品的国内税或对其采用其他限制措施，那么成员方之间所进行的关税减让的好处就会被抵消。国民待遇适用范围，通常包括：外国公民的私人经济权利，外国产品应缴纳的国内捐税，运输、转口、过境、船舶在港口的待遇，商标注册，版权及专利权的保护等。但是，这些条款的应用常有一定的范围，并非把本国公民的一切权利包括在内，例如，沿海航行权、领海捕鱼权、购买土地权、零售贸易权等。通常这些权利都一般不给予外国侨民，只准本国公民享受。

（二）关税保护的原则

关税保护是世界贸易组织允许的方式。与数量限制不同，关税比较清楚地反映一国对本国工业的保护程度，并且允许自由竞争。大幅度地削减关税是世界贸易组织所规定的目标之一。依据关税税则进行关税减让有明确的衡量标准，谈判也容易成功。所以，世界贸易组织要求成员采取关税保护国内工业。允许以关税作为保护手段，并不意味着成员方可以随心所欲地使用这一手段。相反，通过互惠互利的安排，切实降低关税和其他贸易壁垒，是多边贸易体制所确立的基本原则之一。在关贸总协定时期，在其前5轮的谈判中，关税减让曾始终被列为唯一议题，在所有的各轮谈判中，关税减让也始终是被列在谈判议题的首位。经过多边贸易体制下的八轮谈判，全球关税水平逐步得到较大幅度的降低，从战后初期平均45%左右降到了目前的5%左右，大大提高了市场准入程度。

（三）市场准入的原则

市场准入是指缔约方允许其他成员方的货物、服务进入其市场的程度。市场准入的原则就是要求成员分阶段逐步实行贸易自由化，以此扩大市场准入水平，促进市场的合理竞争和适度保护。影响市场准入的因素很多，主要有以下一些：①关税约束的程度范围大小；②非关税壁垒的实施情况；③国家政策、法令、行政命令等的透明度大小；④对进口产品实行国民待遇的情况。

在服务贸易方面，则体现在一成员方为其他成员方的服务与服务供应者能够进入其市场提供什么样的渠道，设置哪些障碍。因此，市场准入与世界贸易组织的最惠国待遇原则和国民待遇原则密切相连，不断扩大市场准入程度是关贸总协定追逐的目标之一，它要求谈判各方通过削减关税、降低非关税壁垒、增加政策透明度，使谈判各方的产品及服务能够在平等竞争的条件下，更多地进入对方市场，以达到扩大贸易总量、推进贸易自由化的目的。市场准入的程度也是各谈判方关心的热点，在国际贸易谈判中，市场准入往往被各成员方利用，作为一种交换利益的筹码，以保持其在谈判中总体利益的平衡。世界贸易组织一系列协定和协议都要求其成员分阶段逐步实行贸易自由化，以此扩大市场准入水平，促进市场的合理竞争和适度保护。

（四）一般禁止使用数量限制的原则

一般禁止使用数量限制原则是指成员方应取消或禁止采用数量限制。除关税外，不得设立或维持配额、进出口许可证或其他措施，以限制或禁止其他成员方领土产品的输出，或向其他成员方领土输出或销售出口产品。实行数量限制就是采用行政手段限制外国产品与本国产品进行竞争。但是考虑到这些禁令一时难以奏效，在下述四种情况下可以采取数量限制措施：①为了稳定农产品市场；②为了改善国际收支；③为了促进发展中国家的经济发展，可以在非歧视的基础上实施或维持数量限制；④为实施保障措施协定的数量限制。

但是，采取这种措施的成员方有义务在上述困难不复存在时，立即消除这种限制措施。在世界贸易组织中，对一般禁止使用数量限制方面取得了很大进展。首先，逐步减少配额和许可证。通过《纺织品与服装协议》，逐步取消纺织品和服装贸易中的数量限制，使背离以关税作为主要保护手段的原则的这类商品最后实现贸易自由化。第二，从取消数量限制向取消其他非关税壁垒延伸。在世界贸易组织负责实施的货物贸易协定中，如原产地规则、装运前检验、反倾销、技术性贸易壁垒、进口许可程序、补贴与反补贴、海关估价、政府采购等协议中，通过制定新规则和修订原有规则，约束各种非关税壁垒实施的条件。第三，把一般禁止使用数量限制原则扩大到其他有关协定，如服务贸易总协定。该协定在市场准入部分规定：不限制服务提供者的数量，不应采取数量配额方式要求限制服务的总量等。

（五）公平贸易的原则

公平贸易是指在市场经济条件下，生产者和消费者按照根据市场要求而形成的价格进行贸易的行为；反之，以人为方法低于此价格出口，使别国同类产品生产厂商受到伤害的竞争或人为地限制进口，不保护知识产权等活动称为不公平竞争行为。世界贸易组织认为不应该采取不公正的贸易手段进行竞争，尤其是不能以倾销或补贴的方式销售本国的货物。关贸总协定第 6 条、第 16 条，规定某一成员以倾销或补贴的方式出口本国产品而给进口国的国内工业造成实质性的损害，或有构成实质性损害的威胁时，受伤害的进口国可以征收反倾销税或反补贴税来对本国工业进行保护。除此之外，世界贸易组织还采取其他措施来促进公平贸易原则，如：在纺织品和农产品领域里逐取消配额限制和出口补贴，以实现公平竞争；加强对知识产权的保护，贯彻《与贸易有关的知识产权的协定》，就假冒、仿制、剽窃和盗用等侵权的不公正竞争行为作出了排除措施，以保护公平和正当竞争；规范政府采购行为，政府采购进一步自由化，而且把范围扩大到服务，包括建筑服务、地方一级公用事业单位的采购，以扩大公平竞争的机会。

（六）贸易政策透明度原则

透明度原则是世界贸易组织的重要原则。它体现在世界贸易组织的主要协定和协议中。根据该原则，世界贸易组织成员有义务将有效实施的现行政策法规公布于世。因此，这个原则也被称为贸易政策法规透明度原则。保持世界贸易组织各成员方政策和措施的充分透明，是其实现总体目标的重要保证，也是各成员方根据世界贸易组织的有关规定，维护正当权益，保证多边贸易体制在开放、公平、无扭曲竞争的基础上健康发展的重要保证。

1947 年关贸总协定第 10 条要求，各成员方要将有效的管理对外贸易的各项法律、法规、行政规章等在全国统一一致的基础上公布，以使各成员方政府及贸易商对其熟悉，并公布与其他成员签订的与贸易有关的双边或多边协定、条约，或参加的有关国际公约。但该规定并不要求成员方公布那些会妨碍法令的贯彻执行、违反公共利益，或会损害某一公私企业的正当商业利益的机密材料，即所谓“商业秘密”。世界贸易组织要求，所有成员对其公布的政策、法律、法规应该是及时的。透明度原则规定成员方应公正、合理、统一地实施所公布的有关法规、条例、判例、判决和决定。公正性和合理性要求成员方对法规实施应履行非歧视原则。统一性要求在成员方领土范围内管理贸易的有关法规不应有差别待遇，即地方政府颁布的有关法规不应与中央政府颁布的政策法规有任何抵触。

（七）对发展中成员的优惠待遇原则

根据关贸总协定第四部分和东京回合达成的“授权条款”，对发展中成员的贸易与发展应尽量给予关税和其他方面的特殊优待。世界贸易组织在其建立过程中又进一步重申，“要进一步确保发展中国家，尤其是最不发达国家，在国际贸易增长中获得与其经济相应的份额”。在负责实施管理的协议与协定中采取以下措施：①允许发展中成员方的关税总水平高于发达成员方。②允许发展中成员方继续享受普遍优惠制，即发展中成员方享受发达成员方根据联合国贸易与发展会议决议，给予发展中国家以“普遍、非歧视和非互惠”为特点的关税优惠。③在向世界贸易组织负责实施管理的贸易协议与协定的靠拢中，世界贸易组织的发展中成员方的过渡期长于发达成员方。④允许发展中成员方在一定限度内可对某些出口实行补贴。⑤发展中成员相互进行关税减让时可以不把达成的减让给予发达成员方。

## 二、世界贸易组织的例外规定

在世界贸易组织中，原则是重要的，但许多例外规定也非常重要。所谓“例外”是指在一些特定的情况下，可以背离原则，不执行原则。“例外”主要有：

（一）国际收支平衡例外

关贸总协定第 12 条规定，“任何成员为了保障其对外金融地位和国际收支，可以限制准许进口货物数量或价值”。但是，必须得到国际货币基金组织的证实和由世界贸易组织成立工作组进行讨论和审查，国际收支改善后应取消限制。在实施数量限制时应对所有成员无歧视地加以进行，而不得有任何歧视，对发展中国家成员，允许其为了维持足够的外汇储备以满足发展的需要援引该条进行数量限制。

（二）一般与安全例外

关贸总协定第 20 条规定，各成员为了维护公共道德，保障人民、动植物的生命健康，保护本国具有艺术、历史或考古价值的文物等，都可以实施一般例外。第 21 条规定了成员为了国家安全利益可以不公布有关资料并采取有关行动维护自身安全。

（三）幼稚工业保护例外

关贸总协定第 18 条“政府对经济发展的援助”规定，对于缔约方，特别是那些只能维持低生活水平，处在发展初级阶段的成员（即发展中国家），为了加速发展建立一个新兴的工业，或为了保护刚刚建立尚不具备竞争能力的幼稚工业而实行进口限制。至于什么是幼稚工业，没有明确的定义，通常是采取申请，由部长会议审议批准的办法予以确认。对于认定的幼稚工业可采取提高关税、实行进口许可证、征收临时附加税、进口配额等办法加以保护；但是一般不能笼统地定义某个工业部门是幼稚工业，需要视具体行业的实际情况而定。例如，如不能定义整个机械行业为幼稚工业，可以申请其中的精密加工机械制造业为幼稚工业。

（四）保障条款例外

关贸总协定第 19 条“对某些产品进口的紧急措施”规定：某一成员在履行世界贸易组织规定的义务时，如果某产品的进口数量急剧增加，对该国相同产品或与它直接竞争的产品的国内生产造成严重损害或构成严重损害威胁时，该成员可以采取一些保护性措施，通常是中止其关税减让或实施数量限制，这就是所谓的“安全阀”。但是，这些措施的实施是非歧视的，也要接受成员全体的监督。贸易利益受到第 19 条措施损害的成员，有权从援引该条的那个成员得到另外的补偿。如果这两个成员间不能达成协议，受到损害的成员在成员全体不表示反对的情况下，可以随时采取报复性措施来补偿其所蒙受的损失。

（五）关税同盟和自由贸易区例外

关贸总协定第 24 条规定，成员之间在其领土范围内可以建立关税同盟或自由贸易区，但要求建立关税同盟和自由贸易区之后其成员间的关税和非关税壁垒应低于建立前的水平；同时认为关税同盟和自由贸易区内的优惠措施仅限于其成员间享用而不给予非成员国。

（六）对发展中成员的特殊优惠待遇

考虑到关贸总协定中发展中成员参加的数量日益增多，尤其是发展中成员经济发展的需要，1965 年关贸总协定在原三大部分基础上增加了第四部分“贸易和发展”，共 3 条。鼓励发达国家支持发展中成员，确认发展中成员在其产品进入世界市场时，发达国家抑制涉及对发展中成员有特殊利益的初级产品和其他出口产品上实行新壁垒。发达国家承诺在减让或取消关税和其他壁垒的谈判中不要求发展中成员提供对等的补偿，即所谓“发达国家与发展中国家之间的非互惠”。

（七）豁免和紧急行动例外

关贸总协定第25条规定，由于某种特殊的原因，一成员可经过部长会议的批准免除其在世界贸易组织中所规定的某项义务。

### 三、世界贸易组织争端解决机制

（一）争端解决机制的建立

随着各国经济联系的日益密切，国与国之间的竞争加剧，贸易摩擦也日益增多。为确保贸易能公平、公正地进行，需要一个有效的争端解决程序和机制。关贸总协定第22条和第23条为产生贸易争端的缔约方提供了“双边磋商”和“总协定介入协商”两种程序，以期通过心平气和的方式解决争端。当双方磋商难以达成协议时，争端的申诉方可将争端提请缔约方全体进行处理。这项机制经过关贸总协定的不断完善，初具了“国际法院”的模式。但是，关贸总协定的这项机制是属于调解和规劝性的，主要是通过“磋商”机制，利用缔约方的合作精神来最大可能地解决争端，缔约方全体或理事会的最终裁决不具有权威性和强制性。为了进一步加强关贸总协定的争端解决机制，乌拉圭回合谈判较全面、彻底地对关贸总协定争端解决规则和程序进行了改进，并最终形成了《关于争端解决规则与程序的谅解》（DSU）。世界贸易组织争端解决规则与程序既保留了关贸总协定历年来的有效做法，又对原来的机制作了重大改进，其核心是精细的操作程序、明确的时间限制以及严格的交叉报复机制。

世界贸易组织争端解决机制的目的在于“确保对争端有积极的解决办法”。因此，对于成员之间的争端问题，它鼓励寻求与世界贸易组织相一致的、各方均可接受的解决办法，通过有关政府之间的双边磋商，最终解决问题。

根据《关于争端解决规则与程序的谅解》的规定，世界贸易组织成员之间产生贸易争端，应首先由当事方之间进行协商寻求满意的解决办法。即使在规定的期限内没有磋商成功，在提请争端解决后，在专家组审查争端的过程中，当事方仍然还可以通过双方协商解决争端。这一规定最符合争端解决机制的宗旨，即：在维持世界贸易组织成员之间权利和义务平衡的条件下，使争端得到最令人满意的解决。通过协商实现的解决办法一般都是为当事双方所乐于接受的，同时也有利于维护世界贸易成员间的利益平衡和组织内部的合作精神，从而有助于组织机构的良好运转，因而这样的解决办法是积极的。在世界贸易组织成立后5年的争端解决实践中，约有1/4的争端是通过第一阶段的双边协商得到解决的。有关当事方根据协商结果迅速调整自己的贸易立法和贸易措施，从而保证了国际贸易的顺利进行。

（二）争端解决机构

1. 争端解决机构

根据《关于争端解决规则与程序的谅解》，设立争端解决机构，直接隶属于部长会议。争端解决机构负责世界贸易组织成员间的贸易争端，是一个常设性的机构。

争端解决机构的职责主要是：成立专家小组并通过其报告，组建上诉机构并通过其报告，监督裁决和建议的履行；根据有关协议中止各项减让和其他服务义务。

争端解决机构的主要办事规则：根据需要召开会议，以期在《关于争端解决规则与程序的谅解》规定的时间框架内解决争端，向有关理事会和委员会通报争端解决的进展情况，按照协商一致的原则作出有关决定。世界贸易组织成员如有争端，应先行协商，在一方提出要求后的30天内，必须开始协商。如60天内未获解决，一方可申请成立专家小组。

2. 专家小组

专家小组是在磋商未果的情况下，在申诉方的请求下由争端解决机构成立的。专家小组由来自不同国家的3位（若双方同意，可以扩大到5位）专家组成，专家小组必须在它建立之后的30天内组成。专家小组以个人身份工作，他们不能接受任何政府的指示。他们调查证据，决定谁对谁错。专家小组的报告由争端解决机构通过，否决报告得经过协商一致。正因为专家小组成员对专家小组报告的最后形成具有重要的影响，故各争端方对专家小组成员的人选甚为重视。

专家小组的职权范围是：审查争端有关事项，调查有关争端的各项事件和材料，提出工作报告，以便争端解决机构作出裁决。在设立专家小组的过程中，经与当事方协商，争端解决机构也可以授权其主席确定该专家小组不同的职权范围。

专家小组报告一般应在6个月内提交，并散发给世界贸易组织各成员。专家小组报告后20天至60天内研究通过，除非当事方上诉，或经过协商一致反对未通过这一报告。

3. 常设上诉机构

常设上诉机构由 7 人组成。任期 4 年，可以连任一次。7 名成员依一定程序定期轮换。7 名成员应在世界贸易组织的成员中有广泛的代表性。常设上诉机构的成员必须是在法律和国际贸易领域中公认的权威，并且是对各有关协议具有专业知识的人员。他必须以个人的身份工作，该领域在法律和国际贸易中的地位，不属于任何政府。

通常情况下，上诉不能超过 60 天，最长时间 90 天。争端解决机构必须在 30 天内接受或驳回上诉报告，但驳回只能在协商一致的情况下才可以。

常设机构的规则主要有：上诉机构在任何时间接到通知即提供服务，任何案件的上诉应由机构 7 名成员中的 3 名同时受理，上诉机构的成员不能与任何可能产生直接或间接利益冲突的一方发生争端，只受理争端当事方对专家小组决定提出的上诉，上诉应限于专家小组报告中所涉及的法律问题以及该专家小组所作的法律解释，上诉机构应在与总干事和争端解决机构主席磋商的基础上制定其工作程序，上诉机构的工作程序应当保密，上诉机构可以维持、修改或推翻专家小组的法律认定和结论。

（三）争端解决的原则

世界贸易组织的争端解决机制是保障多边贸易体系的可靠性和可预见性的核心因素。其基本原则有：

1. 协商解决争端的原则

世界贸易组织争端解决机制鼓励争议双方尽量采取友好协商的办法来解决问题。《争端解决规则和程序的谅解》规定，每个成员保证对另一个成员提出的有关问题应予考虑，并就此提供充分的磋商机会。世界贸易组织争端解决机制的目的在于“为争端寻求积极的解决办法”。因此，对于成员间的问题，鼓励寻求与世界贸易组织规定相一致的、各方均可接受的解决办法。

2. 磋商、调解原则

世界贸易组织争端解决机制中的调解程序主要规定在《关于争端解决规则与程序的谅解》第 5 条的“斡旋、调解和调停”中。斡旋是以第三方的各种方式促成当事方进行谈判的行为。调停是以第三方的中立身份直接参与有关当事方的谈判。在处理国际争端时，调解是将争端提交一个委员会或调解机构，该调解机构的任务是阐明事实，提出报告，提出解决争端的建议，以设法使争端各方达成一致。因此，调解机构的权威性和参与性要大于调停方式。无论是斡旋、调解还是调停，在世界贸易组织争端机制中，都必须在争端各方的同意下才能进行。斡旋、调解和调停可以在任何时候进行，也可以在任何时候终止。世界贸易组织总干事作为该组织的最高行政官员，则应依照其职权积极进行斡旋、调解或调停，协助各成员及时解决争端。

3. 多边原则

世界贸易组织成员承诺，不针对其认为违反贸易规则的事件采取单边行动，而诉诸多边争端解决机制，并遵守其规则与裁决。世界贸易组织鼓励各成员在遇到争端时，应尽量采用多边机制进行解决。

4. 程序上的协商一致原则

世界贸易组织的争端解决机构在作出决定时，同原关贸总协定一样，遵循协商一致的原则。在这方面，世界贸易组织的争端解决机制比关贸总协定的机制更为完善，它引入了“无异议协商一致”和“反向协商一致”的概念。前一概念是指在争端解决机构作出决定的会议上，倘若没有成员就拟议的决定正式提出反对意见，则应认为争端解决机构就提交的争端事项作出决定时，意见是一致的。而后一个概念则是指所有参加争端解决人员全体反对时，专家小组意见才不能成立。在双方各执一端的诉讼中，出现“反向一致”意见的情况更为罕见，正是这种罕见的“反向一致”原则的引入，保证了对某些问题的及时处理和某些程序的顺利进行。

5. 对发展中成员程序特殊的原则

关贸总协定 1966 年通过的《根据第 23 条的程序》，对发展中国家向发达国家提出的申诉提供了一些便利。《关于争端解决规则与程序的谅解》第 12 条（专家小组程序）、第 21 条、第 27 条等都规定了一些照顾发展中国家的原则和措施。

（四）专家报告的执行和监督

1. 执行时限

专家小组或上诉机构的报告被通过，即成为争端解决机构的正式建议或裁定。从争端解决机构成立专家小组时起，若当事方无上诉，应在 9 个月内通过专家小组的报告；若当事方有上诉，则不能超过 12 个月通过上诉机构的审议报告。

在争端解决机构通过专家小组或上诉机构的报告后 30 天内，当事方必须在争端解决机构会议上说明其执行该建议或裁决的意向，若立即执行有实际困难，可提出理由在合理的时间内开始执行裁决：当事方提议经争端解决机构批准的时间；争端解决机构在通过报告后的 45 天内，当事双方达成协议的时间；争端解决机构在通过报告的 90 天内，以仲裁方式决定的时间；当事方最迟不能迟于报告通过后 15 个月开始执行裁决。

2. 补偿

如果该成员未能在上述时限内采取措施，起诉方应在该期限届满之前，要求与其进行磋商，以便确定双方可以接受的补偿。

3. 暂停减让义务

若在20天内磋商达不成满意的补偿协议，则起诉方可请求争端解决机构授权其对另一方暂停减让或义务的实施。除经协商一致不同意这一请求，否则争端解决机构应在“合理时限”结束后30天内授权暂停减让或义务的实施。所中止的减让或义务应与所造成的损害程度相当。

4. 仲裁

如有关当事方反对请求所要求的暂停减让义务，则可诉诸仲裁。该仲裁一般应由原专家组进行，或由总干事指定的仲裁员进行。仲裁应在该合理期限届满后60天内完成。仲裁事项仅限于：中止义务的范围是否与利益丧失或损害的范围相同，所中止减让或其他义务是否正当，中止义务的原则程序是否与《关于争端解决规则与程序的谅解》的规定一致。仲裁结果为最终裁决，当事方不得提出再仲裁。

5. 监督

争端解决机构保持对已通过的各项建议或裁决的执行情况进行监督。案件在未执行完之前，仍保留在争端解决机构的议事日程上，不断监督执行情况；当事方应按争端解决机构的要求递交执行裁决进展情况的书面报告，直到问题解决为止。世界贸易组织的每个成员都可以就裁决执行向争端解决机构提出建议。

## 四、世界贸易组织的贸易政策审议机制

### （一）贸易政策审议的目的

贸易政策审议机制的目的是通过对各成员的全部贸易政策和做法及其对多边贸易体制运行的影响，进行定期的集体审议和评估，促进所有成员更好地遵守多边贸易协议和适用的诸边贸易协议项下的规则、纪律和承诺，并通过深入了解各成员的贸易政策和实践，实现其更大的透明度而使多边贸易体制更加平稳地运作。审议机制能定期集中监督和评估各成员的贸易政策和实践的所有方面及其对多边贸易体制运作的影响。但这种集体审议区别于世界贸易组织其他机构的运作，这些机构负责监督每个成员执行具体协议的情况（如农业协议等），也区别于争端解决程序。贸易政策审议机构不是某个实体协议的执行机构，审议结果也不能作为成员增加新的政策性承诺的依据。审

议的重点是被审议成员的贸易政策，也考虑更广泛的经济和发展需要、政策、目标以及外部环境。

因此，贸易政策审议机制具有双重目的。一是了解所有成员政府在多大程度上遵守和实施世界贸易组织多边协议的法律和承诺。通过定期审议，世界贸易组织作为监督者，要确保其规则的实施，以避免贸易摩擦；二是增强各成员贸易政策的透明度，更好地了解成员国贸易政策的制定和实施情况。

（二）贸易政策审议的机制和期限

（1）审议内容：成员国贸易政策与措施；贸易政策的背景。

（2）审议的对象与期限：所有成员均要接受政策定期审议；依据各成员在世界贸易组织中的贸易额确定审议的期限，贸易额前 4 位的成员方，每两年接受一次审议；贸易额第 5 至 20 位的成员方每 4 年接受一次审议；其余的成员每 6 年或 8 年接受一次审议。

（3）审议期间，受审议的成员方的贸易政策措施发生了重大变化时，必须及时向贸易政策审议机构提出全面报告。

（4）世界贸易组织秘书处负责起草政策审议结果报告，公布并提交给世界贸易组织部长级会议审议。

（三）审议机构

按世界贸易组织所确立的目标、范围和程序，建立一个贸易政策审议机构，负责贸易政策审议机制的运作，对各成员的贸易政策进行定期审议。世界贸易组织总理事会作为贸易政策审议机构，所有世界贸易组织成员均可参加，世界贸易组织秘书处负责贸易政策审议机构的日常工作。

（四）审议的程序

贸易政策审议机构审议时应制订一个基本计划，并与有关成员磋商确定审议方案。每一次审议都是在接受审议成员按规定提供的“政策声明”和世界贸易组织秘书处独立准备的一份详细报告两份文件的基础上进行的。

1. 秘书处的报告

秘书处的报告包括：“意见摘要”，涉及经济环境、贸易与投资政策制定机制、按措施划分的贸易政策与做法、按部门划分的贸易做法等 4 章。报告要经过其成员核对其事实是否准确，但秘书处对报告负最终责任。秘书处的报告是在有关成员提供信息，问卷调查，与接受审议成员政府各部和其他相关机构进行讨论，以及向私营企业（如制造商协会、商业协会）、有关研究机构进行咨询的基础上编写的。

2. 成员政府提交的“政策声明”

各成员应按规定向贸易政策审议机构提交本国贸易“政策声明”，内容主要是概述贸易政策的目标和主要方向，具有前瞻性；也可以包括对经济形势、主要趋势和问题的简要介绍，如在国外市场上遇到的问题等。内容应尽可能地与多边贸易协议和适用的诸边贸易协议条款中的通知协调一致。报告应按贸易政策审议机构规定的内容和格式提交。

（五）审议的作用

世界贸易组织贸易政策审议机制的作用是审查成员的贸易政策和实践对多边贸易体制的影响，力求使各成员贸易政策、措施与世界贸易组织有关协议相一致，通过提高各成员贸易政策的透明度，达到提高国际贸易的可预见性和稳定性，同时有助于加强对各成员履行多边贸易义务的监督，确保世界贸易组织规则的实施。因此，贸易政策审议机制被认为是世界贸易组织体制中有价值的，甚至是独特的组成部分，这主要体现在以下四个方面：

（1）它是世界贸易组织全体成员对贸易政策的所有方面进行审议的唯一场所。该机制包括对成员的贸易和经济形势的客观、独立的评估和“外部审计”，也可以对贸易和与贸易有关的政策进行解释和讨论，可以获得信息，可以表达关注。

（2）接受审议的成员能从审议中获得很多好处。审议常常使接受审议的成员有机会了解其他成员对自己所面临问题的理解，说明其贸易政策与其更广泛的经济发展如何发生联系，以及贸易伙伴的政策可能对其造成的困难。进行贸易政策审议的过程，包括对首都的访问，可以为国别政策制定提供有价值的信息。在许多国家，审议增强了国内各部门之间对贸易和与贸易有关的政策的讨论和合作。此外，该机制还可以对许多发展中国家发挥重要的技术合作作用，向他们介绍世界贸易组织成员资格的各个方面，确定今后可以满足的具体技术援助需要。

（3）在实践中，各成员贸易政策完全符合世界贸易组织多边贸易规则是不现实的，也几乎是没有的。当一成员所实行的贸易政策背离世界贸易组织的规则，给其他成员造成损害并引起贸易争端时，要通过贸易政策审议机制，使该成员发现和修改其贸易政策，将其拉回到世界贸易组织的多边贸易体制的轨道上来。

（4）从整体上讲，贸易体制可以在审议过程中获益，能够帮助政府推行理想的贸易政策改革。贸易政策审议机制也可以不断阐明至今未受到足够重视的世界贸易组织义务，因而有助于保证这些义务得到履行。

## 第四节　中国与世界贸易组织

### 一、中国加入世界贸易组织是双赢

2001年11月9日至13日，世界贸易组织第四届部长会议在卡塔尔首都多哈举行，11月10日，审议通过了中国加入世界贸易组织的决定。根据世界贸易组织的加入规定，在通过决议一个月后，12月11日中国正式成为世界贸易组织的第142个成员。

(一) 中国与世界贸易组织的历史渊源

中国是世界贸易组织的前身——关贸总协定的23个创始国之一。但在新中国建立后，中国与关贸总协定的正式关系长期中断，直至1986年7月10日中国才正式提出恢复我国缔约国地位的申请，并于1987年2月13日向关贸总协定提交《中国对外贸易备忘录》。在这份备忘录中，全面介绍了中国的经济体制改革、对外开放政策、对外贸易政策和体制及组织机构等，供关贸总协定所设立的工作组进行审议，以便关贸总协定理事会把这个问题尽早列入议程，进行谈判解决。1987年3月成立中国缔约方地位问题的工作组，进行了恢复中国关贸总协定地位的谈判，简称复关谈判。

(二) 中国加入世界贸易组织的原则

在复关谈判中，中国提出复关三原则，即承认中国的发展中国家地位，享受发展中国家的待遇；以关税减让为承诺条件，而不是承担具体进口义务；是恢复原始缔约方席位，而不是重新加入。由于一些发达成员方的要价太高，致使中国在世界贸易组织成立前复关未果。

1995年世界贸易组织成立后，中国复关工作组转为中国入世工作组，继续进行入世谈判。在入世谈判中，中国坚持权利与义务相平衡；以发展中国家的条件加入世界贸易组织，享有世界贸易组织规则中应当给予中国的各种优惠；加入世界贸易组织要与中国的国情相适应，如若干幼稚产业和服务业的开放，应有一定的过渡期，总之，中国不能因进入世界贸易组织而损害国家的基本利益。经过长达15年的谈判，发达成员方最终同意“以灵活务实的态度解决中国的发展中国家的地位问题”，在与37个成员方的双边谈判和多边谈判中，我国始终坚持权利与义务平衡的原则，努力使谈判的结果不与我国法律的基本原则相违背，不与我国的社会、政治制度相抵触；努力使我们所作的承诺与世界贸易组织的原则和规则相一致，与我国建立和完善社会主义市场经济体制的需要相一致，与我国经济发展水平和产业的承受能力相一致。最终，我国的基本权利得到了保障，并实现了权利与义务的平衡。中国加入世界贸易组织是双赢，中国需要世界贸易组织，世界贸易组织也需要中国。

## 二、中国入世后的基本权利与义务

### （一）基本权利

1. 享受非歧视性待遇

加入世界贸易组织后，我国将充分享受多边无条件的最惠国待遇和国民待遇，即非歧视待遇。原先双边贸易中受到的一些不公正待遇被取消或逐步取消。例如：美国国会通过永久正常贸易关系（PNTR）法案，结束对华正常贸易关系的年度审议；根据中国加入世界贸易组织议定书附件七的规定，欧盟、阿根廷、匈牙利、墨西哥、波兰、斯洛伐克、土耳其等成员对中国出口产品实施的与世界贸易组织规则不符的数量限制、反倾销措施、保障措施等在中国加入世界贸易组织后5至6年内取消；根据世界贸易组织《纺织品与服装协议》的规定，发达国家的纺织品配额在2005年1月1日取消，我国充分享受世界贸易组织纺织品一体化的成果；美国、欧盟等在反倾销问题上对我国使用的"非市场经济国家"标准将在规定期限内逐步取消。

2. 全面参与多边贸易体制

加入世界贸易组织前，我国作为观察员参与多边贸易体制，所能发挥的作用受到诸多限制。加入世界贸易组织后，我国可以充分享受正式成员的权利，全面参与世界贸易组织各理事会和委员会的所有正式和非正式会议，维护我国的经济利益；全面参与贸易政策审议，对美、欧、日、加等重要贸易伙伴的贸易政策进行咨询和监督，敦促其他世界贸易组织成员履行多边义务；在其他世界贸易组织成员对我国采取反倾销、反补贴和保障措施时，可以在多边框架下进行双边磋商，增加解决问题的渠道；充分利用世界贸易组织争端解决机制解决双边贸易争端，避免某些双边贸易机制对我国的不利影响；全面参与新一轮多边贸易谈判，参与制订多边贸易规则，维护我国的经济利益；对于现在或将来与我国有重要贸易关系的申请加入方，将要求与其进行双边谈判，并通过多边谈判解决一些双边贸易中的问题，包括促使其取消对我国产品实施的不符合世界贸易组织规则的贸易限制措施、扩大我国出口产品和服务的市场准入机会和创造更为优惠的投资环境等，从而为我国产品和服务扩大出口创造更多的机会。

3. 享受发展中国家权利

除一般世界贸易组织成员所能享受的权利外，我国作为发展中国家还可以享受世界贸易组织各项协定规则的特殊和差别待遇。例如：我国经过谈判，获得了对农业提供占农业生产总值8.5%“黄箱补贴”的权利，补贴的基期采用相关年份，而不是固定年份，使我国今后的农业国内支持有继续增长的空间；在涉及补贴与反补贴措施、保障措施等问题时，享有协定规则的发展中国家待遇，包括在保障措施方面享受10年的保障措施使用期、在补贴方面享受发展中国家的微量允许标准（即在该标准下其他成员不得对我国采取反补贴措施）；在争端解决中，有权要求世界贸易组织秘书处提供法律援助；在采用国际标准方面，可以根据经济发展水平拥有一定的灵活性等。

4. 获得市场开放和法规修改的过渡期

为了使我国相关产业在加入世界贸易组织后获得调整和适应的时间以及缓冲期，并对有关的法律和法规进行必要的调整，我国在市场开放和遵守规则方面获得了过渡期。例如：在放开贸易权的问题上，享有3年的过渡期；关税减让的实施期最长可到2008年；逐步取消400多项产品的数量限制（包括进口配额、许可证、特定招标等），最迟可在2005年1月1日取消（即汽车整车及部分关键件）；服务贸易的市场开放在加入后1至6年内逐步实施；在纠正一些与国民待遇不相符的措施方面，我国有两年的过渡期修改相关法规，以实行国民待遇。

5. 保留国营贸易体制

世界贸易组织允许通过谈判保留进口国营贸易。为使我国在加入世界贸易组织后保留对进口的合法调控手段，我国在谈判中要求对重要商品的进口继续实行国营贸易管理。经过谈判，我国保留了粮食、棉花、植物油、食糖、原油、成品油、化肥和烟草等8种关系国计民生的大宗产品的国营贸易管理（即由我国政府指定的少数公司专营）。同时，参照我国目前实际进口情况，对非国营贸易企业进口的数量作了规定。

6. 有条件、有步骤地开放服务贸易领域

加入世界贸易组织后，外资企业在我国设立商业机构，需要依据我国外资管理的法律和法规进行审批。经过谈判，我国保留了对重要的服务贸易部门的管理和控制权，加入世界贸易组织后我国将根据世界贸易组织的规定和我国法律和法规的规定，依法进行管理和审批，有条件、分步骤地开放服务贸易市场，以便在市场开放的过程中确保国家经济安全。例如，在电信领域，不允许外方控股，所有国际长途业务必须通过中方电信管理当局控制的出入口局进行，以保持对信息流的管理和控制；在银行领域，经过2年过渡期后，外资银行可以向中国企业提供人民币业务，经过5年的过渡期后，允许外资银行向所有中国用户提供人民币本币业务，以便国有商业银行有时间做出必要调整，此外我国还将根据世界贸易组织所允许的“审慎原则”对外资银行进行监管；在保险领域，寿险外资比例不超过50%，外国保险公司在华申请设立营业机构须满足一系列条件；在证券领域，不允许外资从事国内股票（A股）交易，即不开放资本高层；在音像服务领域，不允许外资公司在中国生产音像制品，只允许成立中外合作企业销售我国主管机关审查过的音像产品，对一些敏感的重要产品如烟草、盐不允许外资经营，粮食、棉花、植物油、食糖、图书、报纸、杂志、药品、农药、农膜、成品油、化肥和其他指定经营产品、超过30家分店的连锁店不允许外资控股。

7. 对国内产业提供世界贸易组织规则允许的补贴

经过谈判，我国保留了对国内产业和地区进行与世界贸易组织有关规则相符的补贴权利。

8. 保留国家定价和政府指导价的权利

经过谈判，我国保留了对重要的产品及服务实施国家定价和政府指导价的权利。

9. 保留征收出口税的权利

为对矿产和自然资源提供必要的保护，经过谈判，我国保留了对80多种产品征收出口税的权利。

10. 保留对进口商品进行检验的权利

经过谈判，我国保留了对进口商品进行检验的权利。

（二）基本义务

1. 遵守非歧视原则

非歧视原则是世界贸易组织最基本的原则，非歧视原则包括最惠国待遇原则和国民待遇原则。我国已经在加入世界贸易组织前对与我国签订双边优惠贸易协定的国家实施了双边最惠国待遇，因此加入法律文件中有关非歧视原则的问题主要是指对进口产品的国民待遇问题。国民待遇原则要求进口货物在关税、国内税等方面所享受的待遇不低于国内同类产品。实行国民待遇实际上是要体现平等竞争原则，这与我国改革开放和建立社会主义市场经济的目标是一致的。目前，除个别情况外，我国已基本上实现了对进口产品实行国民待遇原则。我国承诺在进口货物、关税、国内税等方面，给予外国产品的待遇不低于给予国产同类产品的待遇，并对目前仍在实施的与国民待遇原则不符的做法和政策进行必要的修改和调整。

2. 贸易政策的统一实施

世界贸易组织要求其成员实施统一的贸易政策。1994 年经全国人大通过的《中华人民共和国对外贸易法》已经确立了实施统一的贸易政策的原则。据此，我国承诺在整个中国关税领土内统一实施贸易政策。

3. 贸易政策的透明度

透明度是世界贸易组织的又一项基本原则。根据这一原则，各成员必须公布有关贸易的法律、法规和部门规章。实施和遵守透明度原则，有利于在我国建立公开、公正的市场竞争环境。实际上，我国从 1991 年开始已经逐步做到了对外公布涉及贸易的法律、法规和部门规章。据此，我们承诺履行世界贸易组织透明度原则。

4. 为当事人提供司法审查的机会

世界贸易组织要求其成员在有关法律、法规、司法决定和行政决定方面，为当事人提供上诉、要求司法审查、复审的机会。在贸易投资领域提供司法审查的机会有利于进一步改善我国的贸易投资环境。我国的《行政诉讼法》对司法审查已经有明确规定。据此，我们承诺了在与《行政诉讼法》规定不冲突的情况下，履行有关司法审查的义务。

5. 逐步放开贸易权

目前，我国对企业获得贸易权（对外贸易经营权）实行审批制，而国际上的通行做法是，企业在依法注册后，就可以获得进出口权。根据议定书的规定，加入世界贸易组织 3 年后，我国将取消贸易权审批制，所有在中国的企业经过登记后可以获得贸易权，但国营贸易和指定经营产品除外。这种贸易权仅指进口和出口的权利，并不包括在国内销售产品的权利，国内销售产品的权利是通过服务贸易的谈判决定的。

6. 遵守世界贸易组织关于国营贸易的规定

我国承诺遵守有关国营贸易的规定，国营贸易公司按照商业考虑经营，并履行有关通知义务。在保留国营贸易体制的同时，允许一定比例的进口由非国营贸易公司经营。另外，植物油（豆油、棕榈油和菜子油等）的国营贸易管理在 2006 年 1 月 1 日取消。

7. 逐步取消非关税措施

我国承诺按照世界贸易组织的规定，将现在对 400 多项产品实施的非关税措施（配额、许可证、机电产品特定招标）在 2005 年 1 月 1 日之前取消，并承诺今后除非符合世界贸易组织规定，否则不再增加或实施任何新的非关税措施。

8. 不再实行出口补贴

我国承诺遵照世界贸易组织《补贴与反补贴措施协定》的规定，取消协定禁止的出口补贴，通知协定允许的其他补贴项目。

9. 实施《与贸易有关的投资措施协定》

我国承诺加入世界贸易组织后实施《与贸易有关的投资措施协定》，取消贸易和外汇平衡要求、当地含量要求、技术转让要求等与贸易有关的投资措施。根据大多数世界贸易组织成员的通行做法，承诺在法律、法规和部门规章中不强制规定出口实绩要求和技术转让要求，由投资双方通过谈判议定。

10. 接受过渡性审议

我国加入世界贸易组织后 8 年内，世界贸易组织相关委员会将对中国和成员履行世界贸易组织义务和实施加入世界贸易组织谈判所作承诺的情况进行年度审议，然后在第 10 年完全终止审议。中方有权就其他成员履行义务的情况向委员会提出质疑，要求世界贸易组织成员履行承诺。

### 三、迎接挑战、兴利除弊

中国加入世界贸易组织既有机遇，又有挑战，问题是我们如何抓住机遇，迎接挑战。

（一）采取积极措施，主动迎接挑战

入世是中国建立社会主义市场经济和融入世界经济的过程。各行各业都要根据世界贸易组织的要求和我国的承诺，研究和提出有针对性的可操作的应对措施，迎接加入世界贸易组织给我国带来的压力与挑战。我国要建立社会主义市场经济体制，必要条件之一，就是要继续扩大对外开放，充分利用国际国内两个市场、两种资源，优化资源配置，积极参与国际竞争与国际经济合作，发展外向型经济，使国内经济与国际经济实现互补互接。

（1）要对农业提出合理的保护和支持。根据世界贸易组织《农产品协议》的规定，合理保护国内农业生产，加快农业科技进步，扩大名特优农产品的比重，提高我国农产品的国际竞争力。加快建立完整的农产品质量标准体系，完善动植物检验，加强对国内疫情的检测和检疫。

（2）要努力提高工业的国际竞争力。深化企业改革，建立适应社会主义市场经济要求的现代企业制度和经营机制，使企业成为自主经营、自负盈亏的法人实体和市场竞争主体。加快企业战略性改组，形成合理的经济规模，发展一批实力雄厚的大企业集团。加强企业管理，采取现代管理技术、方法和手段，加强成本管理、资金管理和质量管理。同时，合理运用世界贸易组织允许的贸易补救措施，如紧急进口保障措施、反倾销措施和反补贴措施，确保关系我国经济安全和重大利益的产业健康稳定发展。

(3) 积极有步骤地开放服务贸易。在经济全球化的进程中，中国应该找准自身的坐标，选择新的增长点。服务业发达与否，已成为一国经济发达与否的重要标志，没有现代化的服务业，就谈不上现代化的经济。在发达国家，服务业产值占国内生产总值（GDP）的比重平均高达60%～80%，我国服务贸易额却仅占GDP的30%左右，低于发展中国家的平均水平。要想在未来的国际经济舞台立足，必须加快发展服务业，尤其是含有高新技术、高附加值的服务业，而发展服务业的一条捷径，就是大胆与国外合作，引入先进的经验、技术和管理来为我所用。

(4) 改进文化产品管理。要加强文化产品相关法规的建设，改进和完善行业管理，扩大与各国的文化交流与合作，积极对外宣传中国的优秀文化，欢迎国外优秀文化产品进入中国，同时，对外国文化也要严格审批，防止不良文化的侵入。在国内要大力发展文化产业，繁荣优秀民族文化，丰富群众的精神生活，按照经济规律办事，提高国产文化商品的市场竞争力。

### （二）转变观念，转换机制

世界贸易组织的行为规则和运行机制的很多内容对我们来说都是新的，我们必须转变观念、转换机制，才能适应世界贸易组织的要求，各级政府及有关部门，各类企业特别是国有企业，要以市场经济观念取代传统的计划经济观念，遵守市场规则，讲究商业信誉，坚决克服寻求行政保护、追求垄断特权的观念，要尽快建立既适应世界贸易组织运行机制要求，又适应社会主义市场经济特点的政府运行机制和企业经营运行机制，特别是在人事劳动管理、工资收入分配、生产要素流动等方面，要建立有效的激励机制和严格的约束机制。建立市场经济，不仅需要有序的竞争，而且需要规则的调整，依照国际惯例办事。国内企业已饱受不规范和不公平竞争之苦，加入世界贸易组织，恰恰给了我们走向规范和公平的机会。“入世”，既不意味着天上掉馅饼，更不意味着遭遇洪水猛兽，它只不过为国内经济融入国际竞争搭设了更广阔的舞台。

### （三）培养熟悉世界贸易组织规则的专门人才，掌握国际规则

加快培养一大批熟悉我国国情，具有很好的外销水平、丰富的专业知识、精通世界贸易组织规则和国际经济法律的专门人才，掌握和运用有关世界贸

易组织的基本知识和规则，有效参与国际经贸规则的制定，充分利用多边规则和国际通行手段发展我国对外贸易，维护我国的正当权益。同时还要大力培训国内企业经营管理者，使他们尽快熟悉国际经贸活动的规则，增强开拓国际市场的能力。

## 关键名词

WTO　GATT　非歧视原则　关税保护的原则　市场准入的原则　一般禁止使用数量限制的原则　公平贸易的原则　透明度原则

## 复习思考题

1. WTO有何特点？其主要职责是什么？
2. WTO的争端解决机制的目的、程序、组织机构分别是什么？WTO争端解决的原则有哪些？
3. 中国加入WTO法律文件中的基本权利与义务分别有哪些？
4. 试从我国一两个行业分析入世给它们的挑战及应对措施。

# 第十章　国际服务贸易和国际知识产权贸易

**学习目标**

通过本章的学习，掌握国际服务贸易的概念和特点，掌握知识产权的概念和特点；熟悉《国际服务贸易总协定》和《与贸易有关的知识产权协定》的主要内容。

**重点难点**

1. 世界贸易组织对国际服务贸易的定义
2.《与贸易有关的知识产权协定》有关知识产权的效力、范围及使用标准

## 第一节　国际服务贸易

### 一、国际服务贸易概念与分类

（一）国际服务贸易概念

1. 服务的含义

服务是一种特殊形态的商品，是区别于其他一般形态的商品。服务没有固定的存在实体，但服务和一般商品一样具有价值和使用价值，服务的特殊使用价值在于它提供了某种劳动，因而对劳动的享有实质上就是对服务这种特殊商品使用价值的消耗。服务包括三个方面的含义：第一，服务的对象，包括生产和生活；第二，服务的手段，根据对象的不同，有生产性服务手段（如金融、运输、保险、维修、计算机、数据处理等）和生活性服务手段（如旅游、旅馆服务、美容、理发等）；第三，服务的效果，即提高劳动生产率和人们的生活水平。

服务贸易是一方（经济实体或个人）以活劳动的形式来满足另一方生产和生活需要，并通过某种方式提高劳动生产率和人们的生活水平的一切经济

活动。它是人类生产力和科学技术水平发展到一定阶段的产物。

2. 国际服务贸易的概念

(1) 对国际服务贸易的一般理解。国际服务贸易，即指国际间服务的输入和输出。贸易一方向另一方提供服务并获得收入的过程称为服务出口或服务输出，与此相对应，购买他人提供服务的一方称为服务进口或输入。

国际服务贸易有广义和狭义之分。狭义的是指传统的为国际货物贸易服务的运输、保险、金融及旅游等无形贸易；而广义的还包括现代发展起来的除了与货物贸易有关的服务以外新的贸易活动，如承包劳务、卫星传送和传播、专利和商标许可、版权贸易等等。而专利和商标许可、版权贸易，也称为知识产权贸易。一般只有在特定情况下，才是狭义的，所以我们讲国际服务贸易都是广义的服务贸易。

(2) 世界贸易组织对国际服务贸易的定义。根据《服务贸易总协定》第1条规定，国际服务贸易是指：①跨境交付。跨境交付（Cross－border Supply）是指一成员服务提供者在其境内向在任何其他成员境内服务消费者提供服务，以获取报酬。这种方式是典型的“跨国界服务型贸易”。它的特点是服务的提供者和消费者分处不同国家，在提供服务的过程中，就服务内容本身而言已跨越了国境。它可以没有人员、物资和资金的流动，而是通过电讯、计算机的联网实现，如一国咨询公司在本国向另一国客户提供法律、管理、信息等专业性服务，以及国际金融服务、国际电讯服务、视听服务等。也可以有人员或物资或资金的流动，如一国租赁公司向另一国客户提供租赁服务以及金融、运输服务等。这类服务贸易充分体现了国际贸易的一般特征，是国际服务贸易的基本形式。②境外消费。境外消费（Consumption abroad）是指一成员的服务提供者在其境内向来自任何其他成员的服务消费者提供服务，以获取报酬。它的特点是服务消费者到任何其他成员境内接受服务。例如，病人到国外就医，旅游者到国外旅游，学生、学者到国外留学进修，等等。③商业存在。商业存在（Commercial Presence）是指一成员的服务提供者在任何其他成员境内建立商业机构（附属企业或分支机构），为所在国和其他成员的服务消费者提供服务，以获取报酬。它的特点是服务提供者（个人、企业或经济实体）到国外开业，如投资设立合资、合作或独资的服务性企业等，例如开办银行分行、饭店、零售商店、会计事务所、律师事务所等。④自然人流动。自然人流动（Movement of Natural Persons）是指一成员的自然人（服务提供者）到任何其他成员境内提供服务，以获取报酬。它的特点是服务提供者在外国境内向该国服务消费者提供服务，例如专家、教授到国外讲学、作技术咨询指导，文化艺术从业者到国外提供文化、娱乐服务等。

3. 国际服务贸易的特点

国际服务贸易与国际货物贸易相比较，有以下的特点：

(1) 服务贸易是无形的。它是在生产与消费的过程中同时完成的，服务贸易没有一个有形的独立的存在形式。因此，海关人员也就无法在关境口岸统计服务贸易的进口与出口，服务贸易也就无法正常纳入海关统计中。因此不能利用关税配额来保护本国的服务业。

(2) 服务贸易具有不可储存性。一般来说，与商品贸易相比，服务贸易中的交换标的物——服务是不能储存的，服务消费在是生产过程中完成，并要求服务提供者和使用者存在某种形式的接触。

(3) 服务贸易涉及的法律复杂。国际服务贸易与商品贸易相比，涉及的法律要复杂得多。商品贸易主要适用国内外的合同买卖法、国际货物销售公约等，相对而言较简单。但是，国际服务贸易涉及的国内法律及国际法律要广泛得多、复杂得多。因为服务贸易的标的物的使用权和所有权呈现复杂性，标的物的作价原则呈现复杂性，服务贸易的当事人关系呈现复杂性。

(4) 服务贸易更多地依赖于要素的移动和服务机构在境外的设置。货物贸易是有形的，只要付出一定的经费，货物就可以从出口国运往进口国，从产地运往销售地。因而，服务贸易的提供者和消费者均无须离开国境就可以实现进出口。有一些服务也是可以通过“运输”达到进出口的目的。比如可以通过邮件、电传和电话等无须面对面就可以完成的服务交易，这一类服务活动被称为“可交易服务”或“长距离服务”，这类服务虽然不能像货物那样储存，但它像货物那样可以被“运输”，即服务的供给方和消费方都无须发生空间上的移动就可以完成的贸易。大部分的服务贸易要求供给者和消费者在空间上的接近。与有形商品贸易和可交易服务贸易相比，这类服务贸易必须伴随着生产要素的国际移动。这并不意味着非要服务的供给者到消费者所在国境内去，相反方向的也同样可以。例如，建设工程服务是供给者到消费者所在的国境内提供，旅游服务由消费者到供给者所在的国境内享用，教育服务则既可以由供给者到消费者所在的国境内完成，也可以由消费者到供给者所在国境内来完成。在实践中，供给者的移动居多，就依赖于服务机构在境外的设置。

(5) 服务贸易是国民经济发展的重要调节器。服务贸易已不是一般意义上的服务交换，它已成为国际信息交流的渠道，并且具有世界信息、技术要素的再分配机制。它是一种吸收、反馈信息的网络，是技术转让的重要渠道，对物质生产及整个国民经济的发展起着重要的调节作用。服务贸易具有重要作用并不意味着它取代、排挤物质生产。相反，它必须与物质生产和货物贸易以及现代科学紧密结合，才有巨大的生命力，在发展生产中开拓服务业。

## 二、国际服务贸易的分类

### （一）国际服务贸易一般分类标准

由于国际服务贸易的复杂性，目前还没有形成一个统一的分类标准。通常的分类标准有：以“移动”与否进行划分；以服务行业为核心进行划分；以生产为核心进行划分；以要素紧密程度进行划分；以商品为核心进行划分；按是否伴随有形商品贸易的发生来划分等。

### （二）《服务贸易总协定》的分类

乌拉圭回合通过的《服务贸易总协定》将国际服务贸易分为12个部门，具体又分为160多个分部门。但随着今后世界贸易组织服务贸易谈判，可能进一步扩大服务贸易的范围。

1. 商务服务

专门服务；计算机及相关服务；研究和开发服务；房地产服务；租赁服务；其他商务服务。

2. 通讯服务

邮政服务；速递服务；电信服务；视听服务；其他。

3. 建筑和相关工程服务

4. 分销服务

佣金代理服务；批发服务；零售服务；特许经营；其他（无固定地点的批发和零售）。

5. 教育服务

初等教育服务；中等教育服务；高等教育服务；成人教育服务；其他教育服务。

6. 环境服务

排污服务；废物处理服务（固体废物处理服务、废气清理服务、降低噪音服务）；卫生和类似服务（卫生服务）；自然和风景保护服务；其他环境保护服务。

7. 金融服务

保险和保险相关服务；银行和其他金融服务；证券服务。

8. 与健康相关的服务和社会服务

9. 旅游和与旅游相关的服务

饭店和餐馆；旅行社；导游服务；其他。

10. 娱乐、文化和体育服务

文娱服务；新闻社服务；图书馆、档案馆、博物馆和其他文化服务；体育和其他娱乐服务；其他。

11. 运输服务

海运服务；内河运输服务；航空运输服务；航天运输服务；铁路运输服务；公路运输服务；管道运输服务；运输辅助服务；其他。

12. 其他未包括的服务

## 三、服务贸易总协定

### (一)《服务贸易总协定》概况

1.《服务贸易总协定》的条款组成

《服务贸易总协定》是世界贸易组织的一大支柱，它与《关税与贸易总协定》和《知识产权协定》的地位是平行的，是乌拉圭回合多边贸易谈判达成的一项新的独立的多边贸易规则。《服务贸易总协定》条款由序言和6个部分29条组成。前28条为框架协议，规定了服务贸易自由化的原则和规则，第29条为附件（共有8个附件）。主要内容包括：范围与定义、一般义务与规则、具体义务、逐步自由化、制度方面的规定等，其核心是最惠国待遇、国民待遇、市场准入、透明度及支付的款项和转拨的资金的自由流动。

2.《服务贸易总协定》与货物贸易规则中义务的区别

在《关贸总协定》和其他规范货物贸易的协议中，成员方承担的义务都是无条件的，不容谈判的，只有在例外的情况下，成员方才可以根据情况向世界贸易组织提出免于承担义务，而且还须经世界贸易组织批准。但是《服务贸易总协定》的条款中所规定的义务分为两种，一种是普遍性义务，一种是具体承诺的义务。普遍性义务（如最惠国待遇原则）适用于各个部门，不论《服务贸易总协定》的成员是否开放这个或这些部门，都必须相互给予无条件最惠国待遇。具体承诺的义务，是指经过双边或多边谈判达成协议所承担的义务。这些义务（市场准入和国民待遇）只适用于各成员承诺开放的服务部门，而不适用于未承诺的服务部门。

这种将一般性义务与具体承诺的义务区分开来的做法，是《服务贸易总协定》的一个重要的特点，它给予发展中国家一定的灵活性，可以逐渐开放市场。

(二)《服务贸易总协定》的宗旨和范围

1.《服务贸易总协定》的宗旨

《服务贸易总协定》的宗旨是在透明度和逐步自由化的条件下，扩大服务贸易，并促进各成员的经济增长和发展中国家服务业的发展。《服务贸易总协定》的序言指出，希望通过不断进行的旨在互利基础上促使所有成员获益，谋求取得权利和义务总平衡的多边谈判，将世界服务贸易自由化推向更高的阶段。协定希望有助于发展中国家在世界服务贸易中更多地参与，帮助他们扩大服务出口，特别是提高其国内服务效率和竞争力。协定对发展中国家成员的利益给予了较充分的重视。

2.《服务贸易总协定》的适用范围

《服务贸易总协定》适用于各成员采取的影响服务贸易的各项政策措施，包括中央政府或地方政府和当局及其授权行使权力的非政府机构所采取的政策措施。《服务贸易总协定》要求，为履行本协定项下的权利和承担的义务，每一成员应采取一切可能的合理措施以确保其境内地方政府和当局及非政府机构履行其责任和义务。

《服务贸易总协定》包括的是“任何部门的任何服务，但在行使政府权限时提供的服务除外”。根据定义“在行使政府权限时提供的服务”是指既不是在商业基础上提供，又不与任何一个或多个服务提供者相竞争的服务，比如中央银行的服务和社会保障服务等。此外，一成员的承诺不适用于政府机构进行的服务采购，这种采购只供政府使用，而不用于商业性销售。

(三) 一般义务和纪律

1. 最惠国待遇

它是指各成员应立即和无条件地给予他方服务和服务提供者以不低于其给予某一成员相似服务和服务提供者的待遇，即成员应非歧视地平等地对待不同成员的服务和服务提供者。如果该成员在某个服务部门允许外国竞争，则在该部门对所有成员的服务提供者都应给予平等的机会。如果一成员无法取消与上述规定不符的措施，则应在协定生效前申请最惠国待遇的例外，并规定5年后重新进行评审，一般应在10年内取消。成员要增加新的例外则要遵循关于豁免的程序。

2. 透明度

《服务贸易总协定》规定各成员应公布其所采取的所有与服务贸易或对《服务贸易总协定》产生影响的法律和措施。这条规定与《关贸总协定》相似，但《服务贸易总协定》还要求各成员建立一个或多个咨询点，以便尽快地回答其他成员的询问。由于在无关税管理情况下，国内规章是对服务贸易有着最重要影响和控制力的手段，协定规定这些规章及措施的管理应当合理、客观、公正，对于已作出具体承诺的服务部门所适用的法律法规，各成员还应将任何的变动情况通知世界贸易组织及其成员。此外，各成员还应采取迅速审议有关提供服务的行政决定的方式，如法院。

3. 发展中国家的更多参与

促使发展中国家的更多参与是《服务贸易总协定》的一项基本义务。目的是提高发展中国家成员国内服务业的能力、效率和竞争力；改善他们进入分销渠道和信息网络的机会；开放对他们具有出口利益的服务部门和服务交付方式。《服务贸易总协定》规定，发达国家及其他有能力的成员应在《服务贸易总协定》生效的两年内建立联系点，以便向发展中国家的服务提供者提供有关信息（如商业和技术方面的服务信息，登记、认可和获得提供服务的专业技术，获得服务技术的可能性）。发达国家将采取措施帮助发展中国家扩大服务出口（如在商业性技术方面加强发展中国家的国内服务业，为发展中国家的服务出口提供市场准入的条件）。协定允许发展中国家根据国内政策目标和服务业发展水平逐步实现服务贸易自由化；允许发展中国家开放较少的市场（部门与交易的种类），根据发展情况逐步扩大市场的开放程度；允许发展中国家对于外国服务或服务提供者进入本国市场设置条件；在自由化谈判中，对发展中国家不应坚持完全对等。此外，对最不发达国家给予特别优先考虑。

4. 经济一体化

《服务贸易总协定》确认了双边或多边服务贸易经济一体化的存在，但作了一些限制，如符合“经济一体化”（即区域一体化、区域性优惠安排）的双边或多边服务贸易自由化协议须具备两个条件：①包括众多的重要服务部门；②彻底根除或取消成员之间对服务部门及部门所设的所有歧视性措施。

5. 国内规章与承认

由于国内规章（不是边境措施）对服务贸易产生重大影响，所以《服务贸易总协定》要求，在已作出具体承诺的服务部门或分部门，成员都应确保服务贸易的一般适用措施均在合理、客观、公正的情况下实施。协定要求成员应承认其他成员服务提供者所具有的学历或其他资格，以便在服务领域里取得批准许可或证书。有关服务提供者的授权、许可或认证标准、资格要求，在实施时，不能在不同成员间造成歧视或差别待遇，也不能对服务贸易构成变相的限制。协定鼓励通过协调和制定国际公认的标准达成关于资格的承认制度，以保证获得授权的许可证或服务提供者证书。

6. 垄断或专营服务提供者

《服务贸易总协定》要求各成员应确保在其境内的任何垄断和专营服务提供者不得采取与无条件最惠国待遇相违背的行为，不致滥用他们的权力。限制性商业惯例应由各方进行磋商，以便加以消除。但协定对垄断服务提供者的创建和维持不予干涉。

7. 支付与转移、保障国际收支的限制

《服务贸易总协定》规定，成员一旦承诺在某一服务部门允许外国竞争，在通常情况下就应保证对根据本协定承担义务经常性交易的支付和国际转移不加限制，但一成员在国际收支发生严重困难和对外财政困难或受到威胁时，可在其实施具体承担义务的服务贸易中实行或维持限制措施，包括与这类承担义务有关的支付和转移。不过应附加条件，即它们是非歧视性的，应避免给其他成员造成不必要的损失，并且这些限制措施应是暂时性的。在这种情况下，该成员必须与国际收支限制委员会进行磋商。

8. 服务贸易自由化中的紧急保障措施

世界贸易组织成员在由于没有预见到的变化，或由于某一具体承诺而使某一服务进口数量太大，以至于对本国的服务提供者造成严重损害构成严重损害威胁时，可以部分地或全部地中止此承诺以减缓或消除损害。

9. 其他规定

《服务贸易总协定》对国家的安全、公共道德、公共秩序、保护人类及牲畜和植物的生命或健康方面，防止有欺诈行为，保护个人隐私和根据税法制定的措施规定了例外条款。有些条款规定（如一般和安全例外、补贴、政府采购等）与《关贸总协定》的精神相类似。

（四）具体承诺

协定规定了具体承诺谈判的原则，各成员根据这些原则就其愿意作出承诺的部门进行谈判，达成的承诺将列入该成员的具体承诺减让表，各成员必须根据列入减让表的承诺，对服务和服务提供者给予相应待遇。具体承诺分为三个部分，即市场准入承诺、国民待遇承诺和其他承诺。对其减让表中提到的服务部门，成员可以规定有关市场准入的限制和条件，规定有关国民待遇的条件和资格。其他承诺指在其他领域的义务，比如有关标准和资格或许可等方面的承诺。

1. 市场准入

市场准入是经过双边或多边谈判达成而承担的义务，实施对象包括成员的服务和服务提供者。市场准入承诺及有关国民待遇的任何限制和例外，是多边适用的、一揽子的谈判结果，因此承诺包含的是通过谈判达成的、有保证的开展国际服务贸易的条件。《服务贸易总协定》要求其成员应开放市场，给予其他成员的服务和服务提供者以优惠待遇，其优惠程度不低于根据一致商定的并在其减让承诺表中确定的条款、限制和条件下提供的待遇。市场准入条款的宗旨是逐步消除下列限制措施：①对服务提供者数量的限制；②对服务交易或资产总值的限制；③对服务业总量或总产出量的限制；④对特定服务部门或服务提供者可以雇佣人数的限制；⑤对法律实体或合资经营企业形式的特定要求或限制；⑥对外国资本参与的比例限制或外国资本投资总额的限制。

协定规定了对一些政府经常用来限制竞争或限制新来者进入其市场的上述6种歧视性措施所应遵循的准则。这些法律和条例，例如对允许进入市场的公司数目的限制，“经济情况调查”和强制性的地方注册规定，经常被用来禁止或限制外国公司进入其市场。因此，一个成员要么在其所作承诺表中消除这些壁垒，要么同其贸易伙伴就有限地保留这些壁垒举行谈判，列入减让表。

除上述所列限制以外的任何其他限制，只要不是歧视性的，均不在协定所辖范围之内。

2. 国民待遇

《服务贸易总协定》关于国民待遇的条款是整个协定中最重要的条款之一。协定规定，在已承诺的部门、条件和资格中，给予外国服务和服务提供者的待遇，不应低于给予本国相同服务和服务提供者的待遇。但一成员只有作出具体承诺，给予外国服务提供者市场准入机会后，才需实施国民待遇原则。对于未作出承诺的服务部门，则无须实施国民待遇原则。即使在已经作出承诺的部门，《服务贸易总协定》也允许对国民待遇采取某些限制。协定具体要求成员确保他们的法律和规章不得在减让承诺表列入的服务部门中使国内市场竞争条件不利于外国公司。但这种待遇不是自动给予的，而是经过谈判减让的结果，具体反映在减让承诺表中，承诺表可以对国民待遇规定某种条件和限制。这种待遇只适用于该成员已作出具体承诺的部门，给予方式并不要求完全一致。

3. 逐步自由化

《服务贸易总协定》规定了服务贸易自由化的目标，在适当尊重各成员的国内政策目标和发展水平的前提下，确认服务贸易自由化为一渐进过程。因此，协定要求各成员在协定生效后一定时间内按平等互利、维护所有成员的利益并在谋求权利和义务全面平衡的原则下，就进一步扩大服务贸易自由化问题每5年举行一轮实质性谈判，不断推进服务贸易自由化，以直接减少或者消除限制服务贸易市场准入的措施。协定还规定每个成员应制定其承担具体义务的计划安排。

（五）其他规定

1. 争端解决

（1）争端解决的条件。争端解决程序一般遵循世界贸易组织《关于争端解决规则与程序的谅解》的规定。在下列情况下，成员可以诉诸争端解决机构：该成员认为，其他成员未能履行其在《服务贸易总协定》下的义务或具体承诺；他合理预期的另一成员的具体承诺能够带给他的利益由于后者采取某些措施，正在受到损失，即使这些措施未与《服务贸易总协定》的有关条款冲突。

（2）磋商。各成员应对任何其他成员就影响本协定运行的任何事项所提出的磋商，给予充分的机会。如达不成满意的解决办法，争端解决机构可与其磋商。

（3）争端解决。任何成员如果认为其他成员未履行本协定下的义务或具体承诺，且对此达不成满意的解决办法，可以诉诸争端解决机构。如果争端解决机构认为情形严重到足以有理由采取中止义务或具体承诺，可授权任何成员采取行动。

2. 利益的拒给

《服务贸易总协定》规定，一成员可在下述情况下拒绝给予本协定的利益：

（1）对于一项服务的提供，如果确认该服务是从或在一非成员或该拒给成员不与其适用《建立世界贸易组织的协议》的成员境内提供的。

（2）在提供海运服务的情况下，如果确认该服务的提供是：由一艘依照一非成员或该拒给成员不与其适用《建立世界贸易组织的协议》的成员的法律注册的船只进行的，和由一个经营和使用整个或部分船只的人进行的，但该人属于一非成员或该拒给成员不与其适用《建立世界贸易组织的协议》的成员。

（3）对于一个法人服务提供者，如果确认它不是另一成员的服务提供者，或它是一个该拒给成员不与其适用《建立世界贸易组织的协议》的成员的服务提供者。

（六）承诺减让表

1. 承诺减让表的含义

承诺减让表是各成员在谈判的基础上提交的开放服务贸易市场的承诺，是《服务贸易总协定》不可分割的部分，具有法律约束力。减让表内容是各成员在双边谈判基础上承担的关于最惠国待遇、市场准入和国民待遇的义务，为了执行《服务贸易总协定》关于市场准入和国民待遇的义务。各国政府都提交了一份关于对服务业市场准入所作的减让承诺表，这一减让表将随着《服务贸易总协定》的生效而生效。它还允许各成员一次性的不执行《服务贸易总协定》关于最惠国待遇的规定。减让承诺表明确注明各方对于他方服务和服务提供者实施国民待遇和市场准入的限制条件。

2. 承诺减让表的内容

承诺减让表包括诸如对人员和对提供服务的人的流动所作的承诺等横向措施；还包括对具体部门和一些特定分部门所作的承诺，如专业性服务（会计、建筑设计、工程），其他商务服务（广告、市场调研、管理咨询以及会议服务），通讯服务（增值的电讯服务、视听服务），经销（批发和零售贸易、特许经营），教育服务、环境服务、金融服务（银行、证券和保险）以及与健康相关的服务和社会服务。少数国家还把海运和民航方面所作的承诺也列入了减让表。

3. 承诺减让表的修改

按协定的规定，成员若想修改承诺，必须将修改意向通知其他成员，如有成员要求与其进行磋商，则应进行磋商。意欲进行修改的成员可能不得不提供补偿，并在最惠国待遇的基础上实施，即补偿将适用于所有成员。若磋商未能达成协议，受到影响的成员可提请仲裁。要求修改的成员可以在根据仲裁结果提供补偿后进行修改。若受到影响的成员没有提出仲裁要求，要求修改的成员可以按照程序进行修改。如该成员在修改时没有遵守仲裁结果，且受影响的成员援引了仲裁程序，则该受到影响的成员有权采取报复措施，撤销与仲裁结果实质上相当的承诺，可以收回大致相等的减让。但此举只针对修改承诺成员实施，并不适用所有成员。

（七）《服务贸易总协定》的附件

《服务贸易总协定》除了本身的框架协定外，还包括8个附件，主要涉及金融（包括保险）服务、基础电信服务、自然人流动提供服务和海运服务、空运服务等部门协议草案。这些部门协议附件是《服务贸易总协定》的重要组成部分，反映了服务贸易的多样化。附件的主要目的是对一些较特殊的服务部门作有针对性的规定，以使框架的基本原则和规则更好地适用于这些部门。

（八）今后的谈判

鉴于服务部门范围广泛，情况复杂，《服务贸易总协定》规定，逐步实现服务贸易自由化，每隔5年可举行一轮谈判，以便使对市场准入和国民待遇所作的承诺情况得到改善，并放宽不执行最惠国待遇的规定。《服务贸易总协定》还确定了关于就一些框架规定举行谈判的条件。今后，服务贸易需进一步谈判的问题主要有：补贴、政府采购和保障措施、资格标准、技术标准及许可程序以及减少专业性服务方面的贸易壁垒、服务贸易和环境问题等方面。

谈判将分为两个组进行，一组为谈判制定《服务贸易总协定》未包括的补贴、政府采购和保障措施的规则；另一组为谈判降低或取消服务贸易壁垒，重点问题是对服务提供者的资格要求和获得资格的程序、技术标准、发放许可的条件等。

（九）服务贸易总协定的部门协议

由于在1994年4月15日签署的《服务贸易总协定》中，各国对服务贸易市场开放所进行的谈判是初步性的，因此，在乌拉圭回合结束时，各成员政府同意就服务贸易领域继续进行谈判。在世界贸易组织生效后，成员方就服务贸易项下的金融服务、电信服务、海运服务和自然人流动等4个部门相互开放市场进行谈判，并先后达成了3项协议：《自然人流动服务协议》、《金融服务协议》和《基础电信协议》。《海运贸易协定》谈判暂停。

1. 自然人流动服务协议

（1）自然人的含义。1995年7月，世界贸易组织达成《自然人流动服务协议》（*Agreement on Movement of Natural Persons Supplying Services*），旨在使各成员就自然人跨国流动提高开放承诺的谈判，其结果仅仅是极少数发达国家对自己的开放承诺表作了极有限的调整。自然人是指各成员提供服务的自然人以及受雇于服务提供者的自然人。自然人流动是指个人为提供服务而进入某一成员境内作短期停留，服务结束后即离开。换句话说，自然人流动必须伴随提供服务，而不是在某一成员境内长期就业或作长期居留。

（2）《自然人流动服务协议》的内容。协议是关于自然人在一成员境内临时停留权利的谈判，这种临时停留是由于提供服务的需要，不适用于寻求永久就业的人，也不适用于各国就获得公民权、永久居留权或永久就业权所规定的条件。各成员应按照《服务贸易总协定》的原则就“自然人流动”的具体承诺进行谈判。为保证一成员的边境完整，确保自然人在流动时受到其接纳成员的有效管理，协议不限制各成员对“自然人流动”采取管理措施（包括入境和境内管理），但是各成员的管理措施不能对谈判达成的具体承诺构成破坏。

2. 金融服务协议

(1) 金融服务协议的产生。乌拉圭回合多边贸易谈判结束时，谈判小组草拟了金融保险服务部门协议（草案），但由于美国等国的意见分歧，未达成协议，部长级会议作出了《金融服务的第二附件》和《关于金融服务谈判的决定》。金融服务的谈判进行了两轮。根据部长级会议关于《金融服务谈判的决定》，世界贸易组织服务贸易委员会下属的金融服务贸易委员会于1995年7月28日结束第一轮谈判，达成了具有历史意义的《金融服务协议》。1997年12月31日第二轮金融服务谈判结束，世界贸易组织的84个成员方达成了《金融服务协议》，该协议于1999年3月1日生效。

(2) 金融服务的范围。金融服务包括：银行和其他金融服务，保险及其相关服务。

银行服务包括所有传统上由银行提供的服务，如存款、贷款、支付和货币汇兑服务等。其他金融服务包括外汇、金融衍生产品和各种证券的交易、证券承销、货币经纪、资产管理、结算和清算、金融信息的提供和传输以及咨询等其他金融辅助服务。保险及其相关服务。保险包括寿险、非寿险、再保险，相关服务包括保险经纪和代理在内的保险中介服务以及诸如咨询、精算等保险辅助服务。

(3)《金融服务协议》的主要内容。《金融服务协议》(*Agreement on Financial Services*) 即《〈服务贸易总协定〉第五议定书》及其所附减让表。“第五议定书”本身很简短，仅规定了生效时间等程序性事项，协议的主要内容是：所附的世界贸易组织成员关于金融服务的具体承诺减让表和《服务贸易总协定》第2条豁免清单。协议要求放宽或取消外资参与本地金融机构的股权限制，放宽对商业存在（分支机构、子公司、代理、代表处等形式）的限制以及对扩展现有业务的限制。协议不仅包括银行、证券和保险三大金融服务的主要领域，而且包括资产管理、金融信息提供等其他方面。承诺成员允许外国公司在国内建立金融服务公司并按竞争原则运行；外国公司享受与国内公司同等的进入市场的权利，取消跨边界服务的限制；允许外国资本在投资项目中的比例超过50%。同时，成员政府有采取审慎措施，保证金融体系完整和稳定的权利，如为保护投资者、储户、保险投保人而采取的措施。

3. 基础电信协议

(1)《基础电信协议》的产生。《基础电信协议》(*Agreement on Basic Telecommunications*)即《〈服务贸易总协定〉第四议定书》，适用于电信作为提供服务手段的范围。这也是乌拉圭回合多边贸易谈判未完成的部门协议。1997 年 4 月 15 日世界贸易组织成员谈判达成《基础电信协议》，并于 1998 年 2 月 15 日生效。"第四议定书"本身十分简短，只规定了生效时间等程序性事项，其后所附的世界贸易组织成员关于基础电信的具体承诺减让表和《服务贸易总协定》第 2 条豁免清单，则是该协议的主要内容。协议的目的在于约束各成员在提供电信服务时不应以电信作为限制其他成员的服务提供者提供服务的行为，或对提供服务的行为造成障碍。在客观公正的基础上，非歧视地向世界贸易组织成员承诺部分或全部开放国内的基础电信服务市场。

(2) 基础电信指导原则。《基础电信协议》的附件《参照文件》要求成员政府遵守的电信管理指导原则是：防止交叉补贴，不正当地使用获得的其他电信经营者的信息等不正当竞争行为；以透明的非歧视的条件保证外国电信经营者进入本国电信网，与其他经营者互联；实现透明的非歧视的普遍服务；公开许可授予标准，许可被拒绝的理由；管理当局独立，保证与任何电信经营者分离；按透明的非歧视原则合理分配电信号码、无线电频率、频段等稀少资源；公开国际会计结算费率。

(3)《基础电信协议》涉及的服务领域。协议所涵盖的基础电信服务领域包括：电话、数据传输、电传、电报、传真、线路租用(即传输能力的出售或出租)、固定和移动卫星通讯系统及其服务、模拟/数字蜂窝式移动电话、移动数据服务、无线寻呼和个人通讯系统服务等。市场准入承诺不仅包括电信服务的跨境交付，也包括通过设立外国公司(即商业存在)，拥有并经营独立电信网络设施而提供的服务。协议所包括的增值电信服务，指服务提供者通过改进用户信息的形式或内容，或者通过存储或检索服务从而增加其"价值"的电信服务。具体业务有在线数据处理、在线数据存储及调用、电子数据交换、电子邮件、语音信箱等。

**四、世界服务贸易发展现状**

据《关贸总协定》和《世界贸易组织》的统计，1970 年国际服务贸易额为 640 亿美元，到 1980 年增至 3 830 亿美元，10 年增长了 5 倍；而 10 年后的 1990 年又增加到 8 490 亿美元，与 1980 年相比又翻了一番还多。1992 年国际服务贸易首次突破万亿美元大关，2000 年已达 1.44 万亿美元，占国际贸易总额的 1/5。服务业发展是服务贸易发展的基础。20 世纪世界经济发展的主要特点之一就是服务业的迅速发展。80 年代，世界经济活动总量中，服务业已经超过第一、第二产业，取代了物质生产部门而成为最强大、最广泛的经济部门；90 年代初，服务业在世界生产总值中的比重已占 60%，成为大多数国家国内生产总值（GDP）中最大的组成部分。可见，服务业发展水平高低是国家发展水平的重要标志，经济发展水平越高，服务业就越发达。服务贸易已成为产品增值的主要来源之一，如产品的售后服务和维修，使服务与生产的界限日益模糊不清。服务已成为许多制成品生产和销售中一个不可缺少的因素。从发达国家与发展中国家输出的服务贸易项目看，发达国家主要输出资本、技术和知识密集型服务，如银行、保险、建筑、咨询、信息、航空、航天等。发展中国家则主要出口劳动密集型服务，如劳务输出是其主要的服务贸易方式。虽然一国的服务业不会全部进入国际服务贸易，但整个国家的服务业发展水平对该国的服务贸易有很大的影响。各国服务业发展水平的差距决定了国际服务贸易发展的不平衡。一般来说，发达国家处于优势，而发展中国家处于相对劣势。美国是世界上最大的服务出口国，约占世界服务贸易总额的 1/6，每年拥有近千亿美元的顺差。国际服务贸易主要出口国基本上都是发达国家。

### 五、逐步实现服务贸易自由化

运用比较优势理论以实现服务贸易自由化的论点遭到许多发展中国家的置疑，认为不能以此作为制定国际服务贸易多边规则的理论基础。所以，世界贸易组织在推进国际服务贸易自由化的过程中，必须充分考虑各国的经济和服务贸易发展的现状，更加关注和帮助那些服务业落后的发展中国家的服务贸易的发展，为其提供更多的机会。从现阶段来看，包括发达国家在内，都不可能无条件开放国内服务市场，各国适度保护国内服务市场是必要的；现行的国际服务贸易多边规则对实现服务贸易自由化的目标，只能是在“逐步自由化”的原则下来实现；同时，服务贸易自由化也必须充分考虑到各国的社会和文化背景。服务贸易领域比货物贸易广泛得多，性质差异大，服务贸易总协定对服务贸易规范协调难度很大，比如金融、电信、自然人流动等方面的谈判，其结果很难覆盖其他领域，因此，服务贸易自由化是一个漫长的历程。

## 第二节　国际知识产权贸易

### 一、知识产权的概念（Intellectual Property）

知识产权的概念，按照广义的解释，它是人们可以就其智力创造的成果所依法享有的专有权。世界知识产权组织对知识产权所划的范围包括下列权利：关于文学、艺术及科学作品有关的权利；关于表演艺术家的演出、录像和广播的权利；关于在一切领域中人类的努力而产生的发明；关于科学发现的权利；关于工业品式样的权利；关于商品商标、服务商标、厂商名称和标记的权利；关于制止不正当竞争的权利；在工业、科学及文学艺术领域的智力创作活动所产生的权利。狭义的知识产权，是工业产权与版权两部分。其中工业产权包括专利权、商标权、禁止不正当竞争权等，版权中则包括著作权与传播者权。然而，各国对工业产权的理解存在着差异。但无论是在理论上还是在实践中，各国比较统一的意见是：知识产权主要包括专利权、商标权与版权。

### 二、与贸易有关的知识产权

与“贸易”有关，这里的“贸易”主要是指有形货物的买卖。服务贸易也是一种贸易，但是它不包括在这里面，另有协定来规范它。这里的“贸易”，不仅包括活动本身可能是合法的贸易，而且也包括假冒商品贸易，即活动本身肯定是不合法的贸易。在前一种贸易活动中，有时存在知识产权保护问题；在后一种贸易活动中，则始终存在打击假冒、保护知识产权问题。

与贸易有关的知识产权，到底包括哪些？这是我们的问题所在。一般来说，知识产权中的科学发现权、与民间文学有关的权利等，与贸易关系不大，所以在与贸易有关的知识产权中并不涉及这类知识产权。狭义知识产权中的工业产权和著作权两大部分，绝大多数都被认为涉及与贸易有关的范围。但该类知识产权，又不是全部都包括，它的某些部分就未加以规范，如实用技术专有权等。所以，与贸易有关的知识产权所涉及的既非通常理解的狭义的知识产权，也不是世界知识产权组织所定义的广义知识产权。它有着特定的范围，是由国际贸易中的需要决定的。

## 三、知识产权的特点

### （一）无形性

无形性是最重要的特点，这一特点把它们同一切有形财产区分开来。作为有形财产，其出卖、出租的标的是该有形物本身。一项专利，作为无形财产转让时，标的可能是制造某种专利产品的“制造权”，也可能是销售某种专利产品的“销售权”，却不是专利产品本身。

### （二）专有性

专有性也即垄断性和排他性，是指除知识产权人同意或法律另有规定外，其他任何人均不得享有或使用该项权利，如两个人分别做出完全相同的发明，则在分别申请的情况下，只可能有其中一个获专利权。未经专利权人许可而使用其专利技术，使用、制造或销售其专利产品，就是侵权行为。

### （三）地域性

地域性是指某国若未参加有关国际条约或双边协定，则由该国法律保护的知识产权，只在该国范围内有效，在其他国家均不受法律保护，即不发生域外效力。

### （四）时间性

时间性是指知识产权法所确认的某项智力成果权利只能在法律规定的期限内有效，超过时效的不再受法律保护。这个特点表明，知识产权并不是永久的法律权力，超过了法定期限，其权利客体便进入公有领域，成为人类社会的共同财富，任何国家或任何人都可以自由地加以利用。

### （五）公开性

公开性是指智力成果具有不加隐蔽可以公开的法律特点。假若一项智力成果永远处于秘密状态，法律便难以保护，故智力成果应该是公开的和可以公开的。

### （六）可复制性

复制即可照原件仿造。可复制性是说获得法律保护的知识产权，具有可供仿造的特点，正因如此，法律方要给予它严格的保护，否则，权利人对这些成果享有的权利可在一瞬之间不翼而飞。提出可复制性作为知识产权的一个法律特点，是从智力成果必须是能够使人看得见和摸得着的而能供人复制的角度去认识的，那些仍然停留在技术构思或创作构思阶段的、有创造性的思想、认识或经验还没有通过某种方式描绘出来并附在某种载体上，人们无法看到它、摸到它，是得不到知识产权法律保护的。

## 四、国际知识产权贸易与知识产权的关系

国际知识产权贸易与知识产权是密切相关的。国际知识产权贸易以知识产权为基础，没有知识产权，也就没有国际知识产权贸易。国际知识产权贸易不同于一般货物贸易，一般的货物贸易是有形的贸易，它的载体是有形物，而国际知识产权贸易是无形贸易，它的载体是看不见的知识。如果没有以对这种知识进行法律界定的知识产权，也就不可能有国际知识产权贸易。知识产权是一种专有权，是可以转让的一种权利，国际知识产权贸易就是这种转让权的交易。这种交易本身必须符合商业贸易的一般规律，同时还必须符合知识产权本身的一般特点。只有同时符合这两项条件，才能达成国际知识产权贸易。从另一方面看，国际知识产权贸易是知识产权发展的必然结果。知识产权是有价值的，它是可以用来交换的，而且也只有在交换中才能更好地体现它的价值。这样国际知识产权贸易就成为知识产权发展的一种必然结果。在国际知识产权贸易中，一方面使知识产权的价值得到很好的实现，另一方面，国际知识产权贸易也大大推动了各国科学技术的发展，促进经济建设不断进步，创造了良好的经济效益和社会效益。

## 五、与《与贸易有关的知识产权协定》(*Agreement on Trade Related Intellectual Property Rights*，缩写 TRIPRs) 相关的国际公约

知识产权协定的一个重要内容是确立了与其他知识产权国际公约的基本关系。协定要求全体成员必须遵守并执行的这类国际公约，主要有 4 个，即《保护工业产权的巴黎公约》(简称《巴黎公约》)、《保护文学艺术作品的伯尔尼公约》(简称《伯尔尼公约》)、《保护唱片、录音制品的罗马公约》(简称《罗马公约》) 及《保护集成电路知识产权的华盛顿公约》等。知识产权协定对这 4 个国际公约作了修改和保留。这相当于把上述 4 个国际公约作为知识产权协定的重要组成部分。

### (一)《巴黎公约》

《巴黎公约》是当今世界上在工业产权保护方面最重要的公约，它于 1883 年 3 月 20 在巴黎缔结。该公约成员国组成的“保护工业产权同盟”(简称“同盟”)，其目的在于保护各国国民在国外的工业产权。公约曾经 6 次修改。现行的版本是 1967 年 7 月修订的。它的保护范围包括商标权、发明专利、实用新型、工业外观设计、商店名称、产地标记或原产地名称以及制止不正当竞争等内容。

主要内容有：①关于国民待遇的规定，即缔约国必须给予其他缔约国家国民以本国国民同等待遇。②关于优先权的规定，申请人一旦提出专利申请或商标注册申请，便享有自申请之日起一定时期的优先权。③专利权、商标权独立的原则，一国有权根据本国的专利法或商标法作出判断和决定，不受其他成员国的影响。④专利权的强制许可和撤销，如专利权无正当理由在一定时期内未付诸实施，或未能充分实施，公约的各成员国有权采取非独占性的强制性许可措施。⑤展览产品的临时保护。⑥驰名商标的保护，各成员国应禁止他人使用相同或类似于驰名商标的商标。我国政府于 1985 年 3 月 19 日加入该公约。

（二）《伯尔尼公约》

《伯尔尼公约》是 1886 年 9 月 9 日签订的，1887 年 12 月 15 日生效。它是世界上第一个保护文学艺术作品的多边公约，公约缔结后经过了 7 次修改，现行版本为 1971 年修订的。该公约的规定比较具体、详细，规定作品享有版权不依赖任何手续（如注册登记、缴纳样本等），保护期比较长。公约的主要内容有：①文学艺术作品，不论其表现形式如何，均享受保护。②确立 3 项基本原则：一是国民待遇原则，即不论是成员国还是非成员国作者的作品，首次在某成员国出版均享受成员国给予本国国民的作品相同的保护；任何成员国国民未出版的作品，在其他成员国享有同该国给予其国民未出版作品的同等保护；二是自动保护原则，即一成员国国民的作品不需办理任何手续即可在其他成员国受到保护；三是独立保护的原则，即一成员国国民的作品，在另一成员国依该国法律受到保护，不受作品在原所属国保护的约束。③作品的保护期限为作者在世之年加死后 50 年。此外，公约对文学艺术作品的各类作品所享有的专利权利作了比较详尽的规定。

我国于 1992 年 7 月 10 日正式加入该公约。

（三）《罗马公约》

《罗马公约》是 1961 年签订于意大利罗马，1964 年 5 月正式生效，它是保护版权和邻接权的主要国际公约。该公约主要内容有：①表演者的专有权，即准许或禁止其他人广播或传播其表演实况；准许或禁止其他人录制其表演实况；准许或禁止其他人复制其表演实况的录制品。②广播组织的专有权，即准许或禁止其他人转播该组织的广播节目；准许或禁止其他人录制该组织的广播节目；准许或禁止其他人复制该组织的节目录制品；准许或禁止在收费入场的情况下将该组织的电视与广播节目公开播放。③表演者、录制者及广播组织享有的专利有效保护期为 20 年。此外公约还允许各成员国在合理的情况下颁发强制许可证。

（四）《保护集成电路知识产权的华盛顿公约》

《保护集成电路知识产权的华盛顿公约》于1989年5月缔结于美国华盛顿。

公约的主要内容有：①对集成电路设计布图实行注册保护。注册申请需具有新颖性，集成电路布图设计的所有人在其产品投入商业领域后两年提交申请即可。②保护期10年。③受保护的条件除了“独创性”、“非一般性”之外，还有“非仅仅其有关功能的有限表达方式”。④公约规定了国民待遇，即各成员国对于其他成员国的国民或居民，只能要求与本国国民一样地履行手续，并给予同样的保护。

## 六、《与贸易有关的知识产权协定》的主要内容

（一）《与贸易有关的知识产权协定》的产生

由于各国对知识产权的保护水平不一致，法律规定不相协调，假冒商标、盗版书籍和盗版电影等侵犯知识产权的现象时有发生，对国际贸易发展造成了不必要的障碍。在这种情况下，加强与贸易有关的知识产权的保护，是知识和技术交流日趋国际化的客观需要，也成为进一步发展国际贸易的迫切需要。因此，统一知识产权保护的法律，成为国际社会的普遍要求。在《与贸易有关的知识产权协定》达成以前，国际上已有专门组织和一些公约来规范知识产权问题。除上述提及之外，还有巴黎公约的子公约，大约有十余个，以及《世界版权公约》和《录音制品公约》等国际公约。但是这些公约的实施完全依赖国内法，缺乏有效的国际监督机制，很多有关的出口商对此并不满意。他们认为，没有专门保护商业秘密的国际条约；《巴黎公约》没有规定专利的最低保护期限；已有的公约对假冒商品的处理不够有力；对计算机软件和录音制品应当加强国际保护。他们还要求建立一个有效的争端解决机制来处理与贸易有关的知识产权问题。在乌拉圭回合谈判中与贸易有关的知识产权问题被列入谈判议题，并最终达成《与贸易有关的知识产权协定》。

（二）基本原则

《与贸易有关的知识产权协定》规定，该协定适用于所有的世界贸易组织成员的国民。只要不违反该协定的规定，世界贸易组织成员可以完全自由地对知识产权提供更高的保护水平。各成员具体如何根据法律制度和实践提供保护，由其自行决定，只要符合该协定的规定即可。所以，世界贸易组织的《与贸易有关的知识产权协定》所规定的只是在知识产权保护方面的最低标准

或起码标准。世界贸易组织并不禁止，当然也不要求其成员实施比《与贸易有关的知识产权协定》更高标准的保护。根据《与贸易有关的知识产权协定》的规定，世界贸易组织成员在实施该协定时，不得有损于成员方依照《巴黎公约》、《伯尔尼公约》、《罗马公约》及《保护集成电路知识产权的华盛顿公约》等已经承担的义务。

1. 国民待遇原则

在知识产权保护上，一成员对其他成员的国民提供的待遇，不得低于提供给本国国民的待遇，但《巴黎公约》、《伯尔尼公约》、《罗马公约》及《关于集成电路知识产权条约》另有规定的可以例外。给予表演者、录音制品制作者和传播媒体的国民待遇，仅适用《与贸易有关的知识产权协定》所规定的权利。某些司法和行政程序，也可以成为国民待遇的例外。鉴于世界贸易组织的“成员”可以是主权国家政府，也可以是单独关税区政府，《与贸易有关的知识产权协定》对该协定中有关“国民”一词作了注释。当世界贸易组织成员是一个单独关税区时，应该被认为系指在那里有住所或有实际和有效的工业或商业营业所的人——自然人或法人。当世界贸易组织成员是主权国家政府时，“国民”应理解为符合《巴黎公约》、《伯尔尼公约》、《罗马公约》及《保护集成电路知识产权的华盛顿公约》所列明的保护项下的自然人或法人，是那些条约成员国与世界贸易组织所有成员的国民。

根据上述 4 个国际公约对国民待遇的规定，《与贸易有关的知识产权协定》的国民待遇不仅可以适用于上述公约的成员国，而且一定适用于世界贸易组织的成员。这样，世界贸易组织成员中那些不是主权国家的单独关税区成员就可以在不加入上述 4 个只允许主权国家加入的国际公约的情况下，按照《与贸易有关的知识产权协定》国民待遇原则解决国民的知识产权国际保护问题。这对我国香港、澳门、台湾地区的自然人或法人的知识产权获得国际保护是极为有利的。

2. 最惠国待遇原则

在知识产权保护上，一成员提供给第三方国民的优惠、优待、特权和豁免，均应立即、无条件地给予其他成员的国民。把最惠国待遇原则引入知识产权的国际保护，是世界贸易组织的创造。但这个原则也有很多例外，具体表现在：①来自有关司法协助或法律实施的国际协定的优惠等，但这种优惠并非专门针对知识产权保护，而是一般性的优惠。②来自《伯尔尼公约》和《罗马公约》的互惠性保护。③《与贸易有关的知识产权协定》未规定的表演者、录音制品制作者和传播媒体的权利。④《与贸易有关的知识产权协定》

生效前已有的优惠等。最惠国待遇原则和国民待遇原则还有一个总的例外，即这两个原则不适用于世界知识产权组织主持下订立的、有关取得或维持知识产权的多边协定所规定的程序。

3. 其他原则

如透明度原则、争端解决原则、对知识产权终局决定的司法审查和复审原则、承认知识产权为私权的原则等。实施知识产权保护，应有助于促进技术革新、转让与传播，促进技术生产者与使用者互利，增进社会、经济福利和保持权利、义务的平衡。成员可在制定或修订国内法律、法规时，采取必要措施，保护公众健康与营养，维护社会经济与技术发展等重要领域的公共利益；成员可采取适当措施，防止知识产权权利持有人滥用知识产权，或对贸易和国际技术转让进行不合理的限制。

（三）有关知识产权的效力、范围及使用标准

1. 版权及有关权利

(1) 版权概念及其作品。版权（Copyright）即著作权，是著作权人（自然人或法人或非法人组织）依法对科学研究、文学艺术诸方面的著述和创作等所享有的权利。作品包括以下形式合作的文学艺术和自然科学、社会科学、工程技术等作品：文学作品；口述作品；音乐、戏剧、曲艺、舞蹈作品；美术、摄影作品；电影、电视、录像作品；工程设计、产品设计图纸及其说明；地图、示意图等图形作品；计算机软件；法律、行政法规规定的其他作品。

狭义的版权包括人身权和财产权。对以上各种形式的作品，著作权人享有下列人身权和财产权：发表权，即决定作品是否公之于众的权利；署名权，即表明作者身份，在作品上署名的权利；修改权，即修改或者授权他人修改作品的权利；保护作品完整权，即保护作品不受歪曲、篡改的权利；使用权和获得报酬权，即以复制、表演、播放、展览、发行、摄制电影、电视、录像或者改编、翻译、注释等方式使用作品的权利；许可他人以上述方式使用作品，并由此获得报酬的权利。

广义的版权还包括其他有关权利，也叫做邻接权。例如，未经表演者许可，不得对其表演进行录音、传播和复制；录音制作者对其录音制品的复制和商业出租享有专有权；传媒有权禁止未经许可对其传播内容进行录制、翻录和转播。

(2) 版权的保护期。版权的保护期，《与贸易有关的知识产权协定》规定，除摄影作品或适用艺术作品外，只要该作品的保护期限不以自然人的生命为基础计算，则该期限自作品经授权出版的日历年年底起计算不得少于 50

年，或如果该作品在创作后50年内未经授权出版，则为自作品完成的日历年年底起计算的50年。表演者和录音制作者的权利应保护至少50年，广播组织的权利则应保护至少20年。

2. 商标

(1) 商标的定义及其注册。商标（Trademark）是商品的标记，是工商企业用来标明其商品，并使该商品与他人制造或销售的商品有所区别的一种标志。任何标记或标记组合，只要能够将一企业的货物和服务区别于其他企业的货物或服务，即可构成商标。商标可以由一种或多种文字、字母、数字、线条、图形、标记或颜色组成。在商标注册中成员还应尽以下义务：各成员可以将“使用”作为可注册的依据；不能因为商品或服务的性质而影响商标的注册；对商标是否获得注册应加以公告；各成员应为有关当事人提供请求撤销商标注册的合理机会和对某一商标的注册本身提出异议的权利。

(2) 授予商标所有人的权利和范围限制。一项注册商标的所有人对其注册商标享有独占权。任何他人未经注册商标所有人许可，不得在相同或者相类似的商品或者服务的经营活动中，使用与注册商标相同或者相类似的商标，以避免导致可能产生的混淆。

(3) 驰名商标的保护。关于驰名商标的保护，协定主要是适用于商品中的驰名商标保护的《巴黎公约》的规定，经必要的修正后原则上扩大到服务驰名商标的保护。而将驰名商标的评定标准留给各国国内法加以处理。

(4) 商标的保护期及其使用要求。各成员可以对商标的转让和许可规定条件，但不允许规定强制许可。协定规定商标的第一次注册以及每次续展均不应少于7年的期限，商标注册可以无限期地续展。在贸易中，商标使用不应受特殊要求的不合理阻挠，例如，要求与另一商标一起使用，以特殊形式使用，或者要求以损害其将一企业的货物或服务区别于另一企业的货物或服务能力的方式使用。关于商标注册和实际使用商标的关系问题，成员可以规定注册的目的是为了使用，但不能把已实际使用商标作为申请注册的先决条件。但是，如果要求保留注册，必须使用。只有在连续3年未使用后，才可取消该注册，但该注册商标所有人提出正当理由说明使用存在障碍的情况除外。

3. 地理标识

(1) 地理标识的概念。地理标识（Geographical Indication）是指当一种商品的特定质量、声誉或其他特征在实质上取决于原产地域的地理因素时，产地名称表明这种商品来源于某成员领土或该领土的某一地区或某一地点所采用的标识。只有原产地域的真实商品能够使用该地理标识，以防止假冒原产地的商品欺骗公众。所以，不是所有的产地名称都受协议保护，只有某种商品的质量、声誉或其他特征与产地有重点联系时，该产地名称才符合本定义。

地理标识只有3种可能的方式：缔约方领土，如法国香水；该领土的一个地区，如中国东北大米；该领土的某地区内的一个地方，如黄山毛峰。特别应该注意的是，这些地理标识必须与该商品的一种特定质量、信誉和其他特性具有本质上的联系。

(2) 对地理标识的保护。对地理标识的保护，协定规定成员有义务为各利益方提供法律手段，防止在一种商品的名称或介绍中，使用任何方式明示或者暗示该商品来源于一个非真实原产地的地域，导致公众对该产品的地域来源产生误解。各成员应当根据利益方的要求拒绝假冒原产地商品的商标进行注册，已经注册的，则应予撤销。把原产地名称作为工业产权的保护对象之一，协定规定成员国应对有虚假的货物或生产者标志的商品在输入时予以扣押。协定特别规定了对酒类地理标记的附加保护，不允许葡萄酒和烈性酒使用假冒地理名称。例如，非真正产自茅台的白酒不得使用茅台的地理名，非产自苏格兰的威士忌就不能冒称苏格兰威士忌；也不应变相冒称，如苏格兰式威士忌、茅台式白酒等。此外，在协定中还对复杂的国际谈判作了详细规定。协定第一次在保护原产地名称方面提出比较具体的多边规则。

4. 工业品外观设计

(1) 工业品外观设计的定义。工业品外观设计（Industrial Designs）是指对产品的形状、图案、色彩或者其结合所作出的富有美感并适于工业上应用的新设计。对工业产品的外形所作的富有美感并且适合于工业应用的新的、独创性的设计，我国过去称为外观设计，是重要的工业产权。

(2) 工业品外观设计的保护。《与贸易有关的知识产权协定》规定各成员应对工业品外观设计给予保护。工业品外观设计的所有人有禁止他人未经许可，以商业目的制造、销售或者进口使用该工业品外观设计的产品或体现了该工业品外观设计的产品以及复制上述产品的权利。但对于获得保护的条件，协定的规定比较灵活。如果一项工业品外观设计与已知的工业品外观设计或者已存在的工业品外观设计特征的结合没有重大区别，成员可以规定这一工业品外观设计不是新的、独创的设计。此外，也可以规定对工业品外观设计的保护不延伸到主要从技术或者功能角度所作的改进。纺织品设计具有周期短、数量大、易复制的特点，协议强调，成员有对纺织品的设计通过工业品外观设计法或版权法加以保护的义务，为获得保护而需要满足的条件，特别是费用、审查和公布方面的条件，不应该不合理地阻碍获得。受保护设计的权利人应能够阻止未经其许可的第三方为商业目的而生产、销售或进口复制其设计的产品。

(3) 工业品外观设计的保护期。工业品外观设计的有效保护期至少为10年。

5. 专利

(1) 专利的受保护范围。专利（Patent）也理解为专利权，指取得专利权的创造发明。一切技术领域的任何发明，不论是产品发明还是方法发明，只要其具有新颖性、创造性并适合工业应用，均可获得专利。如果某些产品发明或方法发明的商业性开发会对公共秩序或公共道德产生不利影响，包括对人类、动植物的生命健康或环境造成严重损害，则成员方可以不授予专利。另外对人类或动植物的诊断、治疗和外科手术的方法，微生物以外的动物，以及不包括非生物、微生物在内的动植物的人工繁殖方法，也可以不授予专利权。但植物新品种应受到专利或其他制度的保护。

(2) 专利权人的基本权利。专利权是一种独占权，具有排他性，只有专利权人才能享有这种权利。在专利涉及产品时，它包括阻止未经许可的制造、使用、销售、进口该产品的权利；在专利涉及方法时，它不仅包括阻止该方法未经许可即使用的权利，还包括阻止未经许可使用、销售或进口直接使用该方法生产的产品的权利。

(3) 专利权强制许可。专利权的强制许可指的是如果专利得不到合理的价格或者得到的价格苛刻，那么政府出于公众利益考虑可授权有兴趣的制造商使用该项专利，并要求使用者支付合理的专利费。专利的强制许可是允许的，但是需满足一系列的条件，以保护专利权人的合法权益。

(4) 专利的保护期。法律对专利权的保护是有一定期限的。专利保护期应不少于20年。专利期限届满后，专利即从个人或组织占有变为公有，成为社会公共财富，任何人或组织都可以无偿使用。

(5) 关于方法专利的举证保护。协定对方法专利发生侵权时的举证责任，作了重要规定。如果一项专利的主题是某种产品的生产方法，司法当局有权要求被告人证明获得相同产品的方法与被授予专利权的方法是不同的。由被告人负举证责任意味着如果没有相反的证明，则视为该产品是通过方法专利获得的。

6. 集成电路布图设计（拓扑图）

（1）集成电路及其集成电路布图设计概念。集成电路（Layout-Designs of Integrated Circuits）是指一种产品在它的最终形态或中间形态是将多个元件（其中至少有一个是有源元件）和部分或全部互联集成在一块半导体材料之中以执行某种电子功能。集成电路布图设计是指由多个元件，其中至少有一个有源元件，连同集成电路全部或者部分联线组成的三维配置。

（2）集成电路布图设计的保护。协定规定各成员应禁止未经集成电路布图设计权利持有人许可的下列行为：为商业目的进口、销售或以其他方式发行受保护的布图设计，为商业目的进口、销售或以其他方式发行含有受保护的布图设计的集成电路，为商业目的进口、销售或以其他方式发行含有上述集成电路的物品。

（3）集成电路布图设计保护标准的提高。《与贸易有关的知识产权协定》在《华盛顿公约》的基础上进一步提高了保护标准。一是保护范围超出布图设计和由布图设计构成的集成电路本身，进而延伸到使用集成电路的任何物品，只要其中含有非法复制的分布图设计。也就是说，一切为生产经营目的进口、销售或者发行含有受保护的布图设计、将该布图设计集成于一片材料之上或者之中的集成电路，以及由集成电路构成的物品，均为非法的。二是保护期间从《华盛顿公约》的 8 年延长到 10 年，自提交注册申请之日起或者在世界任何地方首次投入商业性使用之日起算。同时还允许成员规定该保护期为自布图设计创作之日起 15 年后终止。与其他知识产权不同的是，协定规定对集成电路及其物品的善意使用不构成违法。当事人在获得集成电路或含有集成电路的物品时，不知道或者不应当知道其中含有非法复制的布图设计的，其行为不得视为违法。当事人在收到关于该布图设计是非法复制的通知以后，仍可就现有存货或此前已发出的订货而继续销售，但必须向权利人支付相当于合理使用费的一笔报酬。强制性的特许和政府使用必须受到一些严格条件的限制。

7. 对未披露信息的保护

（1）未披露信息及商业秘密概念。未披露信息（Undisclosed Information）包括商业秘密和未披露的试验数据、技术诀窍。协定要求本着制止不正当竞争的原则对这些未公开的信息给予保护。把商业秘密等未披露信息作为知识产权来保护，是以往的国际公约中还未有过的，是世界贸易组织的一大创举。“商业秘密”泛指法人和自然人合法控制的信息。这类信息应具备 3 个条件：一是保密的，即其整体内容或内容的精确排列和组合不能从公共渠道直接获得，换言之，该信息并非通常从事有关该信息工作领域的人们所普遍了解或容易获得的；二是因保密而具有商业价值的；三是信息的合法控制人为了保守秘密已经采取了合理措施，如可口可乐配方。

(2) 对未披露信息的保护。协定规定，对于商业秘密，合法控制人应有权阻止其商业秘密在未经其同意的情况下，被以违背诚实商业做法的方式泄露给他人、被他人获取或使用。“未披露的试验数据”仅涉及利用新的化学物质创造的药品、农业化学物质。如果任何成员规定审批这些产品进入本国的销售过程中，要求申请人提供其通过巨大努力而取得的未披露的试验数据和其他数据的，该成员应保护这类信息，防止不正当商业使用。协定对“违反诚实商业做法的方式”解释是：至少应当包括违反合同、泄密和违约诱导的行为，此外，还包括第三方获得未披露信息，而该第三方知道或因严重疏忽未能知道未披露信息的获得是通过违反诚实商业做法实现的。

(四) 知识产权的实施

《与贸易有关的知识产权》的第三部分具体规定了有关知识产权执法的行政和民事程序及救济措施，包括禁令、损害赔偿、对被告的适当赔偿、其他救济措施等，临时措施、边境措施、刑事措施及惩罚等。协定规定成员政府有义务根据本国的法律提供程序和办法，保证外国知识产权持有者的知识产权可以像他们本国国民一样得到有效的实施，并且对这些程序措施在实际中的有效程度提出了要求。

1. 一般义务

协定规定成员应保证及时有效地阻止对受本协定保护的知识产权的侵权行为。知识产权的实施程序应公平合理，不应繁琐、费时，也不应受不合理的时限及无保证的延迟的约束。对一个案件的裁决应根据各方有机会了解的证据作出，最好用书面形式并陈述理由，应在合理的时间内告知争议各方。案件的最终行政裁决及所有的初步司法裁决，诉讼当事方应有机会根据国内法律的规定提请司法当局进行审议。若在刑事案件中被判无罪时，无义务提供审议机会。为了实现这一目的，协定对各成员应采取的制度化机制、程序和补救措施作了规定。主要包括：民法规定能使知识产权持有人获得补偿，包括临时补偿；海关当局对侵权的冒牌、盗版和其他产品禁止放行；刑法规定能对假冒生产商和盗版行为提起公诉。

2. 民事和行政程序及补救

协定规定成员应向权利所有人告知知识产权实施的民事司法程序，应向法庭提供足以证实他申诉的合理证据；按行政法规禁止那些对知识产权构成侵权行为的进口商品进入商业渠道。司法当局有权令侵权人向知识产权所有人就其所受损害作足够的赔偿，并采取其他补救措施制止侵权行为，但若被告被错误地禁止或限制，司法当局有权令原告因滥用知识产权保护程序而给被告造成的损害及其他费用作出赔偿。协定要求成员对具有商业规模的故意仿冒商标、版权盗印的案件设立刑事诉讼程序和刑罚。并可采取包括能足以防止侵权的监禁和罚金的补救措施，通常应与同等犯罪行为作同水平的处罚。在适当情况下，侵权货物和任何用来制造侵权货物的材料和设备应予以剥夺、没收或销毁。

3. 临时措施和边境措施

协定规定司法当局有权采取及时、有效的临时措施防止知识产权侵权行为的发生；并对采取临时措施的情况、条件、通知时限以及撤销临时措施，或被告并无侵权时，申诉方的赔偿等作了详细的规定。协定对边境措施作出了特别的规定。成员有义务为知识产权持有人提供机会制止冒牌货和盗版的商品入关。只要持有人有充分理由怀疑某批产品属假冒商标或侵犯专利或著作权的产品，即可向主管当局或司法机关申请，要求海关扣留乃至销毁货物。知识产权持有人也可以要求海关扣留被怀疑侵权的出口货物，阻止其进入国际市场。虽然协定主要提及扣留假冒商标和盗版产品，但根据《巴黎公约》，这种边境措施可以延伸到虚假标注厂商名称、服务标记、地域标识的产品，以及专利侵权产品。这样，海关当局将成为制止国际知识产权侵权的重要执行机构。协定要求各成员在其行政部门中指定联系点，以便交换有关侵权货物贸易的信息，特别是在冒牌和盗版货物的贸易问题上推动海关之间的合作。

4. 与边境措施相关的特别要求

为了防止使用冒牌或含有盗版内容的货物进口，协定还包括了有关边境措施的特别要求。冒牌和盗版是知识产权侵权行为中最为猖獗的现象，而对付它们的最好办法就是在假冒者和盗版者生产时就将其抓获。不过，利用海关在边境采取拦截行动，也不失为在有关产品从一国出口到另一国时打击这种非法贸易的一种好办法。协定要求各成员向权利人提供海关的合作以暂停放行侵权货物进入自由流通渠道。权利人在怀疑有冒牌或盗版货物进口时，应书面提出采取行动的申请，并提供侵权的初步证据和帮助海关辨别有关货物的充分信息。海关方面则必须通知权利人申请是否被受理，以及海关将在何时采取行动。与临时措施中的情况一样，在边境措施部分，也有其他规定保证打击冒牌和盗版货物的措施不被滥用而妨碍合法的贸易。海关行动的申请人可能需要提供保证金，并且如果未被发现违法情形，他们负责向货物所有人赔偿所造成的任何损失。受影响的一方则应迅速告之货物已被暂停放行，并可以立即要求对海关的行动进行审议。在申请提出后如果没有后续行动，那么货物将在10个或20个工作日之后放行。

5. 刑事程序

在那些具有商业规模的故意假冒和盗版案件中，侵权必须适合刑事程序并受到处罚。处罚包括监禁或具有足够威慑作用的罚金。在适当的情况下，侵权货物和任何来自制造侵权货物的材料和设备，应予以剥夺、没收或销毁。

（五）争端的防止与解决

各成员所实施的同《与贸易有关的知识产权协定》内容相关的法律、法规，以及普遍适用的司法终审判决和行政终局裁决，均应以该成员文字公布。有关法律、法规应通知与贸易有关的知识产权理事会，以便协助该理事会检查该协定的执行情况。根据《世界知识产权组织与世界贸易组织协议》，成员就立法向一个组织作出的通知，也被视为向另一个组织作出了通知，不必重复通知的义务。成员方解决《与贸易有关的知识产权协定》实施所产生的争端，应适用世界贸易组织争端机制。

（六）过渡期安排

协定对生效后各类成员的过渡安排作了详细规定。

第一，发达国家成员在《与贸易有关的知识产权协定》生效1年后（即1996年1月1日）开始实施。

第二，发展中国家在协定生效后5年（即2000年1月1日）开始实施，即给予所有发展中国家为期5年的过渡期。但他们在过渡期内对国内法律、法规和司法实践的修改不得导致与协定的规定更加不一致。

第三，对最不发达的发展中国家成员，还可再推迟5年（即2005年1月1日起实施）。对尚未实行药品、农药等化学物质专利保护的发展中国家成员，可以经过一个总和为10年的过渡期，达到协定规定的保护水平，但各成员政府必须在过渡期开始时就接受所提出的此类专利申请，在过渡期结束时获得专利保护。此外，该协定还规定，只要这些药品和农药在另一个成员领土内已经获得专利保护，并已被允许在另一成员的市场上进行销售，则对其尚未采取专利保护的发展中国家成员一旦批准允许其在领土内进行销售，就必须给予5年的专有销售权，或者至其专利申请在该发展中国家成员被接受或者拒绝时为止。协定的上述后两个过渡期安排是对发展中国家的灵活差别对待。发达国家有义务援助发展中国家，向它们提供技术和资金，以帮助其健全知识产权国内立法。

## 关键名词

| | | | |
|---|---|---|---|
| 国际服务贸易 | 跨境交付 | 境外消费 | 商业存在 |
| 自然人流动 | 服务贸易总协定 | 知识产权 | 版权 |
| 商标 | 地理标识 | 工业品外观设计 | 专利 |
| 集成电路 | 未披露信息 | 商业秘密 | |

## 复习思考题

1. 简述国际服务贸易的特点。
2. 结合我国国际服务贸易的现状，分析我国国际服务贸易存在的问题。
3. 简述知识产权的特点。
4. 谈谈我国知识产权保护现状。

# 第十一章　国别对外贸易

**学习目标**

通过本章的学习，使学生了解当代发达市场经济国家的对外贸易；掌握当前发达市场经济国家经济发展所面临的国际形势及主要特点；掌握战后美国和欧盟对外贸易发展的主要趋势；了解战后日本对外贸易发展与变化的原因；熟悉独联体东欧经济转型国家的对外贸易。

**重点难点**

1. 美国对外贸易的主要特点及其政策
2. 战后日本对外贸易发展与变化的原因
3. 欧盟的贸易政策主要包括哪些内容
4. 转型国家 20 世纪 90 年代以来对外贸易的变化

## 第一节　发达市场经济国家的对外贸易

### 一、概述

#### （一）发达市场经济国家经济发展概况

何谓发达市场经济国家，世界贸易组织对此并未做出界定，只是在 1995 年，对其成员按照人均国民生产总值把发展中国家分为三类。在世界银行 1998—1999 年《世界发展报告》中，按 1997 年人均国民生产总值划分，把国家分为：低收入国家和地区、下中等收入国家和地区、上中等收入国家和地区以及高收入国家和地区。高收入国家和地区的人均国民生产总值应在 9 656 美元或以上。当时高收入国家和地区中经合组织成员有 24 个，非经合组织成员有 29 个，包括韩国和我国香港等。

如果按照传统意义上的解释，发达市场经济国家包括：澳大利亚、比利时、奥地利、丹麦、荷兰、法国、德国、希腊、冰岛、爱尔兰、以色列、意大利、卢森堡、荷兰、新西兰、挪威、葡萄牙、西班牙、瑞典、瑞士、英国、加拿大、日本、美国、法罗群岛、直布罗陀、捷克。这些国家的人口，2001年为8.5亿，占当时世界总人口的15.5%；其面积为3 255万平方公里，占世界总面积的24.3%；其国内生产总值，超过20万亿美元，人均国内生产总值约22 000美元。

在这些国家的经济结构中，工、农业在国民经济中的地位不断下降。农业在国内生产总值中所占的比重由1960年的6.3%下降到2001年的3%左右；同期工业在国内生产总值中所占的比重由36.4%下降到28%左右。而服务部门与工农业的情况相反，在国民经济中的地位显著提高，由原来在国内生产总值所占比重的51.6%上升到70%以上。

这些国家不仅在经济领域中占有绝对优势的地位，而且在对外贸易领域也占了全球贸易的绝大部分，2001年，世界十大进出口国家和地区中，发达国家占了八个，而且占了主要货物贸易国的前五位。

（二）发达资本主义国家经济发展的阶段

（1）二战后至20世纪50年代初，是经济恢复时期。战时，德、意、日三国的经济遭到了严重的破坏。获胜的同盟国中，英法经济也遭到了破坏，而美国却例外。在战争中，美国经济不但没有受到任何破坏，反而还由于战争的刺激急剧地增长。战后，美国经过短时间从战争经济转向和平时期经济之后，仍以较快的速度发展。到1948年，美国的工业生产就已比战前增长了两倍以上。美国经济以较快的速度发展，一方面是由于战时受到压抑的国内消费需求得到满足，另一方面则是因为其他国家为恢复经济对美国的资本和商品有强烈的需求。这就为美国商品提供了较为广阔的、几乎无任何竞争的贸易市场。在这个时期内，美国利用军事、政治和经济优势，确立了在资本主义世界的霸主地位。

（2）从20世纪50年代中至70年代初，是发达资本主义国家经济高速发展的时期。在此阶段，各发达资本主义国家的国民生产总值、工业生产、劳动生产率的增长速度都很快。其年均增长速度一般都在5%～6%以上。随之而来的是发达资本主义国家经济发展不平衡的加剧，出现了美国、西欧共同市场和日本三足鼎立的局面。

（3）从20世纪70年代中期至20世纪80年代初，是发达资本主义国家经济转入缓慢增长或停滞与通货膨胀加剧并存的“滞胀”时期。这个时期，工业生产增长率和劳动生产率下降，高失业率、高通货膨胀率并存。在1974—1975年战后严重的一次经济危机之后，许多国家的经济回升无力，大量工人失业成为经常的现象。与此同时，严重的通货膨胀也一直困扰着这些国家。战后建立的以美元为中心的国际货币体系也已崩溃。各国加剧了对国内市场的争夺，贸易保护主义加强。

(4) 从20世纪80年代初至现在，是发达资本主义国家经济调整时期。在20世纪80年代头几年，发达资本主义国家相继实行了贸易紧缩性的货币政策，降低了通货膨胀率，改善和加强了对经济的宏观管理。从1983年起，这些国家经济持续地中速发展。1982—1990年这些国家国内生产总值实际年均增长率为3.1%。

从1989年起美国和欧洲等工业发达国家的经济开始衰退，到20世纪90年代进入了低潮。从1994年起美国、欧盟等国家和地区经济开始回升，但日本等国因受亚洲金融危机等因素的影响，经济发展缓慢。1992—2001年，这些国家的国内生产总值实际年均增长率为2.9%。

（三）当代发达资本主义国家经济发展所面临的国际形势

1. 国际局势正在发生巨大变化

由于政治经济发展不平衡规律的作用，20世纪80年代末90年代初，国际力量对比发生了重大变化。东欧剧变、苏联解体标志着战后世界格局和国际形势的根本转折。维持了40多年的两极格局已经打破，但新的格局并未随之建立起来，世界多极化和经济全球化的趋势在曲折中发生。

2. 和平与发展是当今时代的主流

维护和平、促进发展是各国人民的共同愿望，也是不可阻挡的历史潮流。

3. 经济日益成为各个国家战略和国际关系的重点

处于和平与发展的时代，一个国家的强弱盛衰，起决定作用的是综合国力。其核心就是经济技术，而不单是军事力量。发展经济成为立国之本，关系到国家的存亡。因此，各国都更着重加强综合国力，科技进步日新月异，综合国力竞争日趋激烈，已成为国际斗争的主要形式。南北矛盾和西方内部矛盾，也主要表现在经济领域。

4. 经济全球化趋势加强

经济全球化和地区集团化都得到迅猛发展。无论生产、贸易、资金、劳务以至消费，都已超越国家和地区向全球发展。世界经济越来越成为一个整体，但当前更值得注意的是地区集团化和区域合作。为了共同的利益，越来越多的国家在结成不同形式、不同层次、大小不一的各种集团，进行经贸合作。不管集团化的利弊如何，它已成为势不可挡的潮流。经济全球化已成为世界经济和人类历史的必然趋势，顺之者昌，逆之者亡。

### （四）战后发达资本主义国家国际贸易发展的主要特点

1. 国际贸易发展走向：迅速发展——缓慢增长——停滞——回升

国际贸易的发展经历了由迅速发展转向缓慢、停滞和回升的过程，它大体上可以划分为3个具体的历史阶段。

第一阶段，从第二次世界大战结束到1973年，是国际贸易迅速发展阶段。它主要表现在以下几个方面：①战后世界出口贸易量的增长速度大大超过战前。1913—1948年世界出口贸易量的年均增长率为0.7%，而战后，从1948年到1973年，世界出口贸易的年均增长率为7.8%。②第二次世界大战后，世界出口贸易量的增长速度超过工业生产的增长速度。从1948年到1973年，世界工业的年均增长率为6.1%，低于同期世界出口贸易量的增长率。③工业制成品在国际贸易中所占的比重从1953年起一直超过初级产品所占的比重。

本阶段国际贸易的迅速发展是与科技革命、生产增长、国际分工和国际金融贸易组织的建立以及经济一体化等因素密切相关的。

第二阶段，从1973年到1985年，国际贸易缓慢发展，甚至停滞。它主要表现在以下三个方面：①世界出口贸易量的增长速度放慢，甚至停滞。从1973年到1985年，世界出口贸易量的年均增长率为2.4%。②出口贸易量的增长速度低于工业生产的增长速度。1973年到1985年，世界工业生产的年均增长率为2.9%，高于同期世界出口贸易的增长率。③出口贸易值增长起伏较大。世界出口贸易值在1973年以后仍有较大增长，并于1980年达到20 014亿美元的最高点。但从此以后却逐年下降，1983年降到18 066亿美元的最低点。1983年以后，随着工业发达国家的经济复苏，世界出口贸易值又开始回升。

第三阶段，1986年至今，是国际贸易的回升阶段。它主要表现在以下三个方面：①世界出口贸易量的增长速度开始回升。1989年和1990年的增长速度分别为7%和5%，1990—1996年年均增长6%。②出口贸易值增长迅速。1989年和1990年世界出口贸易值分别为31 000亿美元和34 700亿美元，1997年高达53 700亿美元。③本阶段世界出口贸易量的增长速度超过世界经济增长速度。发达资本主义国家国内生产总值实际年均增长率在1982年至1991年为3.1%，在1992年至2001年为2.9%，均低于同期出口贸易量的增长速度。

2. 发达市场经济国家对外贸易发展的不平衡

发达市场经济国家在世界贸易中仍占支配地位，但发展很不平衡。1970

年，发达市场经济国家在世界出口中所占的比重为70.9%，在世界进口中所占的比重为71.6%。2000年，则在世界出口中所占的比重为64%，在进口中所占的比重为67%，进出口总额占世界进出口总额的2/3。发达市场经济国家作为一个整体，在世界贸易中仍占支配地位，但其对外贸易发展极不平衡。一方面表现为日本和德国等欧盟成员国的贸易实力迅速增长，另一方面表现为英国和美国世界贸易地位的逐渐衰落。

3. 国际贸易商品结构向高新技术产品发展

（1）工业制成品在国际贸易中所占比重超过初级产品。在发达国家制品出口中，高技术产品已高达60%。

（2）技术贸易日益发展。20世纪70年代中期，世界技术贸易总额为110亿美元，80年代中期突破500亿美元，90年代初达1 000亿美元，平均每10年翻两番。目前，技术贸易主要在工业发达国家间进行。发达国家之间的技术贸易约占世界技术贸易总额的80%，跨国公司控制了相当的份额。

（3）服务贸易地位上升。服务贸易包括商业性服务、通讯服务、建筑服务、销售服务、教育服务、金融服务、卫生服务、旅游服务、运输服务、娱乐服务、环境服务和其他服务等类别。服务业的发展推动了国际服务贸易的增长。据世界银行统计，1986年国际商业服务出口额为4 496亿美元，2000年则达到了14 164亿美元，其年均增长速度为6.4%，超过了同期货物贸易5.9%的增长速度。

4. 贸易集团化的趋势加强

（1）贸易集团化的进程加快。①1995年1月1日，欧共体易名为欧洲联盟，这标志着作为经济一体化组织的欧共体已向政治、经济一体化的欧洲联盟过渡，目前欧盟已基本实现除人员和农产品以外的所有商品、生产要素服务的自由移动。②北美自由贸易区于1994年1月1日起正式建立。协议规定，美国、加拿大和墨西哥三国从协议生效之日起15年内逐步取消货物和服务贸易以及资本流动的所有关税和非关税壁垒。③亚太地区经济合作方兴未艾。如1989年，在澳大利亚前总理霍克的倡议下，组建起一个由18个国家参加的“亚太地区经济合作组织”（APEC）部长级会议。

（2）贸易集团化的规模日益扩大。①集团的成员不断增加。尚未加入贸易集团的国家纷纷要求加入。如波兰、匈牙利、斯洛伐克及部分原苏联独立出来的国家于2004年5月1日成为欧盟正式成员国。②集团联合形成更大规模的一体化市场。③跨地区联合。欧共体和海湾六国于1992年5月在科威特召开部长级会议，决定进一步扩大经济贸易合作范围，建立跨地区自由贸易区。

（3）贸易集团化成三足鼎立之势。一块是以欧洲联盟为核心的欧洲市场；一块是以北美自由贸易区为核心的美洲市场；另一块是亚太地区市场，三足鼎立，在竞争与合作中共同推动世界贸易的发展。

5. 国际贸易协调管理化趋势在加强

20 世纪 80 年代以来，在贸易自由化和新贸易保护主义的基础上，出现了协调管理贸易制度。其对外主要通过以下方式进行：

（1）世界贸易组织和多边贸易协议使成员贸易行为受到约束，使之规范化。

（2）区域性经济贸易集团通过协议不同程度地取消内部的关税与非关税壁垒，各种贸易集团对成员国的贸易行为与贸易方式的管理正在深化。

（3）跨国公司经营战略的要点就是协调管理生产与贸易，在世界范围内实现生产要素的合理配置，取得高额利润。

（4）通过协议，管理初级产品和制成品贸易。

（5）西方七大工业国定期举行首脑会议，就国际经济、贸易与金融等问题进行研究，采取对策进行管理。

## 二、美国的对外贸易

美国是当今最大的发达资本主义国家，国土面积 937 万平方公里，名列俄罗斯、加拿大和中国之后。人口 2001 年为 2.838 7 亿，列中国和印度之后。国内生产总值 2000 年为 98 729 万亿美元，居发达资本主义国家的首位，占世界国内生产总值的 31.2%。美国有丰富的劳动力资源、自然资源、投资资源和发达的科学技术。高度发展的工业、农业和庞大的政府采购以及巨额的高消费，使美国具有其他市场经济国家无可比拟的广阔的国内市场。

### （一）战后美国对外贸易发展趋势

1. 美国是当今世界最大的贸易国家

（1）美国在世界商品贸易中的比重虽呈下降趋势，但仍然是最大的贸易国家。2005 年美国货物进出口额达 25 753.2 亿美元，在世界货物贸易中位列第一名。

（2）服务贸易居世界首位。美国是世界服务贸易最大的进出口国，2001 年其服务贸易出口总额为 2 629 亿美元，占世界服务贸易出口总额的 18.3%，同年，美国服务贸易进口额为 1 876 亿美元，占世界服务贸易进口总额的 13.1%，有大量的服务贸易顺差。

(3) 美国的进口货物贸易在世界贸易中的比重高于货物的出口。2002 年美国货物进口为 12 025 亿美元，占世界货物进口额的 18%，而出口额为 6 935 亿美元，仅占世界货物出口额的 10.8%，出现 50%的货物贸易逆差。2003 年其进口额为 13 056 亿美元，占世界货物进口额的 16.8%，高于货物出口额所占的比重，出现了 5 808 亿美元的货物贸易逆差。

(4) 美国拥有世界跨国公司的 70%，而在世界出口贸易额中，与美国跨国公司及其海外子公司有关的出口约占 1/4。

(5) 美国是世界高新技术产品和农产品出口最多的国家。1999—2000 年美国下述产品在世界产品出口贸易额中所占的比重分别是：飞机为 40.74%，衡量与控制仪器为 28.61%，发动机为 30.9%，半导体等为 17.11%，油料为 50.13%，玉米为 61.43%，小麦为 30.61%。

(6) 美国对外贸易政策的制定与实施，对战后国际经济贸易组织的建立和世界贸易的发展有巨大的影响。

2. 贸易方向上的不平衡发展

美国过去的主要贸易对象是西欧和北美。但自 20 世纪 80 年代中期以来，美国的贸易方向发生了深刻的变化。海外市场的重心从西欧向亚太地区转移。20 世纪 90 年代初，美国同亚洲的贸易超过同欧洲的贸易。美国同加拿大、墨西哥的贸易迅速增长。

1988 年 1 月 2 日，美国和加拿大签订了自由贸易协定，该协定规定，两国从 1989 年起的 10 年里，取消所有关税壁垒与投资限制，建立美加自由贸易市场。自 1994 年 1 月北美自由贸易区建立起来，美国、加拿大、墨西哥之间的贸易迅速发展。美国与墨西哥的双边贸易额，从 1988 年的 896 亿美元增至 1996 年的 1 460 亿美元，增长 63%。

2000 年，美国十大贸易伙伴分别是加拿大、墨西哥、日本、中国、德国、英国、韩国、中国台湾、法国和新加坡。美国与这些国家和地区的贸易额达 13 777 亿美元，占美国贸易总额的 67.6%。由于与美国有传统的国家关系并拥有独特的地理优势，加拿大长期以来一直是美国最大的贸易伙伴。日本在美国的对外贸易中具有重要的作用，多年来一直保持美国的第二大贸易伙伴的地位。受 1994 年开始生效的北美自由贸易区优惠措施的刺激，墨西哥对美国贸易增长迅速，从 1999 年开始已取代日本成为其第二大贸易伙伴。自 1996 年开始，中国超过德国成为美国的第四大贸易伙伴。2005 年中国超过日本成为美国的第三大贸易伙伴。

3. 美国市场对商品的质量、包装和安全标准要求高。美国科技发达，生活水准高，消费者对各类产品的质量要求甚严，提高产品质量已成为赢得市场份额的基本条件之一。美国对进入其市场的产品质量要求非常严格，如电器需经 UL 认可，食品及药品需经 FDA 检验。由于消费者随时可就产品质量问题提出异议甚至起诉，经销商为避免承担责任而对订货质量要求极为严格。同时其消费者也习惯于包装精美而实用的产品，他们要求包装设计不仅美观大方，形式新颖雅致，而且要让人感到舒服。另外，不同档次的商品对包装的要求也不同，但都趋于小型化、个性化，同时包装要牢固，易于搬动携带，不易破损或霉烂。

4. 外贸逆差急剧扩大

在战后 1946—1970 年的 25 年间，美国的对外贸易一直是顺差。1971 年美国出现了自 1893 年以来的第一次贸易逆差。以后美国贸易逆差不断扩大，2005 年美国贸易逆差达到 7 665.2 亿美元。

(二) 对外贸易对美国经济发展的重要作用

美国对外贸易依存度（进出口/国内生产总值）大大低于其他发达市场经济国家和世界平均值，如 2000 年，美国货物和服务贸易出口依存度为 12%，同年英国为 27%，意大利为 28%。其主要原因是美国经济发达，国内市场容量大；美国国土广阔，拥有较丰富的自然资源等。但美国的出口贸易对其经济发展仍起着十分重要的作用。

1. 出口贸易为商品和劳务提供了市场

美国工农业需要通过出口维持生产，有相当一部分工人和农民为出口而生产。2002 年，美国商品出口额为 6 935 亿美元。据统计，制造业每生产 5 美元的产品就有 1 美元是供出口的，美国耕地每 3 英亩就有 1 英亩为出口而耕作，因此美国如不出口，其经济将难以维护运转。

2. 进口贸易为国内工业提供了制成品、原料和燃料

美国是世界上市场最大的国家，其市场之大是其他任何国家无法相比的。制成品进口占美国进口总额的 80% 以上。2000 年，美国制成品进口额为 10 129亿美元，占其进口总额的 83.16%。

美国的自然资源虽较丰富，但每年仍需进口大量的原料、燃料。国内消费量很大的食品饮料，如咖啡、可可和茶叶等全部依赖进口。天然橡胶、锰矿砂、银、云母片等也全部依赖进口，制造导弹核武器所需的稀有金属主要从发展中国家进口。1982—1983 年美国从国外进口的石油等燃料占消费的 32%。1988 年虽有下降，但能源净进口仍占消费的 16%。

美国工业的一些零部件日益依赖进口。美国一些大汽车制造厂，如通用、

福特等，生产汽车用的零部件已有20%～30%从国外进口。国内消费的电子产品装备中，一半以上的零部件是从海外输入的。

3. 对外贸易是调整重工业结构的重要途径

美国政府有意识地通过对外贸易调整国内的部分工业结构。对一些费原料、费劳力、污染严重、技术简单、利润薄的工业产品和半成品，如金属轧钢、纺织品、服装、鞋类、日用电器等，都逐渐通过进口代替国内生产，或在国外设厂加工后，再将成品运回国内销售。1994年美国进口鞋类14.25亿双，价值111.41亿美元，中国输美鞋类居第一位；而其国内则尽可能向生产和出口高、精、尖的工业产品方面发展。

4. 通过扩大出口减少失业

1989年，美国约有460万人的工作与出口有关。依靠出口维持就业的比重，农业约占10%，矿业约占9%，制造业约占6%。

5. 对外贸易是影响美国国际收支状况的重要因素

据不完全统计，1946—1970年的25年间，美国靠对外贸易获得966亿美元巨额盈余，对弥补国际收支逆差起了很大的作用。进入20世纪70年代，对外贸易经常出现逆差，使其国际收支状况更加恶化。

（三）战后美国对外贸易政策的演变与制定

1. 贸易自由化

从第二次世界大战结束到20世纪70年代中期，美国外贸政策主要倾向是贸易自由化。美国积极倡导和奉行贸易自由化政策，推动关税与贸易总协定的建立，推动全球范围内的多边贸易谈判。1947年，美国同其他资本主义国家一起签订了《关税与贸易总协定》，美国同意平均降低关税21%。

1962年10月4日，肯尼迪政府为了迅速摆脱1960—1961年经济危机的影响，以及突破西欧共同市场的关税壁垒，制定并签署了《扩大贸易法》以取代1934年的《贸易协定法》。该贸易法除了授权总统可削减关税50%外，还规定总统可以削减关税50%以上，直至100%。美国政府根据上述贸易法案同西欧共同市场及其他50余国于1964年5月开始举行“肯尼迪回合”减税谈判，1967年6月30日勉强达成协议，在关税与贸易总协定范围内工业品关税平均削减了35%，减税分五次进行，至1972年1月1日全部完成。

在“肯尼迪回合”减税谈判实现后，1974年12月美国国会通过了《1974年贸易法》。

通过关税与贸易总协定主持的八轮贸易谈判，美国的关税壁垒大大降低。在总协定成立之前的1946年，美国进口商品平均关税水平为26.4%，到

1993年乌拉圭回合的减税完成之后，美国除石油以外的工业品关税减至3.5%。

2. 新贸易保护主义

到20世纪70年代，随着西欧和日本经济的恢复与迅猛发展，以及新兴工业化国家和地区的崛起，美国在国内外市场上面临着日益激烈的竞争。美国贸易收支开始恶化，受到进口打击的有关行业强烈要求政府采取保护措施，代表相应地区和产业利益的国会议员也不断向国会和政府施加压力。在这种情况下，美国政府在政策指导思想上仍主张贸易自由化政策，但在实际行动上则采取了对国内部分产业给予保护的措施。

新贸易保护主义于70年代中期在美国出现，其主要表现是：

（1）限制进口的主要措施从关税壁垒转向非关税壁垒。据统计，美国进口商品受非关税壁垒影响的进口额从1966年的93.79亿美元增至1986年的1 030.7亿美元，20年内增长了10倍。同期受到影响的进口额占美国总进口额的比重则由36.4%增至45%，净增8.6个百分点。

（2）扩大征收“反倾销税”和“反补贴税行动”。在1984—1985年度，美国进行的反倾销调查总共有61起。美国进行反倾销和反补贴调查占所有国家进行反倾销和反补贴调查的比重，分别从1983—1984年度的26%和45%提高到1984—1985年度的31%和78%。

（3）加强财政、金融、外汇等鼓励出口的措施。在财政方面，通过对出口商品减免税收和提供补贴以鼓励出口；在金融方面，设立美国进出口银行向出口厂商提供优惠的出口信贷；在外汇方面，干预外汇市场，降低美元汇价。

3. 加强外贸管理

在贸易自由化和新贸易保护主义的基础上，出现了管理贸易制度。

（1）以立法形式强调单边协调管理，使外贸管理制度法律化。1984年10月30日，美国总统里根签署了《1984年税收与贸易法》。该法主要目的在于扩大出口，限制进口，改善美国大量贸易逆差的状况。1988年8月23日，美国总统里根签署了保护贸易色彩浓厚的《1988年综合贸易法》，该法又称《一揽子贸易法案》。该法确立了战后美国贸易政策在新的历史条件下的基本格调。该法的实施是以立法形式加强单边主义的具体体现。根据其“超级301条款”，美国可以对其出口产品实行“不公平贸易”行为的进口国家，实施报复措施，这表明美国将以单方面的政策手段来解决贸易争端或迫使对方开放市场。

（2）从加强国际多边合作转为更多地使用双边协调管理的方式。随着世界经济贸易区域集团化的加强，国际多边贸易体制的削弱，美国贸易政策的重心已由多边向双边转移，加强有针对性的双边贸易谈判，以解决贸易争端与冲突，同时寻求建立区域性贸易集团，以获得更大的贸易与经济利益。

（3）突出对知识产权的管理。美国是世界上最大的知识产权贸易国，《1988年综合贸易法》针对外国对美国知识产权存在的保护问题而制定了《特殊301条款》，授权美国贸易代表将对知识产权没有提供保护的国家认定为“重点国家”，并可自行根据该条款对上述国家的“不公正”贸易做法进行调查和采取报复措施。

4. 美国对外贸易政策的制定与管理

美国政府机构中参与对外贸易政策的制定与管理的部门有以下四类：

（1）国会。美国宪法明确规定，国会管理对外贸易。它根据国家经济与安全利益确定对外贸易宏观政策目标，制定相关法律，并授权总统进行谈判。国会的外贸管理职能主要通过以下几种形式实现：一是制订对外贸易相关法律；二是事先授权或事后审批行政部门制定的重要贸易政策或签署的重要国家贸易协定；三是制定有关行政部门的年度财政预算；四是任命有关行政部门的重要官员。

国会参议院和众议院设有十余个涉及对外贸易管理事务的专门委员会，其中众议院的筹款委员会和参议院的财政委员会是其核心机构。

（2）商务部。商务部是负责对外贸易管理及出口促进的主管部门。其主要职能是：实施美国对外贸易法律和法规，包括反倾销和反补贴措施；执行促进美国对外贸易和投资的政策；监督多、双边贸易协定的实施；为美国企业提供咨询和培训。

（3）美国贸易代表。其前身是根据《1962年贸易拓展法》而设立的特别贸易代表，1980年改为现名。作为总统的主要贸易顾问和对外谈判代表，它是内阁成员具体负责促进与协调美国的国际贸易和直接投资政策，与其他国家在上述领域开展谈判。具体职能是：就对外贸易管理事务向美国总统提供咨询意见；在总统、国会、行政部门和私营部门之间协调对外贸易政策和多、双边谈判策略；代表美国政府在多、双边场合进行对外谈判。此外，他还负责普惠制事务、301条款调查及与贸易救济相关的其他事务。

（4）美国国际贸易委员会。它是根据美国宪法设立的政府顾问机构，本身并不属于行政职能部门。其主要职能有：在反倾销和反补贴调查中，负责产业损害调查；对贸易和关税问题进行研究，并就此向国会、总统和其他政府机构提供信息和建议。

（四）我国与美国的对外贸易

1. 中美贸易关系的发展。中美贸易关系源远流长。建国前，中国是美国重要出口市场、原料供应地和投资场所。建国后，中美两国继续保持着贸易关系。1950 年 6 月因朝鲜战争，美国对我国实行了“禁运”，致使两国贸易关系完全中断。1969 年，在我国日益强大、国际地位不断提高的情况下，美国不得不改变对华政策，开始逐步放宽对我国的“禁运”和贸易限制。1972 年，美国总统尼克松访华，中美联合发表《上海公报》。公报指出：“双方把双边贸易看作是一个可以带来互利的领域；并一致认为，平等互利的经济关系是符合两国人民利益的。”从此，开辟了中美关系的新前景，也为中美贸易的恢复与发展奠定了基础。特别是 1979 年 1 月，中美两国正式建交，两国贸易关系由此进入一个新的正常发展时期，尤其是在 1999 年 11 月 15 日，中美达成中国加入世界贸易组织双边协议后，美国国会通过对华永久正常贸易关系议案，消除了困扰中美经贸合作的一大不稳定因素，为中美关系健康发展创造了条件。

2. 中美贸易关系发展的主要障碍

（1）关于贸易不平衡问题。进入 20 世纪 90 年代，中美双边贸易统计数字差距逐年扩大。因此，中美贸易不平衡问题，成为中美贸易发展的又一个障碍和分歧点。

1984 年以前，中美两国贸易统计数字基本一致，之后差距越来越大。按美方统计，美国对中国贸易逆差始于 1983 年，当时仅为 3 亿美元，1986 年为 21.35 亿美元，1996 年进一步上升为 395.2 亿美元，1998 年已达 569 亿美元，2001 年更高达 830 亿美元。而据中方统计，中国对美国一直处于逆差地位，直至 1993 年中方才出现 62.7 亿美元的顺差，1996 年为 105.4 亿美元，1998 年上升为 210.2 亿美元，2000 年进一步上升为 297 亿美元，2001 年略有下降，为 280.8 亿美元。

近年来美国对华贸易存在逆差是事实，但如果实事求是地分析，美方显然把逆差的度严重地夸大了。造成这种情况的主要原因是，美国在进行贸易统计时，忽视了以下三种情况：一是中美贸易是以转口贸易和加工贸易为主。美国把经香港转口的贸易直接计入中国内地的出口。据统计，1997 年中美贸易中，通过香港的转口贸易占中美贸易的 38%，而美国根据原产地原则，将增值部分列为从中国进口，另据资料表明，中国内地出口货物经香港转口到美国的平均增值率高达 40%以上。这部分盈利实际上并不能引起原产国利益的增加。二是美国通过香港出口到中国的商品并未算作美国对中国的出口。据估计，仅此一项美国政府自 20 世纪 90 年代以来将其对华贸易逆差至少高估了 1/3。三是美商在华建立了不少加工贸易项目，如鞋类、玩具等，加工产品的绝大部分销往美国。而对这些商品中国只收取了较低的加工费。毫无疑问，这都会加大美国的贸易逆差额。同时，这也是造成中美贸易统计差异的原因所在。

(2) 关税高峰问题。所谓关税高峰是指在总体关税水平较低的情况下，少数产品维持的高关税税率。

美国对服装、鞋类、陶瓷及玻璃制品、箱包和节日服饰等进口征收高额关税。美国服装类产品关税为 33.3%。美国鞋类的关税总体水平依然偏高。例如，对中国出口的运动鞋，鞋面用皮面积低于鞋面总面积 51%的和纺织面料鞋，平均关税为 33%。美国陶瓷制品的平均关税为 30%，对进口中、低档陶瓷制品征收的关税高，对高档陶瓷制品征收的关税低。这种不合理的关税结构使得中国相关产品在美国市场上处于非常不利的竞争地位。

2002 年 2 月，美国国际贸易法院就美国节日服饰生产商的申请作出裁决，将节日服饰从海关编码的第 95 章调整到第 61 章，归为服装类产品。美国海关和财政部随即宣布执行该判决，美国纺织品协议执行委员会决定对 2002 年 4 月 1 日以后出运的进出口节日服饰实行配额许可证管理。美国的上述措施致使节日服饰的进出口关税由 0 提高到 15%～20%，中国是对美国出口节日服饰最多的国家，2001 年出口额达 3.2 亿美元，占美国节日服饰总进口额的 84%。美方这一举措使得中国节日服饰出口美国受到一定阻碍。

(3) 反倾销问题。美国频繁利用反倾销、保障措施等贸易救济措施对中国出口产品实施限制。自 1980 年 7 月起，至 2002 年底，美国累计对中国产品提出 96 起反倾销调查和 4 起保障措施调查，其中，2002 年分别达 9 起和 2 起，比 2001 年均有所上升。美国的相关立法中存在的歧视中国产品的规定、歧视性地视中国为“非市场经济”国家和调查实践中存在大量不公正做法，这些均对中国对美国出口构成了重大障碍。

### 三、日本的对外贸易

日本是一个岛国，由本州、北海道、九州、四国四个大岛和约 3 900 个小岛组成。总面积为 37.78 万平方公里，2001 年人口为 1.2729 亿。日本是一个后起的发达资本主义国家，在第二次世界大战中，日本成了战败国，经济遭到严重破坏。但是，战后日本经济恢复很快，日本的国民生产总值和工业生产分别于1954年和1956年恢复到战前最高水平，日本的国民生产总值在1968年超过原联邦德国，仅次于美国，居资本主义世界第二位。2000年日本国内生产总值达4.67万亿美元。

（一）战后日本对外贸易发展趋势

1.对外贸易由迅速增长转向缓慢

战后日本的对外贸易额增长十分迅速，其中出口贸易额的增长尤为突出。日本的出口贸易额由1950年的8.2亿美元，增长到1995年的4 430亿美元，出口贸易的平均增长率在1950—1995年为15.8%，超过世界和各类国家的出口年均增长率。日本在世界出口中所占的比重从1950年的1.4%提高到1980年的6.3%，成为仅次于美国和德国的第三贸易国家。1995年，这一比重更提高到8.8%。但自1996年起，日本的对外贸易由升转降。2001年的出口贸易额降为4 047亿美元，在世界出口贸易中的比重降至6.6%。1992—2001年日本的商品与服务贸易出口贸易量年均增长率为4.4%，低于世界和各类国家出口年均增长率。2002年日本的商品出口贸易额为4 160亿美元，在世界出口贸易中的比重为6.5%，增长3%，低于当今世界年均增长4.4%的水平，但仍保持世界第三大贸易国家的地位。2003年日本商品出口额为4719亿美元，在世界商品出口贸易中的比重为6.3%，仍居世界第三位。

2.对外商品贸易保持顺差，而服务贸易则为逆差

日本由20世纪50年代的商品贸易逆差转变为60年代的顺差，在两次石油提价后，又转为逆差；进入80年代转为顺差，且顺差额日益增大。至1999年顺差额增加到1 807亿美元，成为仅次于德国的第二大商品贸易顺差国家。与日本商品贸易存在大量顺差情况相反，其服务贸易存在大量逆差。2001年，日本商业服务出口为633亿美元，占同期世界商业服务出口的4.4%；而同年其商业服务进口为1 067亿美元，占同期世界商业服务进口的7.5%，其商业服务贸易逆差达434亿美元。

3.对外贸易货物结构的变化

（1）出口商品结构。日本出口商品结构的显著特点是工业制成品所占的比重较大，出口商品结构不断优化，而且出口商品比较集中。制成品在日本出口中的比重由1970年的92.5%上升到2001年的92.8%。

在制成品出口中，机械和运输设备所占比重不断上升，1970年占出口总值的40.5%，1980年为58.5%，2001年为66.9%。其他制成品所占比重不断下降，1970年为45.6%，2001年降为18.5%；化工品所占比重1980年为5.1%，2000年为7.4%。

(2) 进口商品结构。在日本进口商品中，初级产品在20世纪90年代以前一直超过制成品，此后，随着日本与其他国家国际分工的深化和市场的开放，日本进口制成品增多，1995年制成品在进口中的比重超过初级产品，所占比重达53.0%。

在日本进口的初级产品中，占第一位的是原料，1970年占1/5，1975年到1985年间占40%～50%，此后下降，2001年为20.2%；占第二位的是食品，一直占12%～15%；占第三位的是矿产和金属，所占比重从1980年的10.0%下降到1995年的5.5%；农业原料占第四位，所占比重同期从10.0%下降到5%。

4. 对外贸易方向的变化

(1) 出口贸易方向。在日本的贸易伙伴中，20世纪80年代以前，发展中国家居第一位，发达国家居第二位；80年代后，发达国家居第一位，发展中国家退居第二位。发展中国家在日本出口中的比重1952年为56.5%，1980年为48.8%，2001年为47.8%；发达国家同期所占比重分别为38.1%、47.5%和51.6%。对东欧国家的出口呈萎缩状态，所占比重从1980年的2.8%下降到2001年的0.6%。

日本在对发展中国家和地区出口中，东南亚地区始终居第一位，所占比重从1980年的28.1%上升到2000年的40.3%；同期，对石油输出国组织出口比重急剧下降，1980年为14.0%，2001年下降为3.9%，对拉美国家的出口比重同期从6.5%下降为4.0%。

(2) 进口贸易方向。在日本进口来源中，发展中国家除个别年份外，一直占第一位，所占比重1980年为63.4%，2001年为58.3%；发达市场经济国家居第二位，同期所占比重分别为35.1%和43.0%；东欧国家所占比重很小，仅占1%多一点。

在从发达国家进口中，美国与加拿大占第一位，所占比重1980年为20.8%，2001年为20.5%；欧盟占第二位，所占比重呈上升趋势，同期所占比重分别为6.5%和12.8%。

在从发展中国家进口中，东南亚地区为主，所占比重从1980年的25%提高到2001年的42.4%；石油输出国组织所占比重急剧下降，所占比重也急剧下降。

### (二) 对外贸易在日本经济发展中的作用

1. 对外贸易在日本经济发展中的地位

日本是一个资源贫乏、人口稠密、战后初期科学技术水平相对落后的国家。在其战后的经济恢复和发展中，不仅需要进口绝大部分资源，而且还要引进大批现代化的技术，为此需要大量的外汇和资金。战后日本对外贸易的迅速发展，在资源、技术、设备、市场、外汇和资金积累等方面，为经济发展提供了非常有利的条件，使日本“贸易立国”的国策得到落实。

2. 进口贸易在日本经济发展中的作用

(1) 资源进口，保证了重化工业的迅速发展，带动了国民经济的发展。日本资源匮乏，日本经济的发展依赖资源的进口。日本主要工业用原料，如棉花、羊毛、铁矿石、天然橡胶和石油都依赖从国外进口。

(2) 从国外引进大批先进技术，促进了国内的技术改造和产业结构的现代化。

(3) 进口各种消费品，影响国内的消费结构，促使国内产业结构与之相适应。

3. 出口贸易在日本经济发展中的作用

(1) 为日本经济发展提供了大量的外汇资金，从而摆脱了国际收支对经济发展的制约。

(2) 刺激日本改变其产业结构和出口商品结构，从而增强了其出口产品的竞争力。

(3) 出口的扩大，带动了相关部门的发展，促进了日本的经济增长。

(三) 对外贸易政策与措施

日本的对外贸易政策措施是随着日本经济形势和在世界市场上的地位的变化而变化的。在20世纪90年代以前，在强调贸易立国的基本方针指导下，日本通过出口信贷、出口补贴等财政金融措施，以及采取低汇率和大力扶植出口产业等措施，大力促进出口贸易。

1. 贸易政策机制、框架和目标

近年来，日本的贸易政策机制没有大的变动，目前日本的贸易政策总体取向是加强多边贸易体系。

1999年，政府通过决议号召以透明的方式建立公平市场和消费者主权机制。除了进一步扩大货物贸易的市场准入外，在乌拉圭回合中，日本承诺放松对金融服务业管制并提高透明度。2000年，日本修订了金融服务、电信、能源、运输和分销部门的“促进放松管理3年计划”。

日本对所有的世界贸易组织成员提供最惠国待遇，并积极参与世界贸易组织的各项活动。

近年来，日本一改过去姿态，开始热衷于区域自由贸易协议，主要是在与东亚、南亚的合作，以及积极参与亚太地区经济合作组织（APEC）方面。另外，日本继续对在普惠制方案下的发展中国家的产品市场准入给予单边优惠。

2. 贸易政策和惯例

（1）关税。关税是日本的主要贸易政策工具。目前，日本对大多数进口产品实行免关税或低税率。在2000年以前，简单平均的最惠国税率是6.5%，在乌拉圭回合结束后，到2009年，日本的平均关税将降低6.3%。日本的税率表有很多的预见性，同时，非从价税也是日本关税的一个重要特征，尤其是在对农产品进口方面。由于这些关税在税率表中有明确标示，这就可以消除过高的从价等价关税。

（2）关税配额。日本对大约200多种农产品运用关税配额管理，这些配额的分配因产品而异，所以日本的关税配额管理比较复杂。

（3）非关税措施。日本保留使用的非关税措施包括进口禁止、进口许可证和进口数量限制等。实行非关税措施主要目的是维护国家安全、保障消费者健康，或者维护国内动植物生命以及环境。

根据日本的进口控制法，所有涉及配额和特别支付方式（如贸易信贷或特别交付期等）的进口商品都必须得到通产省的许可。近年来日本对丝、蚕、金枪鱼等产品实施进口配额，日本的进口配额和许可证体系也比较复杂。

（4）应急措施。日本很少使用反倾销、反补贴和保障措施在内的应急措施，尽管在农产品方面采取过《农业协议》的特殊保障措施。这是由于其制成品出口和能源、原材料进口对国际市场依赖比较强的原因，贸易的重要性使日本害怕其他国家的报复。

（5）出口限制。日本国内资源贫乏，出于国防和公众安全的需要以及为了确保某些农产品和其他初级产品在国内供应充足，日本保留了一些出口管制措施。

（6）出口补贴和出口支持。日本目前不存在明显的出口补贴，也没有向世界贸易组织通知任何出口补贴措施。但是日本的出口产品仍然可以通过出口融资、出口保险和担保以及出口退税得到政府支持。

（7）投资体制。日本从1997年以来对其外国直接投资体制作了较大变化。包括：对采矿业的外商投资由事先通知改为事后通知；取消对外资参与某些电信承运商的限制；1999年取消对有线电视业外资进入的限制。在过去的几年中，日本的外国直接投资流入增长很快，但仍与其世界第二经济大国的地位不相称。

(8) 政府采购。日本是世界贸易组织《政府采购协议》的签字国，没有对协议项下产品的国内提供者提供优惠。1998年，外国供应者在其政府采购总额中的比重占5.7%，但在公共工程的采购中，这一比例是很低的。

(四) 我国与日本的贸易关系

1. 中日贸易关系的发展

自1972年中日两国实现邦交正常化，特别是1979年中国实行对外开放政策以来，在良好的政治外交关系的引导下，中日贸易有了突飞猛进的发展。

(1) 中日贸易额大幅度增长。在中日关系正常化以前的22年(1950—1972)，双方贸易额累计为55亿美元，年平均增长率为13.6%。在中日关系正常化以后的20年间(1973—1993)，双方贸易额累计为2 800亿美元，年平均增长率超过25%。1972年中日贸易额为11亿美元，2002年达1 019.1亿美元，首次突破1 000亿美元大关，占当年我国对外贸易进口总额的16.4%，同比增长16.2%。其中，中国对日出口484.4亿美元，同比增长7.8%；自日本进口534.7亿美元，同比增长25%。中方逆差50.3亿美元。从1993年起日本连续十年是我国第一大贸易伙伴；而在日本贸易国别统计中，中国也已成为其第二贸易对象国。2004年，中日双边贸易总额1 678.7亿美元，增长25.7%，日本成为我国第三大贸易伙伴。

(2) 商品结构发生明显变化。长期以来，中日贸易属于"垂直型"分工，即中国对日本出口以初级产品为主，自日本进口以工业制成品为主。20世纪80年代中期以后，我国对日本出口商品结构发生了巨大变化，纺织品、服装、家电等制成品迅速增加，原材料、矿物性原料比重下降。进入90年代以后，制成品比重已达80%左右。其中，机电类商品已成为我国对日本出口的第二类商品。与此同时，对日进口商品结构也发生了很大变化，继续增加用于生产的机械类产品的进口，压缩了家电、小汽车等高档消费品的进口。这表明中日贸易正由"垂直型分工"逐渐向"水平型分工"发展。

(3) 贸易方式多样化。从20世纪80年代起，两国的经贸关系已从单纯的商品贸易扩大到包括货物贸易、服务贸易、投资等领域的全面经济合作。贸易方式也从一般贸易发展为加工贸易、补偿贸易、石油和煤炭等领域合作开发等。

(4) 中日贸易"官民并举"稳步发展。中日复交前，两国贸易主要在民间进行。复交后双方缔结了一系列政府间协定，两国政府成为双方发展贸易的强大后盾。1974年，两国政府签订了贸易协定，相互给予最惠国待遇；1978年2月，签订了中日长期贸易协议，在历时13年期满后，又于1990年

12月，在东京续签；1995年9月就该协定延长问题双边达成协议。此外，双方还先后签订了海运、航空、渔业、商标保护、科技合作、投资保护等有关协定，从政治上为发展双边贸易关系提供了保证，从而也为民间贸易往来创造了有利条件。

2. 中日贸易关系存在的主要问题

(1) 关税壁垒问题。日本的对华贸易政策，长期以来一直具有严重的贸易保护主义色彩，成为中日贸易发展的障碍。例如，在关税壁垒方面，日本对中国的某些产品仍征收高关税。2001年，日本财务省宣布对进口食用盐及工业用盐征收高关税。其中，中国精盐被课以35%～50%的高关税。此外，日本对部分产品依加工深度按关税升级原则设定了相应的关税。但部分产品的原材料和半成品或制成品的税率差过大，有的甚至高达34%～40%，削弱了中国相关半成品或制成品在日本市场的竞争力，此问题在农水产品、食品和纺织品领域表现比较突出。

(2) 进口限制问题。日本的进口限制问题，在中日丝绸和大米贸易中表现得比较明显。在中日丝绸贸易中，日方以进口商能力有限为由，每年均不足额发放配额。

(3) 日本实施新的普惠制方案问题。日本自2003年4月1日起实施新的普惠制方案。根据该方案，氧化铝、餐具用陶瓷制品和床上用品等3种共6个税号的中国产品被取消了普惠制资格。

## 四、欧洲联盟的对外贸易

欧洲联盟（European Union）是以国家集团形式出现的欧洲国家的国际联盟。目前，欧洲联盟包括25个成员国：比利时、丹麦、德国、希腊、西班牙、法国、爱尔兰、意大利、卢森堡、荷兰、葡萄牙、英国、奥地利、瑞典、芬兰、波兰、匈牙利、斯洛伐克、立陶宛、拉托维亚、爱沙尼亚、捷克、斯洛文尼亚、塞浦路斯和马耳他。其总人口为4.56亿，年进出口总额接近10多万亿美元，是全球最大的贸易集团。

欧洲联盟的前身是欧洲经济共同体。1993年11月1日，《马斯特里赫特条约》正式生效，欧洲共同体改称欧洲联盟。

1995年1月1日，欧洲联盟由12国扩大为15国。扩大后欧盟人口由3.43亿增至3.76亿，面积由236.1万平方公里增至333.7万平方公里，2001年，欧盟15国国内生产总值约78 945亿美元。1995年10月25日，欧洲货币局理事会达成协议，决定从1999年1月1日起欧盟11个国家开始使用欧洲统一货币——欧元。欧元区居民可开设欧元银行账户，用欧元支票或信用卡结账，各国的纸币和硬币可同时使用。1999 年 1 月 4 日，欧元进入外汇市场。2002 年 1 月 1 日，欧元纸币和硬币开始流通。到 2002 年 7 月 1 日后，欧元原各国纸币和硬币终止流通，完全被欧元取代。

（一）欧洲联盟的对外贸易发展趋势

1. 对外贸易额增长较快，贸易地位显著提高

从 1950 年到 1995 年，欧洲联盟 15 国的出口与进口贸易额年平均增长率分别为 11.5%和 11.1%，均高于同期世界贸易进出口年均增长速度。随着欧洲联盟对外贸易的较快增长，其在世界出口贸易中的比重显著上升，从 1950 年占世界出口的 30.7%提高到 1995 年的 40%。1998 年，欧盟出口贸易额为 21 710 亿美元，占世界出口总额的 41.5%；进口贸易额为 21 630 亿美元，占世界进口额的 40%。

2. 成员国之间的贸易增长迅速，内部贸易比重扩大

欧盟 15 国之间的内部贸易额从 1960 年的 103 亿美元增加到 1996 年的 12 184亿美元。内部出口贸易额占世界贸易额的比重，从 1960 年的 8%提高到 1996 年的 23.2%；内部贸易占集团出口总额的比重从 1960 年的 34.6%提高到 1996 年的 60.4%。2001 年则提高到 61.2%。

3. 商品结构的变化

在欧盟对外贸易商品结构中，工业制成品占主要地位。自 20 世纪 70 年代以来，工业制成品经常占出口的 70%以上，占进口的 50%以上；初级产品居次要地位，分别占出、进口的 30%和 50%以下。

在 1994 年的出口总额中，工业制成品占 80%。有的国家工业制成品出口所占的比重比整个贸易集团所占的比重还要大，如，德国 2000 年制成品出口占其出口总额的 83.6%。法国 2001 年制成品出口占其总额的 81.8%。

在 1994 年的进口总额中，工业制成品占 73.7%，比 20 世纪 70 年代初大大提高。有的国家制成品进口所占比重更大，如法国 1995 年制成品进口占进口总额的 76.4%，2001 年这一比重提高到 77.7%，初级产品进口特别是燃料、食品进口大量减少。

4. 主要贸易对象范围扩大

欧盟全部对外贸易的 80%左右是与发达资本主义国家进行的。其中，除欧盟各成员国之间的贸易外，“欧洲自由贸易联盟”国家和美国是其主要贸易对象。日本在其对外贸易中所占比重较小。发展中国家在欧盟的对外贸易中仅占 15%左右，其与原苏联、东欧国家间的贸易也得到发展。改革开放后，

我国与欧盟的贸易发展迅速。

（二）欧洲联盟的对外贸易政策与措施

1. 欧盟贸易主管机构

欧盟制定共同贸易政策，首先需由欧盟委员会提出相关建议，并经咨询133条款委员会后，再由欧盟部长理事会做出决定。制定共同贸易政策时，在欧委会内部，由贸易总司会同成员国政府所指定的专家共同工作，亦征询有关方面的意见，特别是工商界及相关中介组织等利益方的意见，但理事会拥有最后决定权。

欧盟贸易管理的组织机构：

（1）欧盟部长理事会。它是欧盟共同贸易政策的决策机构。欧盟部长理事会根据一定的表决程序，决定采取或不采取某项政策，决定或者否决与第三国进行贸易协定谈判，通过或否决某项协定，向欧委会发出谈判指令，为欧委会设定谈判目标等。在对外谈判过程中，欧盟应通过133条款委员会向成员国通报情况并提出咨询，但欧盟部长理事会掌握最后的决定权，该项权力不得由其他机构代为行使。欧盟部长理事会在做出某项决定时，通常应遵循有效多数原则，在特定情况下，应当适用协商一致通过原则。

（2）欧盟委员会。它是欧盟的政策执行机构。1957年通过的《罗马条约》决定在欧共体内采取共同贸易政策，有关规定主要表现为该条约第113条（1997年《阿姆斯特丹条约》改为133条，以下简称《阿约》133条款）。根据《阿约》第133条规定，欧委会在贸易方面的主要职能是：①执行欧盟理事会的决定；②为实施共同贸易政策，向理事会提出建议；③就对外谈判方案提出建议；④在理事会的授权和指令规定的范围内与贸易伙伴进行贸易协定谈判等。在某些领域，欧委会拥有自己的决定权，如发布有关煤钢产品的反倾销的法规和决定。

欧委会内设34个总司。其中，贸易总司具体负责欧盟共同贸易政策的实施和管理。

（3）133条款委员会。它是根据《阿约》第133条的规定，由欧盟成员国代表组成的咨询委员会，该委员会的作用是为制定欧盟共同贸易政策提供咨询。

（4）欧洲议会。据欧盟有关条约规定，在贸易协定的谈判过程中，欧委会应就有关问题咨询欧洲议会。在日常工作中，欧委会通常向议会通报有关贸易事务。

2. 欧盟贸易政策与措施

(1) 通过关税同盟，取消内部关税，统一对外关税率。关税同盟是欧共体对外贸易政策的一项重要内容，根据《罗马条约》的规定，其主要内容是：对内在成员国之间分阶段削减直至全部取消工业品关税和其他进口限制，实现共同市场内部的工业品自由流通；对外则通过逐步拉平各成员国的关税率，实行对外统一关税。到 1968 年 7 月 1 日，6 国各自的对外关税率均已达到规定的共同关税率的水平。后加入的 3 国，从 1977 年开始，也使用共同市场统一的税率。希腊和西班牙、葡萄牙分别从 1986 年和 1993 年开始全面适用欧洲共同市场共同对外关税。

(2) 广泛使用差价税和反倾销措施。欧洲联盟对某些农产品如谷物、猪肉、禽肉、蛋白、奶制品等的进口征收差价税，其税率等于共同体价格与非成员国进口价格之差。由于共同体的农产品价格一般比美国、加拿大、澳大利亚和新西兰等出口国的农产品价格高，所以差价税的征收额比原来的关税征收额要多得多，这样就使美、加、澳、新等农产品出口国在共同体内失去竞争的优势。

1984 年，共同体理事会通过了一项关于从第三国进口产品实行反倾销及反补贴措施的修正条例。征收反倾销税至少产生作用 5 年，即共同体一旦对某一产品征收反倾销税，那么此产品退出共同体市场的时间至少为 5 年以上。

(3) 非关税壁垒。它是欧盟限制进口的主要措施。20 世纪 80 年代初，西方工业发达国家进口商品受到非关税壁垒影响的程度美国为 15.9%，日本为 10.7%，欧洲经济共同体为 52.3%。可见，欧共体进口商品受非关税壁垒影响程度最深。欧共体的进口商品有 1/2 以上受到各种非关税壁垒的影响。

欧盟使用的非关税壁垒主要有：进口配额制、“自动”出口限额制和进口许可证制等。

(4) 大量补贴农产品出口。根据欧共体的共同的农业政策，欧共体对成员国农产品出口实行价格补贴，各成员国要把征收到的农产品进口差额税上缴共同体，建立农业共同基金补贴农产品出口。

多年来，欧共体多次对其农业政策进行改革，特别是 1997 年 7月，为适应东扩的需要以及多边贸易框架下农产品实行自由贸易的前景，欧盟提出了进一步改革共同农业政策新建议，加大对农民的直接补贴，由传统的刺激性生产向控制产量方面转化，推动农产品价格与国际市场接轨。

(5) 通过签订贸易条约和协定，扩大对外贸易关系。欧盟成立前后，对外已签订的贸易条约和协定有：与欧洲自由贸易联盟签订自由贸易区协议；

与亚非太发展中国家签订《洛美协定》；与地中海沿岸国家签订特别贸易和援助；与东盟国家签订合作协定等。

（三）我国与欧盟的贸易关系

1. 中国与欧盟贸易关系的发展

1975 年，中国与欧共体的贸易额为 24 亿美元，1979 年增加到 50 亿美元。自 1980 年欧共体对中国出口商品给予普惠制待遇后，双边贸易增长很快，年平均增长率超过 10%。1992 年，中欧贸易额达 174 亿美元，占当年中国对外贸易额的 10.5%，2003 年进一步增长为 1 252.2 亿美元，同比增长 44.4%，占我国对外贸易总额的 15%左右，其中，我国对欧盟出口 722 亿美元，同比增长 49.7%；自欧盟进口 531 亿美元，同比增长 37.7%。我国顺差 191 亿美元。

欧盟是位居日本、美国之后的我国第三大贸易伙伴，而我国也是欧盟的第四大贸易伙伴，位居美国、瑞士、日本之后。2004 年，中欧双边贸易总额达 1 772.8 亿美元，增长 33.6%，成为我国第一大贸易伙伴。

2. 我国与欧盟贸易关系发展的主要障碍

（1）欧盟对中国产品实行歧视性的反倾销限制。在 1980 年到 1995 年的 15 年期间，欧盟共对 700 起反倾销诉讼作出了裁决，其中 355 起涉及非市场经济国家。这其中又有 70 起涉及中国。截至 2002 年 12 月底，欧盟针对中国提起的反倾销调查已达 95 件，其中，2002 年有 4 起反倾销案件。

长期以来，欧盟一直将中国视作“非市场经济”国家，在反倾销调查中采用所谓“替代国”的方法来确定该产品的正常价值。在确定正常价值过程中，欧盟未制定明确的关于选择替代国的规则。其反倾销基本法规，即 384/96 号法规，仅在 207 条作了一个原则性规定：“应当通过一个并非不合理的方式选择一个适当的市场经济第三国，选择时要适当考虑所有可获得的可靠消息，也要考虑时间限制；在适当情况下，应当使用一个同样被列入调查的市场经济第三国”。调查机构在选择替代国问题上具有极大的随意性，从而使中国出口商的利益受到严重影响。

（2）欧盟对中国出口产品实行数量限制。目前，欧盟对中国出口的纺织品、服装、鞋类和陶瓷具等产品实行数量限制。

（3）欧盟修改普惠制方案，减少我国产品的普惠制待遇。2003 年 5 月，欧盟理事会通过 2003 年至 2004 年普惠制修订案。根据第 2501—2001 号条例，欧盟取消对我国动物源性食品、塑胶及橡胶、纸、电机产品、电子消费品、眼镜及钟等产品的普惠制待遇。这些产品从 2003 年 11 月 1 日起，在原先优惠安排的基础上，削减50%的优惠幅度，从2004年5月1日起，取消全部优惠安排。

另外，欧盟颁布的大量的技术法规和标准，并制定了相应的合格评定程序，严重地阻碍了我国产品对欧盟市场的出口。

## 第二节 发展中国家和地区的对外贸易

### 一、发展中国家与地区的基本经济特征

发展中国家大多数分布在亚洲、非洲和拉丁美洲，又称亚非拉国家。他们过去都是殖民地或半殖民地。第二次世界大战后，随着殖民体系的瓦解，大批殖民地、半殖民地国家取得政治独立，走上了发展民族经济的道路。发展中国家数量众多，分布地区辽阔，各国地理位置、自然条件、历史传统、经济发展水平都有很大差别。从生产发展水平和社会经济结构来看，发展中国家大致具有如下基本经济特征：

#### （一）工业不发达，农业落后

发展中国家工业基础薄弱，现代工业中的主要部门，如钢铁、机器制造、炼油和化工等工业只在少数国家有所发展。

发展中国家大多数是农业国，农业是这些国家国民经济的首要部门。其主要特点是农业耕作技术落后，农业劳动生产率水平低下且商品率低。由于农业生产落后，许多发展中国家粮食短缺，每年都要进口一定数量的粮食。

#### （二）经济结构单一

大多数发展中国家经济、生产结构单一，大量生产某几种或一两种农矿原料产品。这类产品的生产占用全国相当多甚至大部分劳动力，产品主要供应出口，在其出口额中占很大比例。这种单一产品的出口收入成为国民收入的主要来源。

#### （三）多元的社会经济结构

发展中国家和地区的社会经济结构异常复杂，农村以封建生产关系为主，城市和工矿区以资本主义生产关系为主。在撒哈拉以南的非洲国家，有的地方还存在着部落土地所有制。在拉丁美洲，大庄园和个体农民所有制并存，外国垄断资本的跨国公司仍然占有大片的土地。

（四）经济发展不平衡

农业所占比例比较高，在整个国内生产总值中约占20%，远远高于发达国家的3%，大多数国家的工业主要还是以农矿原料为基础的加工业。至于技术要求高的电子工业部门，发展中国家的产量在世界电子工业产量中不到5%，其中大部分还是为西方跨国公司进行加工和装配业务。在地区经济发展方面，沿海地带经济发展水平一般较高，而广大的农村和边远内地则较为贫困和落后。

## 二、发展中国家与地区对外贸易的基本特点

（一）对外贸易性质发生改变

第二次世界大战后，发展中国家对外贸易性质发生了如下变化：①不少发展中国家收回了外贸主权，建立了自己的对外贸易管理机构和企业，管理和经营对外贸易。②根据本国经济发展的需要，制定相应的对外贸易政策和贸易模式。③对外贸易为本国经济发展服务，为经济发展提供了资金与外汇；成为引进外资的重要基础和保证；通过对外贸易开拓市场；通过进口解决经济发展所需要的资本设备和原材料；通过对外贸易，提高劳动生产率和经营管理技能。④组织经济贸易集团和原料输出国组织，开展南南合作，维护发展中国家的贸易权益。⑤组成“77国集团”，积极开展建立国际经济贸易新秩序的斗争。

（二）在世界贸易中的地位有所提高

第二次世界大战以来，发展中国家和地区在世界贸易中的比重占1/4左右。90年代以来，由于发展中国家的经济增长率高于发达国家，在推动全球贸易持续发展中，他们起了重要作用，在世界贸易中的比重呈上升趋势。从贸易量来看，20世纪90年代以来，亚洲和拉美的增长水平超过世界平均增长率。亚洲已成为世界第四大贸易中心。据世界贸易组织统计，近年来在进出口两方面增长都很快的国家有：阿根廷、中国、印尼、韩国、马来西亚、墨西哥和菲律宾等。他们在世界贸易中的崛起不仅使世界贸易格局改变，也必将影响国际格局。

目前，发展中国家在世界商品贸易中的比重已接近1/3，有的产品出口额甚至占到该产品世界出口额的一半以上。增长最明显的是制造业产品贸易，该行业的出口额占发展中国家出口总额的70%。更为重要的是，许多发展中国家已经成功地完成了向技术密集型产品出口的过渡，而该类产品的贸易额在过去20年里是世界贸易中增长最快的。

（三）已成为全球贸易体系中重要的因素

与早期许多回合的国际贸易谈判不同，1960 年进行的“狄龙回合”多边贸易谈判，仅有 39 个国家参加，其中大多数是发达国家。在乌拉圭回合多边贸易谈判中，有 142 个世界贸易组织成员国参加，其中 70％是发展中国家。这说明，发展中国家在全球经济中的分量增加，已成为全球贸易体系中重要的因素。

（四）进出口商品单一状况开始变化

发展中国家和地区出口原来以初级产品为主，进口以工业制成品为主。随着他们经济的发展，工业制成品在出口中的比重有所提高，所占比重从 1970 年的 18.5％提高到 1990 年的 54％，到 90 年代末更是上升到了 70％；农产品出口所占比重由 20％下降到了 10％左右；矿产品和石油出口收益虽然由于出口价格的波动而变化比较大，但其所占比重总体趋势是趋于下降。

（五）主要贸易对象是发达市场经济国家，但相互经贸合作有所加强

发展中国家的出口市场和进口来源都是发达国家。1970 年向发达资本主义国家的出口占发展中国家和地区总出口额的 71.6％，90 年代以来下降到 60％左右；同期，从发达市场经济国家的进口在整个进口中的比重从 72.2％下降到 60％左右。

迄今为止，发展中国家和地区成立了许多地区经济一体化组织，较有影响的有：东非共同体、加勒比国家协会、东部和南部非洲国家优惠贸易区、南部非洲发展共同体、中美一体化体系、西非国家经济共同体以及东南亚国家联盟等，相互经贸、投资合作有所发展。90 年代以来，发展中国家和地区互相变为对方产品的重要市场，其相互之间的贸易比重已经占到其总出口的 40％。

（六）贸易发展很不平衡

由于经济发展和经济结构的不同，发达国家需求结构的变化和跨国公司投资方向的变换，使发展中国家对外贸易发展很不平衡。

（1）在亚非拉发展中国家对外贸易中，各洲发展很不平衡。在发展中国家对外贸易地区分布中，50 年代，亚洲第一，拉美第二，非洲第三。60 年代以后，亚洲发展较快，拉开了与拉美的距离；非洲也较快，缩小了与拉美的距离。

（2）制成品出口国的产品出口在世界贸易地区分布中呈上升趋势，而其余国家呈下降趋势。

（3）发展中国家制成品出口集中在少数国家和地区。中国香港、韩国、

印度、巴西、新加坡、墨西哥、阿根廷、巴基斯坦、泰国和马来西亚约占发展中国家和地区制成品出口的70%以上。

(4) 发展中国家出口贸易中，制成品出口贸易增长率高于其他商品。

(5) 在整个发展中国家和地区贸易中，石油出口国家贸易始终处于顺差地位，而其余的发展中国家和地区贸易始终处于逆差地位。

(6) 服务贸易发展很不平衡，总体上看服务业滞后，缺乏国际竞争力。但发展中国家的服务贸易增长速度在加快，亚洲国家和地区在世界服务贸易中的重要性正在加强。

(七) 总体趋势是贸易自由化，但近期贸易保护主义又有所抬头

发展中国家积极参加多边贸易体系和地区经济一体化组织，贸易自由化程度提高，关税总水平下降，一些关税措施得到约束和规范。但近年来贸易保护主义有所抬头，这不仅仅是在高收入国家，发展中国家和地区也对农产品、劳动密集型制成品和其他产品与服务贸易设置壁垒。发展中国家对从发展中国家进口制成品征收的关税，是发达国家对其征收关税的4倍以上；与发达国家相比，发展中国家通常对服务贸易进行更多的限制。

## 三、发展中国家与地区的对外贸易发展模式

第二次世界大战后，多数发展中国家都相继制定了经济发展战略，对外贸易发展模式在其中占了重要部分。贸易发展模式主要有进口替代型和出口导向型两种。

(一) 进口替代型发展模式

所谓进口替代型发展模式，就是通过建立和发展本国的制造业和其他工业，替代过去的制成品进口，以带动经济增长，实现工业化，纠正贸易逆差，平衡国际收支。

1. 政策措施

为实现进口替代的目标，他们采取了保护和鼓励政策。

(1) 执行贸易保护政策。其内容有：对制成品，特别是消费品进口，通过关税和非关税手段以限制直至完全禁止外国某些工业品的进口。但针对不同的商品实行有差别的保护：第一，对本国进口替代工业产品的贸易保护程度较高，而对其他进口替代部门的贸易保护程度较低。第二，对进口替代工业的最终产品保护程度较高，而对发展这类工业所需要的原材料、燃料、机器、设备和零配件进口，则保护程度较低。

(2) 实行比较严格的外汇管制政策，将有限的外汇用于经济发展最急需

的一些领域。其主要措施有：私人和企业不能持有外汇；企业和居民必须将不同途径获得的外汇，全部或部分地售给指定的外汇银行；规定出口商只能接受可充做国际清偿手段的货币；实行外汇配给，对进口替代工业给予适当照顾；对资金流出国外实行管制等。在货币汇率方面，通常实行币值高估的汇率制度。较多发展中国家实行了复汇率制度，即对非必需品的进口实行币值低估以限制它们的进口，对本国同类产品起到价格保护的作用；对有关国计民生的必需品和资本货物进口，采取币值高估，以降低本国产品的成本。

（3）实行优惠的投资政策。为加速国内资金积累，国家在财政税收、价格和信贷等方面给予进口替代工业以特殊优惠，以促进它们的发展。其主要措施有：对国民经济的重点发展部门给予减免税收优惠，其中包括减免该工业国外投入物的进口税、企业营业税和公司所得税；对非重点发展部门则征收较高的税率；积极发展国营和私营金融机构，并对进口替代工业发放低息优惠贷款；通过国家投资，积极参与进口替代工业的发展，大力扩大基础设施的公用事业。

2. 进口替代贸易模式对经济发展的影响

（1）积极作用。①由于提供了一个有保护的、有利可图的市场，使这些国家的工业，特别是制造业得到了发展。1950—1960 年，亚非拉国家制造业年平均增长率为 6.9%，1960—1970 年为 8.1%。这个速度不仅大大超过了发展中国家的历史记录，也超过了同期西方发达国家制造业的增长速度。工业特别是制造业的增长，成为这些国家经济发展的重要推动力量。②进口替代促进了这些国家经济结构的改造，单一畸形的经济结构有了改变。表现在国内生产总值中，制造业的比重上升较快，而农业的比重相对下降；在制造业内部，那些侧重基础工业替代的国家，重工业的增长速度大大快于轻工业。③它增强了一些发展中国家的经济自立程度。具体表现在：进口的制成品在国内总供给中的比重大大下降，一些国家的设备自给率有所提高。

（2）消极影响。①在资本形成方面，由于这些国家是在依靠加强对国内人民剥削的基础上积累资本的，其结果是加剧了国内的两极分化，限制了国内市场的扩大，使进口替代工业出现市场不足、产品销售困难、生产力闲置的情况。②忽视对基础工业，尤其是农业的建设。由于贸易保护政策着眼于进口替代工业、特别是制造业的发展，而对电力、能源和基础设施常常注意不够，许多国家忽视农业的发展，他们让国内制成品保持高价，而把农产品价格压在很低的水平上，使工农业价格的剪刀差不断扩大。农业生产所必需的化肥和其他投入品生产以及进口所需的资金和外汇，常常不能满足，这一切都严重损害了这些国家的农业和粮食生产，使粮食自给率下降，进口粮食越来越多。③未能改善国际收支上的困难，大大影响了经济的增长速度。

（二）出口导向的贸易发展模式

所谓“出口导向”的贸易发展模式，也叫出口主导型贸易发展模式，就是扶植和鼓励发展出口加工工业，使本国的工业生产面向世界市场，并以制成品和半制成品出口逐步代替过去传统的初级产品出口。其主要目的是利用扩大出口来积累资金，带动整个工业和国民经济的增长。

1. 政策措施

实行出口导向的贸易发展模式，关键是提高出口商品的竞争能力，开拓和扩大国际市场。为此，实行这一贸易模式的发展中国家相应采取了一系列不同于进口替代期间的政策与措施。

（1）在外贸政策上，主要是适当地放松进口限制，大力鼓励出口。为此采取的措施有：对出口制成品减免关税，外销退税，对出口给予补贴；对产品出口提供信贷和保险；对出口部门所需的原材料、零配件和机器设备进口，减免关税或减少进口限制；给出口商提供一定比例的进口配额和许可证等。

（2）在外汇和汇率政策上，除给出口企业和出口商优先提供外汇或实行外汇留成、出口奖励等措施外，还拟订合理的汇率，以改变本币高估、不利于本国产品出口的情况。为此，在此期间许多国家都实行了本币对外贬值的办法。

（3）在投资政策上，对出口导向的企业提供减免企业所得税、营业税等方面更大的优惠。如 1967 年新加坡通过的经济扩展奖励法、减免所得税法均规定，凡企业出口产品达到一定数量或占该企业销售总额一定比例者，其出口产品所得税由 40%减为 4%，减免期为 5 年。此外，一些国家对出口工业规定加速折旧，对这些企业，国家优先提供原材料、土地、基础设施和其他服务。

（4）在外资政策上，为解决资金和技术的缺乏，吸收外国先进管理经验，打开国际市场销售渠道，一些国家和地区先后实施了有吸引力的鼓励外国投资的政策。

2. 出口导向贸易发展模式对经济发展的影响

这一贸易发展模式，对推动一些发展中国家和地区的对外贸易和国民经济的发展，起了积极作用，使之成为“新兴工业化国家”，同时也出现了一些问题。

（1）积极作用。①对外贸易增长较快，出口商品中制成品所占比重迅速上升。由于吸引了国外资金、技术，采取了一系列鼓励出口的政策，这些国家的制成品，尤其是劳动密集型产品如纺织、服装、玩具、制鞋、电子电器等，逐渐在世界市场上打开了销路。这些国家和地区的对外贸易发展迅速，制成品在出口中所占比重迅速提高。从1950年至1987年，他们出口年平均增长速度为12.9%，不仅超过其余发展中国家，而且超过了发达国家。②增加了资金积累，使国民经济出现较快的增长。新兴工业化国家制成品出口增长，不仅为这些国家和地区积累了资金，为提高国内投资率和扩大国外机器、设备及原材料进口提供了可能，同时也直接推动了与出口工业有关的经济部门的发展，带动了国民经济的增长。③制造业在国内生产总值中所占比重显著上升，某些国家在工业结构上，轻重工业的比重进一步调整，重工业超过轻工业，二者的比例1963年为56.9∶43.1，1980年已改变为42.9∶57.1。④在几个工业化指标中，出口导向的国家和地区的制造业增值价值占国内生产总值的比重从1963年的20.1%提高到1985年的23.0%，而内向型经济国家仅分别为15.2%和15.3%。这类国家比其余国家和地区提供了更多的就业机会。

（2）存在的问题。①容易受到世界市场波动的冲击。在出口导向战略下建立起来的工业，主要是为了出口，从而使这些国家和地区经济严重依赖于世界市场。由于这些国家的制成品大多是轻纺产品，市场竞争比较激烈，只要西方发达国家市场出现较大波动，就会直接影响这些国家的出口和经济发展。②建立的工业自主性差。由于实行外资进出自由化的政策，其结果是一方面为这些国家带来资金和技术，另一方面也带来一些不良后果：一是国内一些重要工业部门，特别是机械、化工、电子电器、医药、汽车等新兴工业，程度不同地为外商控制。二是许多出口工业部门属于加工装配型的“孤岛型”工业，生产的“前向”和“后向”连锁作用薄弱，从而加强了对国外技术和原材料的依赖。三是跨国公司通过利润、股息、利息、技术转让费、运输差价和公司内部的转移价格等形式，使大量资金流向国外。③债务负担加重。出口导向模式推动了出口，但进口也同步加快，尤其是一些严重依赖国外粮食、能源和其他资本货物进口的国家。一些国家国内投资计划规模过大，引进外资过多，使还本付息的负担日益加重。结果，许多发展中国家出现严重的国际收支困难，并陷入借新债还旧债的恶性循环之中。

## 第三节　独联体国家的对外贸易

### 一、独联体的建立和俄罗斯联邦

1991 年 12 月 8 日，原苏联的俄罗斯联邦、乌克兰和白俄罗斯的三国领导人在明斯克共同签署并发表了三个重要文件：《关于建立独立国家联合体的协定》、《联合声明》、《关于协调经济政策的声明》。三国领导人签署和发表的文件宣告独联体成立，苏联不复存在。

1991 年 12 月 21 日，俄罗斯、乌克兰、白俄罗斯、哈萨克斯坦、乌兹别克斯坦、塔吉克斯斯坦、土库曼斯坦、吉尔吉斯斯坦、亚美尼亚、阿塞拜疆和摩尔多瓦 11 个共和国的领导人在哈萨克斯坦首都阿拉木图举行会谈，并签署了《关于建立独立国家联合体的协定》、《阿拉木图宣言》、《关于前苏联根据联合国宪章在权利和义务方面延续性的决定》等文件，白俄罗斯、俄罗斯、哈萨克斯坦、乌克兰 4 国签署了《关于在核武器方面采取共同措施的协定》。这些文件重申了在此之前三国领导人签署的独联体协定规定的原则：各成员国互相承认和尊重主权，尊重领土完整及现有边界的不可侵犯，加强互相之间的友好、睦邻和平等互利合作的关系，尊重国际法准则，履行国际义务；成员国将保留对军事战略力量的统一指挥和对核武器的统一监督，发展共同的经济区域和欧亚市场合作。会议决定，由俄罗斯继承原苏联在联合国中的席位，包括安理会常任理事国席位。11 国领导人把卢布作为共同货币。《阿拉木图宣言》宣布了独联体的正式成立和原苏联的不复存在。宣言强调，独联体不是一个国家实体，也不是一个超国家的权利机构，而是享有完全主权的独立国家平等组成的协调与合作机构，其设立的机构均为协商性组织。

俄罗斯联邦，原名俄罗斯苏维埃联邦社会主义共和国，是 1917 年十月革命后成立的，1922 年 12 月 30 日与其他共和国一起建立苏联。1990 年 6 月 12 日，俄罗斯人民代表大会通过要求收回主权的声明。1991 年 6 月进行总统选举。1991 年 12 月 21 日，原苏联 11 国领导人决定，原苏联在联合国的席位由俄罗斯联邦继承。

1991 年 12 月 25 日，俄罗斯正式更名为俄罗斯联邦，简称俄罗斯。

俄罗斯联邦地域辽阔，横跨欧、亚两洲，面积 1 710 万平方公里，人口 1.48 亿。

俄罗斯自然资源丰富，拥有前苏联 90%以上的森林面积和水能资源、70%的煤炭、80%的天然气、100%的磷灰石、60%的钾盐和大部分铁矿石，还有大量的金属矿藏，如铁、铜、镍、锌、锡、铝、金刚石、水银、镁、云母、钨、金和银等。

俄罗斯工业基础雄厚，科技潜力较大，人民文化素质较高，工农业生产的产量居于世界前列，工农业产值占原苏联生产总值的 70%。

## 二、独联体国家对外贸易的特点

### （一）对外贸易发展由迅速转向缓慢、下降

原苏联东欧国家的对外贸易发展速度由迅速转向缓慢。在 50 年代发展比较迅速，年均增长率大大高于世界发达国家和发展中国家的增长水平，进入 60 年代后转向缓慢。近几年由缓慢转向下降。1950—1991 年，原苏联东欧国家出口年均增长率为 10.5%，低于同期世界和西方发达国家年均增长 11.3%和 11.5%以及发展中国家年均增长 11.1%的增长水平。

近年来随着形势的变化，这些国家的进出口贸易额均大幅度下降。1991 年原苏联出口剧降 25%，为 780 亿美元，由上年居世界第 10 位降为第 11 位；进口下降了 42%，为 700 亿美元，从上年居世界第 9 位降至第 13 位。

随着前苏联东欧的剧变，经济上出现的困难，其在贸易地区中分布呈现下降趋势，出口贸易额在世界贸易中的比重从 1988 年的 7.4%下降到 1992 年的 2.5%。

### （二）独联体国家对外贸易额开始回升

1991 年底，独联体成立后，独联体国家的对外贸易额继续下降，从占独联体国家对外贸易额半数以上的俄罗斯的对外贸易额的变化便可看出这一问题。

1993 年，俄罗斯进出口贸易总额为 699 亿美元，比 1992 年的 794 亿美元下降了 11.9%。1994 年，俄罗斯的进出口贸易额由下降转为增长。1995 年继续增长。1996 年，俄罗斯进出口贸易额达 1 331 亿美元，比上年增长 5.2%。其中，出口额为 865 亿美元，增长 8.3%；进口额为 466 亿美元，下降 0.1%，顺差为 399 亿美元。

1996 年，俄罗斯主要出口商品仍是燃料、原材料。其中：能源占 45%，包括出口原油 1.27 亿吨、天然气 2 000 亿立方米，金属约占 15%，机器设备占 9%。

1996 年，俄罗斯同独联体国家的贸易额增长 10.4%，同其他国家的贸易

额仅增长 3.7%。除独联体以外，俄罗斯最重要的贸易伙伴是美国和欧盟。

(三) 贸易方式改变

1. 废弃记账贸易方式

原苏联和中东国家的对外贸易以易货记账贸易方式为主。自 1991 年起，原苏联和东欧国家改为实行按国际市场作价的现汇贸易。

2. 变更国家垄断外贸体制

(1) 将原国营专业外贸公司变为股份公司

为实行国家外贸垄断制，各国都曾建立了一批国营专业外贸公司，垄断着各种产品的外贸进出口经营权。现在，这些公司绝大多数都以不同方式实行股份化，变为股份公司，脱离外贸部，实行自主经营、自负盈亏。

(2) 取消国家外贸计划，取消国家财政补贴

过去，国家下达的外贸计划，尤其涉及对经互会成员国的进出口计划都是指令性的。为了完成国家的外贸计划，国家实行进出口补贴政策。现在由于实行外贸经营自由及进口放开制度，国家取消了原来意义上的外贸计划。企业有权根据自己的情况制定进出口计划。同时，国家取消财政补贴，采用退税、优惠贷款、浮动汇率等经济手段鼓励出口。

(四) 外贸地理方向发生根本性变化

随着贸易方式的改变，这些国家的贸易方向发生了根本性变化。原苏联东欧国家与西方国家的贸易大量增加。与此相反，原苏联东欧国家之间的贸易锐减。

以前波兰同原苏联、东欧国家的贸易额占波兰年贸易额的 2/3 以上，近几年呈逐渐减少趋势。1990 年波兰对西方国家出口额为 119.36 亿美元，比上年增长 45.2%，占波兰出口总额的 82.8%；对原苏联东欧国家出口额仅为 24.71 亿美元，比上年下降 11.3%，只占波兰出口总额的 17.2%。1990 年波兰从西方国家进口额为 78.4 亿美元，比上年增长 9.5%，占波兰进口总额的 85%；从原苏联东欧国家进口额为 13.81 亿美元，比上年减少 35.4%，仅占波兰进口总额的 15%。

## 三、俄罗斯对外贸易管理体制及与我国的贸易关系

(一) 俄罗斯对外贸易管理体制

1. 俄罗斯联邦贸易主管机构

俄罗斯联邦政府中负责管理对外贸易的部门是经济发展贸易部。该部研究、制定和实施国家统一的对外经济政策，对俄罗斯联邦的对外经济活动进

行国家宏观调控，保障进出口贸易的正常秩序。

2. 进口贸易管理体制

俄罗斯在进口方面的管理措施包括两类，即税收调节措施和非税收调节措施。

（1）税收调节措施

①进口关税

1992 年 7 月 1 日，俄罗斯联邦开始实行《临时进口关税税则》，税率幅度为 5%～22%。当时，俄罗斯政府把进口商品的国家划分为发达国家、发展中国家和不发达国家三类。从发展中国家进口的商品，凭原产地证明书“A”享受减半征收进口税的待遇；从不发达国家进口的商品，凭证免税。此后，为了适应不断变化的市场情况，俄政府每年都对进口关税税率进行相应调整。

2001 年 11 月 30 日，俄罗斯联邦政府发布《关于俄罗斯联邦外贸产品种类表及关税税则》（第 830 号政府令），调整了部分产品的税则号，修订了 140 种产品的进口关税，使平均关税水平降低约 5 个百分点。该税则自 2002 年 1 月 1 日起实行。

俄罗斯对不同类型国家按不同税率征收进口关税。税率表所标税率为基本税率。自享受最惠国待遇的国家进口的产品按基本税率计征关税，自其他国家进口的产品则按基本税率的 2 倍计征关税。俄罗斯还有多种关税优惠措施。例如，对自与俄罗斯签有自由贸易协定的独联体国家和最不发达国家进口的产品，免征进口关税；对自享受普惠制待遇国家进口的产品按基本税率的 75%计征关税。中国属于享受普惠制待遇的国家之一。

目前俄罗斯的整体平均关税税率为 10.5%，其中汽车、烟、酒和糖等敏感产品的平均关税税率为 25%～30%，服装、鞋、轻纺产品的平均关税税率为 15%～20%。俄罗斯于 2002 年 1 月 1 日提高了部分产品的进口税率，如大米、葵花子油、冰箱压缩机等。

俄罗斯对近 1 500 个税号的产品采取混合征税（从价税和从量税从高征收）。

②消费税

俄罗斯自 1993 年 2 月 1 日起对部分进口产品征收消费税，征税不区分进口产品的来源地。目前，被征税的产品包括酒类、香烟、汽油、首饰、小轿车等五大类。

③进口环节增值税

自 1993 年 2 月 1 日起，俄罗斯对自非独联体国家进口的产品征收进口环节增值税。进口环节增值税的税基为产品海关申报价值、进口关税额、消费税额三项之和，税率为20%（部分食品和儿童用品的税率为10%）。

（2）非税收调节措施

①对部分进口产品实行许可证管理

俄罗斯对三大类产品实行进口许可证管理：第一类包括用于保护植物的化学产品、工业废料和密码破译设备；第二类包括武器弹药、核材料、贵金属、宝石、麻醉剂、镇静剂、两用材料和技术、可用于制造武器装备的个别材料和设备等。此类产品的进口需经特殊程序许可；第三类为其他特殊产品。

自1997年1月1日起，开始对食用酒精和伏特加酒的进口实行许可证管理，同时废止原于1996年9月19日作出的对上述商品实行进口配额的决定。

自1998年1月1日起，开始对彩电整机进口实行许可证管理。

1999年1月23日，俄联邦政府《关于俄联邦药品及制药用品进出口的决定》规定了对部分药品（包括部分兽用药品）及制药用品实行许可证管理。

1999年1月1日起，开始对烟草及其工业代用品的进口实行许可证管理。

②质量安全认证制度

自1993年1月1日起，俄罗斯开始对大部分产品实行质量安全认证制度。自1997年5月1日起，俄罗斯禁止在其境内销售无俄罗斯文说明的进口食品；自1998年7月1日起，无俄罗斯文说明的其他产品也被列入禁止之列。

（3）建立健全反倾销措施

俄国产商品在质量、价格、包装上均无法与进口商品相竞争。为了“保护国内市场、扶持民族工业”，1995年8月俄原外经部通过了《关于对进入俄联邦关境的商品进行调查，采取保护性措施的暂行规定》。根据该项法规，俄生产企业或企业联合会可直接向俄外贸保护措施委员会（1995年4月成立）提出调查某类商品的申诉，或由联邦政府、地方州政府代其提出申诉。如存在出口国利用生产补贴或出口补贴倾销商品的情况，并对俄民族工业造成实质性损害或造成损害威胁，俄政府可对其采取反倾销等保护性措施。

3. 出口贸易管理体制

俄罗斯在出口方面的管理措施主要包括两类，即税收调节措施和非税收调节措施。

（1）税收调节措施

①关税

俄自1992年开始征收出口关税以来，其出口关税计征制度不断朝着简化手续和自由化方向发展，直至1996年7月1日起全部取消了出口关税。但1998年金融危机以后，为了寻求新的收入来源，俄政府于1999年1月11日又作出了《关于批准从俄罗斯联邦向非独联体国家出口商品的关税税率的决定》，恢复了部分商品的出口关税。需缴纳出口税的商品包括：煤、石油、天然气等能源产品；有色金属、木材、皮革料、大豆、油菜籽、葵花子、某些食品等。

1993年10月30日，俄罗斯政府颁布第1103号协议，决定从1993年11月1日起执行新出口关税税则。这一税则主要有以下两点变化：

第一，课税范围缩减了近一半，即由先前的53大类商品减至29大类，免除了畜产品及其加工品、部分种类的食品工业品、酒精、纸和纸板、印刷品、纺织原料和半成品的出口关税。

第二，出口关税税率普遍下调，从先前的5%～7%降低到3%～2.5%。其中，下调幅度最大的是农产品和粮食。另外，部分种类的有色金属及其原料下调幅度也较大。

②增值税

在出口环节增值税方面，向非独联体国家出口的产品免征增值税，而向独联体国家出口的产品征收全额增值税。一般产品增值税税率为20%，部分食品和儿童用品为10%。

③消费税

根据不同情况，对消费税的计征办法有如下具体规定：A. 通过易货合同的出口，需缴纳消费税；B. 向非独联体国家的出口（石油和天然气除外），免征消费税；C. 向波罗的海三国的出口，如以非自由兑换货币结算，免征消费税；D. 石油和天然气的出口，均需缴纳消费税。

（2）非税收调节措施

①对个别产品实行出口配额和许可证管理

目前，俄罗斯对以下三类产品实行出口配额及许可证管理：第一类是国际协议规定要求限制数量的产品，如纺织品、个别黑色金属制品、碳化硅等；第二类是某些特殊产品，包括野生动物、药物原料、译密码设备、武器及军民两用产品、核材料及其装置、贵金属及宝石、矿物及古生物学的收藏资料、半宝石及其制品、麻醉剂、镇静剂、毒药、有关能源信息等；第三类是国内有较大需求的产品，如1998年10月31日俄罗斯政府作出决定，自当年11月25日和11月15日起分别对加工皮张（牛皮、羊皮及其他皮张）和油籽（葵花子、油菜籽、大豆）的出口实行许可证管理（无数量限制）。出口配额的分配主要是通过招标和拍卖进行。配额如有富余，亦可根据出口实绩增发。出口许可证由经济发展贸易部驻地方特派员办事处负责发放。

②对两用产品的出口监督

1996 年 10 月，俄罗斯政府发布了监督俄罗斯两用产品和技术出口的条例。根据该条例的规定，两用产品和技术的出口需申领出口许可证，俄罗斯政府将审查出口是否与俄罗斯联邦承担的有关国际义务一致。

③实行出口合同登记制

从 1996 年 10 月 1 日起，俄罗斯对所有金额超过 5 万美元的进出口合同均要求登记。合同登记工作由俄罗斯中央外经贸管理部门在各地区的特派员办事处负责，登记后将颁发特派员签字盖章的登记证书。

④出口产品的统一验证制度

1996 年 1 月 1 日开始，俄罗斯对出口产品的数量、质量、价格实行统一的强制性验证制度。目前，由于技术原因，“统一验证制度”尚未全面实施，实践中只是对石油、成品油、天然气、煤、黑色及有色金属、木材、化肥等部分产品进行验证。

⑤对加工贸易出口的管理

近年来，俄罗斯加工贸易发展较快。俄罗斯将以下两种情况均纳入加工贸易管理：一是外部来料加工，即外商原料从国外运入，委托俄罗斯企业为其加工；二是本地购料加工，即外商在俄罗斯境内购买俄罗斯产原料，委托俄罗斯企业为其加工。加工贸易生产的产品出口时可享受一定的税收优惠。

(4) 争取加入世界贸易组织

1993 年 6 月俄罗斯政府正式申请加入关贸总协定。1995 年 1 月 1 日世界贸易组织建立后，即进行加入世界贸易组织的谈判，并已成为世界贸易组织的观察员。

(二) 我国与俄罗斯的贸易关系

1. 我国与俄罗斯的贸易关系

我国政府 1991 年 12 月 27 日正式宣布承认独联体 11 国和格鲁吉亚的独立。

我国与独联体 11 国建立外交关系后，双方高级领导人进行了频繁的互访。在访问期间，就发展双边关系的原则达成一致意见。例如，我国与俄罗斯联邦共同确认 1989 年和 1991 年中苏两个联合公报所确定的各项原则仍为中俄关系的指导原则。双方愿意承担原苏联和我国签订的条约和协定所规定的义务。

1992年俄罗斯总统访华期间，双方还签订了《中俄政府1993年经济贸易合作议定书》和《中俄政府关于中国向俄罗斯联邦提供商品的政府贷款协议》，这为今后双边经贸关系的发展奠定了基础。

自江泽民同志1997年4月访俄和叶利钦总统11月访华以来，中俄两国关系有了迅速发展。两国高层领导的互访对推动两国关系的发展起到了积极的作用。1997年成立的中俄21世纪和平、友好、发展委员会，更为民间往来开辟了新的渠道。

2001年7月，中国与俄罗斯两国元首签署《中俄睦邻友好合作条约》，两国经贸合作进入了快速发展的新时期，中俄贸易出现了良好的发展势头。

2002年，俄罗斯是中国第八大贸易伙伴。据中国海关统计，2002年中俄双边贸易总额为119.27亿美元，同比增长11.8%。其中，中国对俄罗斯出口35.21亿美元，同比增长29.9%；自俄罗斯进口84.06亿美元，同比增长5.6%。中方逆差48.86亿美元。中国对俄罗斯出口的主要产品为食品、轻纺产品及通讯电子产品；自俄罗斯进口的主要产品为能源、原材料和机械设备。中国是俄罗斯第六大贸易伙伴。

2003年，中俄双边贸易总额为157.6亿美元，同比增长32%。其中，中国对俄罗斯出口60.3亿美元，同比增长71.4%，自俄罗斯进口97.3亿美元，同比增长15.7%。

当前，中俄经贸合作在传统商品贸易的基础上，积极向高科技、能源、资源开发、金融投资、生产合作等多领域经济技术合作方向拓展，呈多样化格局。中俄共同铺设俄罗斯至中国原油管道项目工程已进入实质性阶段，俄罗斯天然气工业公司参加中国西气东输工程的计划也取得较大进展。

中俄高层的密切交往推动了两国经贸关系的发展，两国经济持续发展的内在需求和双方经济上的互补性是扩大中俄经贸合作的现实基础。双方在资源、商品市场、高新技术、投资等领域互有需求，加上得天独厚的地缘优势，中俄经贸合作可以在许多方面带动本国有关行业的发展。

2. 中俄贸易关系发展的主要障碍

(1) 关税壁垒

俄罗斯虽然将中国列为普惠制受惠国之一，但却将中国很多有竞争力的产品排除在优惠清单之外。这些产品包括：果汁、菜汁、矿泉水、汽水及其他非酒精饮料、合成材料服装、鞋、护腿套、天然宝石、人造宝石及其制品、非金银宝石妇女饰物、电话机、电唱机、录音机、音箱、录像机、放像机、无线电话电报传送接收设备、广播电视传送接收设备、小汽车、客货两用车、赛车、钟表、钟表零件、表带、表链。从1997年起，俄罗斯海关对中俄双边经济合作项下中方劳务人员进口的自用生活物品和生产资料开始征收高额关税。俄罗斯的这些做法严重阻碍了中国相关产品对俄罗斯的出口，影响了双边经贸合作的顺利开展。

(2) 通关环节壁垒

1996年8月18日，俄罗斯总统签发了《关于对外易货贸易实行国家调节》的命令，规定易货贸易只有在办理许可证之后方可进行。这实际上增加了中国易货产品进入俄罗斯市场的难度。

在海关估价中，俄罗斯对来自中国的进口服装、家电等产品规定了较高的最低限价。

2002年8月，俄罗斯海关规定自中国经铁路运输发往莫斯科及莫斯科州的产品必须在指定的13个铁路站收货并办理通关手续，这构成了对中国的歧视。

此外，中国企业普遍反映，俄罗斯的通关手续过于复杂，通关时间过长。

(3) 进口限制

俄罗斯近年来逐步扩大了进口许可证管制产品的范围。

中国对俄罗斯出口的化肥、大米、玉米、酒类产品均受配额许可证限制，大米、玉米配额的申领程序尤为复杂。

(4) 技术性贸易壁垒

俄罗斯明确规定中草药不能被纳入医疗保险药品目录，导致中药在俄罗斯市场同西药的竞争中处于不平等地位。

(5) 卫生与植物卫生措施

目前，俄罗斯尚不认可中国官方机构出具的产品检验检疫证书。例如，中国企业向俄罗斯出口畜肉时，俄罗斯要求中方所有生产厂商均须经俄罗斯兽医实地逐个检查，中方检验证书只有在俄罗斯兽医背书后方被认可。同时，俄罗斯要求中国企业承担俄罗斯官员来华的所有费用。此举严重妨碍了中国对俄罗斯畜肉产品的正常出口。

中草药出口俄罗斯需经过非常复杂的注册程序，耗时长达一年半以上，每种药品注册费用高达5 000多美元。

(6) 贸易救济措施

俄罗斯尚未对中国产品进行反倾销调查，但自2000年8月以来，俄罗斯已发起了7起涉及中国产品的保障措施调查，仅2002年就发起了4起。由于中国是被调查产品的主要出口国，且出口金额较大，因而俄罗斯此种做法严重损害了中国的贸易利益。

## 关键名词

发达市场经济国家美国对外贸易　　欧洲联盟　　日本对外贸易
发展中国家和地区的贸易发展模式　　独联体对外贸易

## 复习思考题

1. 战后美国对外贸易发展趋势如何?
2. 战后日本对外贸易发展与变化的原因是什么?
3. 欧盟的贸易政策主要包括哪些内容?
4. 转型国家外贸体制与20世纪90年代前有何变化?
5. 中美贸易关系有哪些障碍?其前景如何?
6. 如何评价中日、中欧、中俄贸易关系?

# 参考文献


1. 陈同仇,薛荣久．国际贸易．北京:对外经济贸易大学出版社,1997
2. 冯德连,徐松．国际贸易教程．北京:中国统计出版社,2003
3. 刘诚．国际贸易．北京:中国金融出版社,1999
4. 杜敏．国际贸易概论．北京:对外经济贸易大学出版社,2001
5. 刘建明．新编国际贸易教程．合肥:安徽人民出版社,2003